워드프레스 가이드북

기업 담당자를 위한

워드프레스 가이드북

이은창·이문희 지음 | 김범수 감수

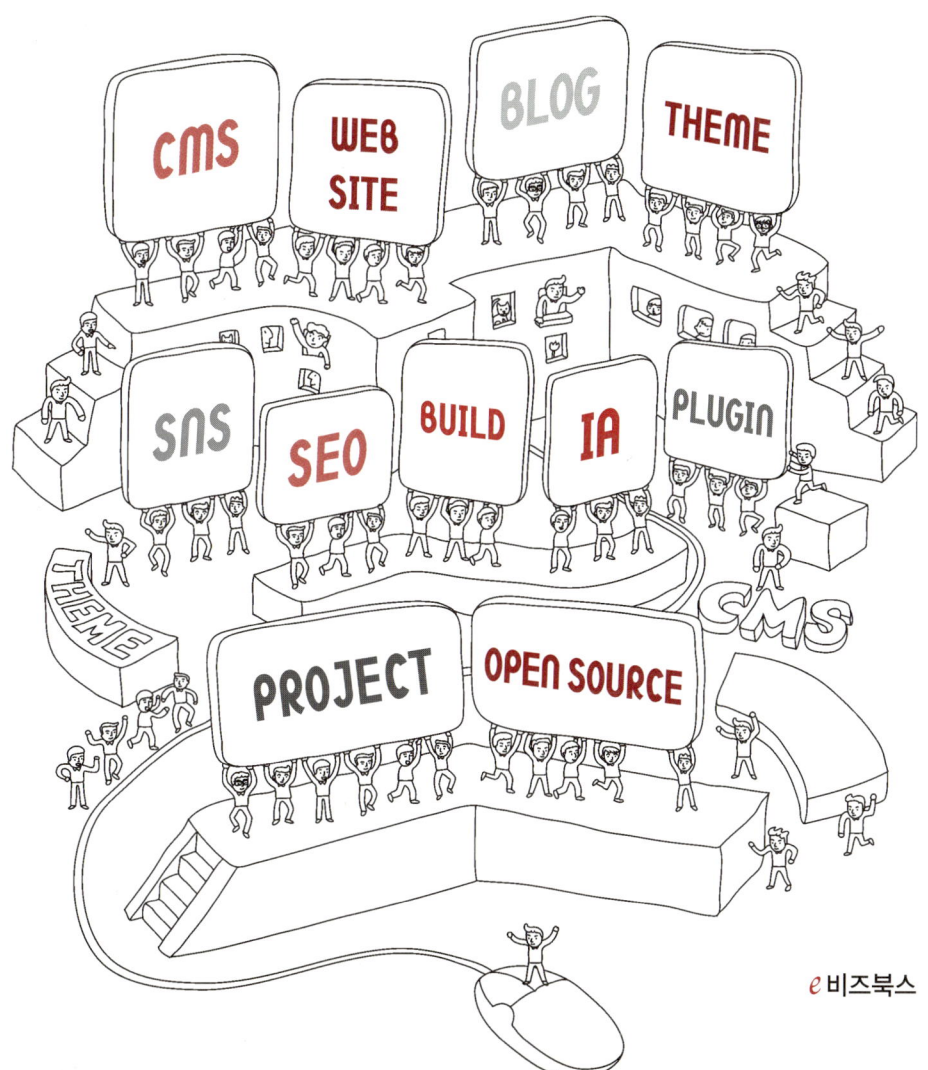

e비즈북스

프롤로그

2011년, 15년차 이상의 기획, 개발, 영업 담당자가 모여 '오픈 소스 CMS 스터디'라는 모임을 시작하면서 워드프레스를 접했습니다. 우리는 워드프레스가 단순한 구조이지만 테마와 플러그인을 사용하면 다양한 웹사이트를 만들 수 있다는 데 놀랐습니다. 그리고 어떤 기능이 필요하면 누군가가 만들어놓은 해결책이 존재한다는 데 또 한 번 놀랐습니다. '직접 개발하면 수천만 원이 필요한 기능이 불과 몇 만 원도 하지 않네?'

워드프레스는 새로운 세계였고 앞으로의 시장을 주도할 것이라고 확신했습니다. 그 예측은 틀리지 않아 2015년 현재 전 세계 웹사이트의 25%가 워드프레스로 만들어졌습니다. 그러나 우리나라는 외국의 사정과 아주 달라서 워드프레스의 국내 점유율이 아직 낮고 인지도도 낮습니다. 단지 무료라는 이유로 작은 규모의 저가형 웹사이트와 블로그에서 주로 사용되고 있습니다. 다른 나라와 우리나라는 왜 이렇게 차이가 날까요?

국내에 워드프레스 관련 책이 꽤 많이 나와 있습니다. 그중에는 좋은 책도 있습니다. 워드프레스로 웹사이트를 개발한다면 원하는 책을 골라 보거나 수

많은 워드프레스 관련 사이트에서 정보를 얻으면 됩니다. 하지만 그런 책들은 워드프레스로 직접 웹사이트를 만드는 독자를 위한 것입니다. 직접 개발하지 못하는 기업의 담당자는 '워드프레스가 무료라고? 그럼 이 기능을 넣을 수 있을까? 이 기능이 없으면 개발해야 하는데 돈이 든다고? 무료가 아니잖아! 게다가 오픈 소스라서 보안에 취약하지 않을까?'라고 생각하는 경우가 많습니다. 전체적인 웹사이트 제작 프로세스를 모르는 상황에서 워드프레스를 선택하기란 쉽지 않습니다.

물론 웹사이트를 반드시 워드프레스로 만들어야 하는 것은 아닙니다. 하지만 워드프레스는 CMS에 강점을 갖고 있습니다. 앞서 전 세계 웹사이트의 25%가 워드프레스로 만들어졌다고 했는데, 전 세계 웹사이트의 40%는 CMS로 제작되어 있습니다. CMS란 무엇일까요?

웹사이트를 제대로 운영한다면 콘텐츠가 쌓이게 됩니다. 공공 기관의 경우 3~5년 주기로 웹사이트를 리뉴얼하는데, 이때 기존의 콘텐츠를 다시 활용하기가 쉽지 않은 경우가 많습니다. 기존의 웹사이트는 CMS 기능이 부족하기 때문입니다.

　한편 워드프레스는 CMS로 제작된 전 세계 웹사이트의 60%를 차지하고 있습니다. 또한 무료이거나 저렴한 비용의 플러그인으로 간단하게 수준 높은 웹사이트를 만들 수 있고, 자타가 공인하는 장점인 반응형 웹과 SEO, SNS와의 연계가 더해집니다. 워드프레스가 전 세계 웹사이트의 25%를 장악한 것은 바로 이 때문입니다.

　워드프레스가 꼭 필요한 웹사이트는 '무료이거나 저렴하게'보다는 '효율적인 운영'이 필요한 웹사이트입니다. 우리는 이런 웹사이트가 필요한 기업 담당자들이 워드프레스의 장점을 제대로 이해하고 프로젝트를 시작할 수 있도록 돕는 가이드북을 쓰고자 했습니다.

　이 책에는 웹사이트의 기획과 프로젝트에 대한 내용을 비롯해 워드프레스의 장단점, 워드프레스로 할 수 있는 일, 워드프레스로 실제 프로젝트를 진행하는 데 필요한 내용을 담았습니다. 특히 전반부에서는 웹사이트의 제작 프로세스를 다뤘습니다. 워드프레스로 웹사이트를 제작할 때 갑을 관계를 넘어 서로 파트너십을 가져야만 적절한 비용과 노력으로 성공적인 프로젝트를 만들 수 있기 때문입니다.

 기업 및 조직의 홈페이지 담당자들이 이 책을 통해 워드프레스 프로젝트를 시작할 수 있는 용기를 품고 도움을 얻기를 바랍니다. 책에서 미처 다루지 못한 내용과 정보는 www.smartsmart.kr에서 제공할 예정입니다.
 끝으로 이 책이 나오기까지 도움을 주신 e비즈북스 이은일 부장님, 그리고 격려와 도움을 주신 한국 워드프레스 사용자 모임 멤버들에게 고맙다는 말씀을 드리고 싶습니다.

2015년 11월
이은창

프롤로그 4

PART 01
웹사이트 이렇게 만든다

❶ 프로젝트 멤버 구성하기 14
프로젝트 TFT 및 구축 프로세스 14 | PM(프로젝트 매니저) 19 | 웹기획자 23 | 웹디자이너 29 | 웹퍼블리셔 32 | 웹프로그래머 34

❷ 웹사이트를 위한 환경 구성하기 36
웹호스팅 36 | 웹서버 39 | 웹프로그래밍 언어 40 | 데이터베이스 41

❸ 도메인 등록하기 43
도메인 찾기 44 | 도메인 등록 46 | 네임 서버 등록 및 변경 48

❹ 필요한 기능 정의하기 51
게시판 51 | 자주 묻는 질문 54 | 이메일 문의 56 | 포토 게시판 58 | 이벤트 및 배너 관리 62 | 회원 관리 65 | 카탈로그 66 | SNS 공유하기 68 | 쇼핑몰 71

❺ 사이트맵 만들기 83
사이트맵이란? 83 | 정보 구조(IA) 만들기 86

❻ 예산과 일정 계획 세우기 90
웹사이트 기획안 작성하기 90 | 예산 확보하기 92 | 일정 만들기 94

PART 02
웹사이트를 효율적으로 제작하는 방법

① 제작 효율성 98

　　디자인과 템플릿 98 | 기능과 플러그인 102

② 운영 효율성 103

　　콘텐츠 제작 103 | 콘텐츠 관리 104

③ 유지·보수 효율성 107

　　고도화 107 | 데이터베이스 관리 108

④ 결론은 CMS 110

PART 03
워드프레스 이해하기

① 워드프레스란? 116

② 워드프레스 환경 118

　　프로그래밍 언어 118 | DBMS 119

③ 워드프레스의 구조와 구성 120

　　워드프레스 코어 120 | 콘텐츠 관리 122 | 설정 123 | 테마 125 | 플러그인 127

④ 워드프레스의 특징 129

　　모바일 129 | 소셜미디어 연동 130 | 웹 표준 131 | 검색엔진 최적화 133 | 웹 접근성 135

5 워드프레스의 장단점 137

장점 137 | 단점 140

PART 04
워드프레스 웹사이트 제작 준비하기

1 웹사이트 제작 프로젝트란? 146

신규와 개편(재구축)의 차이 146 | 웹사이트의 용도 정하기 148 | 벤치마킹 및 사이트 분석 155 | 사이트맵(IA) 적용하기 160 | 필요한 기능 정의하기 163 | 화면 설계서 작성 166 | 유료 테마의 페이지 빌더 사용 171

2 워드프레스 설치하기 175

워드프레스 다운로드하기 175 | 워드프레스 설치하기 176 | 설정 180 | 워드프레스 테마 선택하기 184 |

PART 05
워드프레스 웹사이트 제작하기

1 플러그인 196

회원 관리 196 | 소셜 로그인 200 | 게시판 201 | 페이지 빌더 207 | 웹에디터 기능 확장 211 | 스팸 관리 213 | 문의 메일(메일 폼) 215 | 이벤트 219 | 검색 223 | Jetpack 226 | 캐시 232 | 데이터베이스 관리 235

❷ **테마** 237

　　테마의 구성 237 | 테마의 설정 239 | 추천 테마 240

❸ **콘텐츠** 244

　　더미 데이터 불러오기 244 | 페이지와 포스트의 차이 247 | 미디어(미디어 라이브러리) 250

PART 06
워드프레스로 구현할 수 있는 웹사이트

❶ **멀티사이트** 256

❷ **전자상거래** 260

❸ **전자상거래 및 콘텐츠 비즈니스** 264

　　일반 쇼핑몰 264 | 온라인 서점 266 | 오픈마켓 266 | 온라인 교육 서비스 267 | 숙박 등의 예약 서비스 268 | 지역 광고 판매 269 | 콘텐츠 쇼핑몰 270 | 유료 기사 판매 271 | 이벤트 티켓 쇼핑몰 272 | 소셜커머스 272

PART 07
워드프레스 사이트의 콘텐츠 및 시스템 운영

❶ **워드프레스 사이트의 콘텐츠 운영** 274

　　블로그 운영 274 | 소셜미디어 운영 279 | 웹로그 분석 282

❷ 워드프레스 사이트의 시스템 운영 289

　업데이트 관리 289 ┃ 백업 관리 294 ┃ 스팸 관리 296 ┃ 워드프레스의 보안 297

CMS

❶ CMS의 개요 310

❷ CMS의 개념 312

❸ CMS의 구성 요소 314

　레이아웃 314 ┃ 템플릿 315 ┃ 콘텐츠 315 ┃ 사용자 및 역할 316 ┃ 기능 316

❹ CMS의 필요성 및 도입 효과 318

사이트 최적화

❶ 검색엔진 322

　크롤러와 신디케이션 323 ┃ 국내외 검색 서비스 325 ┃ 검색엔진 최적화 326 ┃ 플러그인을 이용한 검색엔진 최적화 방법 326

❷ 오픈그래프/오픈 API 332

　오픈그래프의 정의 및 구조 332 ┃ 오픈 API 335

Part **01**

웹사이트 이렇게 만든다

웹사이트는 짜임새 있는 기획과 인력, 자원, 일정, 비용 등을 함께 고려해서 제작해야 한다. 착수 단계에서 완료 단계에 이르기까지 여러 구성 인력을 활용하여 최소한의 일정과 비용으로 제작할 수 있어야 한다. 이때 웹사이트 제작 담당자의 역할은 웹사이트에 필요한 기능이 무엇인지 시작 전에 미리 정리해두어 일정과 비용이 초과되지 않도록 최적의 선택을 하는 것이다.

Part 1에서는 웹사이트 제작에 필요한 용어와 개념을 익히고 웹사이트 제작 전에 고려해야 할 사항을 살펴본다. 웹사이트 구축에 대한 내용을 아는 독자라면 이 부분을 가볍게 넘어가고, 웹사이트를 효율적으로 제작하는 방법을 다루는 Part 2부터 시작해도 좋다.

CHAPTER 01 프로젝트 멤버 구성하기

간단한 웹사이트라면 포털의 블로그나 카페를 이용할 수도 있다. 하지만 이는 정해진 틀이 있기 때문에 원하는 기능을 만들거나 마음대로 디자인하기가 어렵다. 그래서 독립적인 웹사이트를 제작하게 되는데, 이때 고려해야 할 것이 더욱 많아지고 여러 가지 장벽에 부딪혀 어려움을 겪기도 한다. 심지어 많은 시간과 노력을 들이고도 실패하는 경우가 있다.

혼자 힘으로 웹사이트를 제작하기엔 무리가 있다. 따라서 웹사이트 전문가를 영입하여 제작 팀을 구성하거나 웹사이트 제작 회사(에이전시)에 의뢰하는 것이 효율적이다. 하지만 내부 또는 외부 인력으로 웹사이트 구축 TFT_{Task Force Team}를 구성하더라도 담당자는 원활한 진행과 커뮤니케이션을 위해 웹사이트 구축 방법을 전반적으로 이해하고 대략적인 내용을 파악해두는 것이 좋다.

1. 프로젝트 TFT 및 구축 프로세스

웹사이트 구축 팀_{TFT}을 만들어 제작하는 경우, 팀원을 구성하는 데 PM_{Project Manager}, 웹기획자, 웹디자이너, 웹퍼블리셔, 웹개발자(웹프로그래머)가 필요하며 각각의 주요 역할은 다음과 같다.

- **PM** 프로젝트 총괄 관리자로서 프로젝트를 추진할 수 있도록 팀을 관리하는 종합적인 책임이 있다. 프로젝트와 관련한 업무 확인, 진행, 파트 간 협조, 의사 결정 등을 한다.
- **웹기획자** 웹사이트에 필요한 기능 정의, 화면 설계 등의 업무를 맡는다.
- **웹디자이너** 화면 설계서 StoryBoard, SB를 받아 이미지, 텍스트, 아이콘 등 실제 웹에 적용 가능한 디자인 작업을 한다.
- **웹퍼블리셔** 디자인된 안을 HTML Hyper Text Markup Language로 전환하여 웹에서 볼 수 있도록 하는 작업을 맡는다.
- **웹개발자** 미리 정의한 기능을 구현하고 퍼블리싱된 HTML에 프로그래밍을 적용한다.

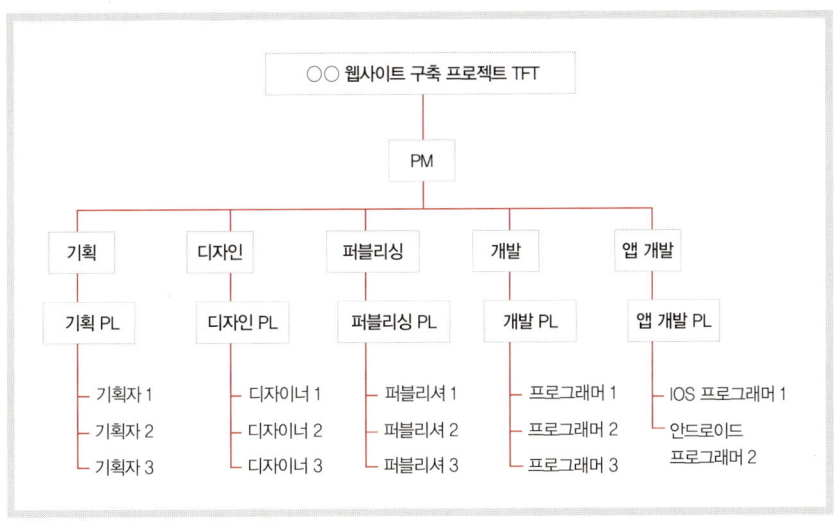

● 웹사이트 구축 프로젝트 TFT의 예

위 그림은 모바일 앱 개발을 위해 만든 TFT 조직도의 예이다. 파트별 인원은 규모와 성격에 따라 1명에서 여러 명까지 탄력적으로 배치할 수 있다.

프로젝트는 착수 – 분석 – 기획 – 구현 – 테스트 – 완료 – 운영 단계로 나눌 수 있는데 규모나 환경 등의 여건에 따라 다양하게 변경할 수 있다. 예를 들어 착수 – 기획 – 구현(개발) – 완료로 간략하게 나눌 수도 있다.

1 착수 및 분석 단계

우선 프로젝트의 범위를 결정하고, 프로젝트의 업무 단위를 큰 단위에서 작은 단위로 계층적으로 세분화한 WBS Work Breakdown Structure : 업무 상세 구조, 작업 분해도를 작성한다. 프로젝트의 범위를 최대한 분리하여 단계별로 나누고, 필요한 기능이나 일정을 고려해야 한다.

분석 단계에서는 웹사이트에 필요한 기능이나 디자인, 환경 등을 미리 분석하여 개발 범위를 확정한다. 또한 구체화된 개발 난이도와 일정을 결정하고 투입 인력을 미리 조정하여 WBS에서 프로젝트의 전반적인 내용을 확인할 수 있어야 한다.

프로젝트의 규모가 크거나 난이도가 높아 내부 인력으로 해결되지 않을 때는 외부 지원을 이용해야 한다. 외부 용역(에이전시)에 의뢰하는 경우에는 인원, 일정, 난이도 등에 따라 용역 비용이 발생하게 된다.

> **Tip 프로젝트에 맞는 외부 용역(에이전시)을 찾는 방법**
>
> 외부 용역을 찾을 때는 먼저 관련 업종의 유사 프로젝트 경험이 있는지 확인해보는 것이 좋다. 경험이 있는 에이전시라면 담당자가 놓치는 부분까지 찾아내서 보완해줄 수 있고, 다양한 경험을 통해 축적된 노하우로 기간도 단축할 수 있기 때문이다. 웹사이트의 규모와 필요한 기능 등을 미리 작성하여 에이전시에 제공한다면 보다 정확한 견적과 일정을 받을 수 있다. 구축 예산이 충분히 확보되었다면 제안 요청서 RFP를 공개하여 제안과 공개 입찰 등의 방법으로 에이전시를 선택할 수도 있다.

2 기획 단계

웹사이트에 필요한 사이트맵 sitemap을 작성하여 메뉴별, 페이지별로 필요한 콘텐츠를 확인하고 기능을 정리한 후 기획자가 화면 설계를 진행한다. 대형 프로젝트의 경우 팀(파트)을 나누고 각 팀의 리더를 선정하여 공동 작업에 필요한 표준 가이드를 미리 공유하고 진행해야 한다. 그리고 분야별 리더Project Leader, PL는 공동 작업에 필요한 문서명 등의 작성 규칙이나 화면 설계서 작성 표준, 디자인 가이드, 개발 가이드 등을 작성하여 팀 구성원들이 표준화된 작업을 할 수 있도록 사전에 준비해야 한다.

　기획자는 화면 설계서를 작성하고 디자이너는 디자인 시안을 작업하는 것이 이 단계의 주요 업무이다. 또한 퍼블리셔와 개발자 리더는 개발을 위한 서버 등 개발 환경 설정을 완료하고 각 팀원이 구현 단계에서 작업을 바로 시작할 수 있도록 준비해야 한다.

3 구현(개발) 단계

기획 단계에서 작성한 화면 설계서를 바탕으로 디자이너와 퍼블리셔가 디자인 및 퍼블리싱을 진행한다. 뒤이어 개발자가 프로그래밍을 하여 구현이 완료되면 테스트, 이관 등의 절차를 거쳐 웹사이트 구축이 완료된다.

　개발 단계에서 문제점이 발견되면 분야별 담당자는 함께 논의하여 기획안, 디자인, 정책 등을 변경하고 효율적인 프로젝트가 될 수 있도록 해야 한다. 그러나 잦은 설계 변경이나 디자인 변경은 프로젝트의 일정이 늘어지는 원인이 되므로 PM은 현명한 판단을 내려야 한다.

　개발 서버 및 프로그래밍에 대한 내용은 Chapter 2 '웹사이트를 위한 환경 구성하기'를 참조하기 바란다.

4 완료 단계

프로그래밍까지 진행되었다면 테스트를 통해 오류를 찾아 수정하고 보완해야 한다. 이는 단위 테스트와 통합 테스트[1]로 나뉘는데, 경우에 따라 한 번에 진행하거나 여러 차례에 걸쳐 테스트를 하기도 한다.

테스트가 마무리되면 실제 서버에 콘텐츠, 소스, 이미지 등을 이관하는 작업을 거치고, 이관 후 안정화되면 실질적으로 프로젝트가 완료된다. 이렇게 프로젝트 완료된 이후에 운영 프로세스로 전환되어 본격적으로 운영하는 것이다.

TFT 파트	착수	기획(분석/설계)	구현(개발)	테스트/완료
PM	TFT 구성, 예산 및 일정 관리, WBS 작성, 요건 정의, 기능 정의 산출물 : WBS, 기능 정의서, 요건 정의서 등	요건 정의, 기능 정의, 기획 지원	전체 관리, 정책 결정	프로젝트 관리, 테스트 진행
기획	일부 PM 지원 산출물 : 벤치마킹, 사이트 분석, 트렌드 분석 등	IA, 화면 설계, 일부 PM 지원 산출물 : 화면 설계서, IA 정의서 등	기획안 수정 및 보완	테스트 진행
디자인	산출물 : 디자인 분석, 벤치마킹, 트렌드 분석 등(기획 산출물에 포함되기도 함)	디자인 가이드 산출물 : 디자인 시안(PSD 파일), 디자인 가이드	디자인	퍼블리싱 검수 (테스트)
퍼블리셔		산출물 : 퍼블리싱 가이드	퍼블리싱 산출물 : HTML, CSS, JS 등	디자인 검수 (테스트)
개발		산출물 : 개발 검토 및 개발 가이드	개발 산출물 : 개발 소스, DB 관련 개발 산출물	테스트 실행 및 구축 완료

● 웹사이트 구축 단계별 TFT의 주요 역할

---

1 컴퓨터 프로그래밍에서 소스코드의 특정 모듈(단위)이 의도한 대로 정확하게 작동하는지 개별적으로 확인하는 것을 단위 테스트라 하고, 단위 테스트가 끝난 후 결합하여 테스트하는 것을 통합 테스트라 한다.

Tip 웹사이트 구축 프로젝트마다 진행 절차(프로세스)가 다른 이유

모든 웹사이트가 동일하지 않고 웹사이트의 성격, 웹사이트에 필요한 기능, 규모, 예산, 일정 등이 다르기 때문에 프로젝트가 다를 수밖에 없다. 게다가 웹사이트를 제작하는 에이전시나 개발 업체 사람들의 역량도 달라서 웹사이트 구축 프로세스도 동일하지 않다. 대형 프로젝트의 경우 별도의 프로젝트 방법론이 있어 프로세스와 용어가 다르기 때문에 프로젝트마다 적합한 프로세스를 선택해야 한다. 중소형 프로젝트를 대형 프로젝트처럼 진행할 수는 없고, 필요에 따라 프로젝트 진행 절차를 적절히 적용해야 한다.

2. PM(프로젝트 매니저)

PM은 프로젝트를 관리하는 사람으로서 프로젝트를 성공적으로 이끌어 가는 책임과 권한이 있는 책임자이다. 프로젝트 진행에 필요한 전문 지식, 소프트웨어 활용 능력, 문제 해결 능력, 프로젝트 관리 능력, 리더십 등을 갖춘 사람이 PM을 맡게 된다.

PM은 프로젝트에 들어가는 비용과 이익을 따져서 적합한지 판단해야 하며, 프로젝트 팀을 운용하고 일정을 조율하여 프로젝트가 원활히 진행될 수 있도록 하는 역할을 담당한다. 그리고 프로젝트의 일정과 비용이 예산 대비 타당성이 있는지 판단하고 성공에 대한 기준을 세워야 하며, 프로젝트의 목표와 방향을 확고히 하여 팀원들과 공유해야 한다.

소규모 프로젝트의 경우 PM이 기획자의 업무를 병행하기도 한다. 한편 PM이 혼자 감당하기 어려운 대형 프로젝트의 경우 PMO라는 조직을 별도로 구성하여 PM의 업무를 지원하기도 한다.

1 요구 사항 정의

프로젝트의 관련 담당자들에게 받은 요구 사항을 정리하는 단계이다. 디자인부터 기능, 서버, 보안까지 다양한 요구 사항을 정의한 다음 목록화하여 프로젝트 수행 시 반영 여부를 결정하고 수행 방안도 함께 마련한다. 요구 사항을 초기에 정하지 않으면 계속해서 추가 및 수정이 발생하고 일정이 늦어지거나 예산을 초과할 수 있기 때문에 안정적인 프로젝트 진행을 위해서는 요구 사항을 초기에 확정하는 것이 좋다.

1.1. 웹사이트 기획 요구사항

요구사항 고유번호	REQ-001		
요구사항 명칭	비전, 목표 및 이행 전략 수립		
요구사항 분류	홈페이지 기획	응락수준	핵심
요구사항 세부내용	○ 전체사업의 비전과 목표를 사용자와 서비스 관점에서 제시 ○ 비전과 목표 그리고 분석결과에 기반하여 홈페이지 구축 기준과 개발표준 및 구축 정책을 개선하고 이행전략을 수립		

요구사항 고유번호	REQ-002		
요구사항 명칭	UI/UX 기획		
요구사항 분류	홈페이지 기획	응락수준	핵심
요구사항 세부내용	○ 국/내외 우수한 UI/UX 사례분석을 통한 UI/UX 구축 전략 및 UI/UX 기획		

● 요구 사항 정의서의 예

요구 사항을 정확하게 정리한 요구 사항 정의서를 작성해야 한다. 요구 사항의 명칭을 비롯해 요구 사항이 여러 가지 있는 경우 분류를 추가하고 세부

내용을 자세히 기술한다. 또한 고유 번호를 추가하여 나중에 확인하거나 진행 상황을 추적할 수 있도록 한다.

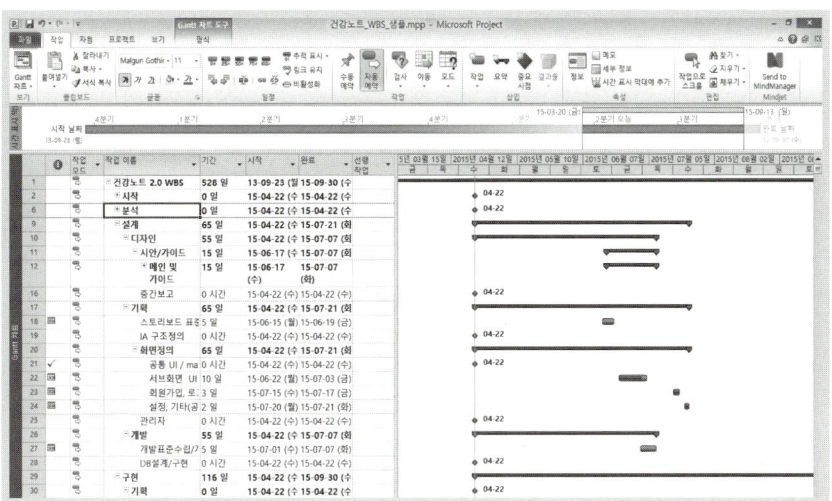

● WBS의 예 1

WBS 작성은 앞에서도 언급했듯이 예산과 일정 내에서 업무를 세분화하는 과정이다. WBS를 제대로 수립해두지 않으면 일정과 비용이 부정확해지고 프로젝트 관리도 어려워져서 결국에는 프로젝트가 실패할 확률이 높다.

2 일정 관리

정해진 프로젝트 일정과 업무 범위를 포함하여 일정 관리를 해야 한다. 가능하면 프로젝트에 투입되는 파트별 담당자와 의견을 공유하여 일정을 수립한다. 일정대로 진행된다면 더할 나위 없이 좋겠지만, 최대한 정해진 일정에 맞춰 가도록 중심을 잡아주기 때문에 일정 수립은 중요한 단계라고 볼 수 있다.

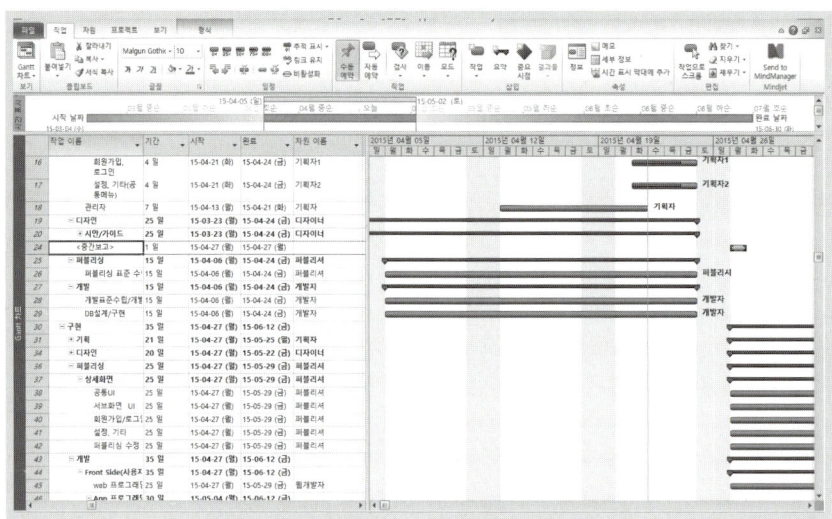

● WBS의 예 2

3 리스크 관리

프로젝트에서 미래에 대한 불확실한 요소를 리스크라고 하며, 초기 착수 단계에서부터 개발 완료, 이행 단계에도 리스크가 발생할 수 있다. 경험 있는 PM은 리스크를 미리 예측하고 대비하며, 새로운 리스크가 발생했을 때 효율적으로 대처할 수 있다.

웹사이트 구축 시 발생할 수 있는 리스크는 인력 운용 부실로 인한 인력 낭비, 개발 중간에 나타날 수 있는 기술적 한계, 추가 개발 및 설계 변경 등에 따른 개발 기간 증가, 개발 범위를 미확정한 경우 계속적인 변경 및 추가 사항 등이 있다.

4 품질 관리

프로젝트의 품질을 관리하는 것도 PM의 업무이다. 디자인이나 기획이 잘 되어 있는지, 안정적인 사이트가 될 수 있도록 만들어지고 있는지, 오류(결함)가 있는지, 그리고 사용자에게 쉽고 편리한 서비스인지 등을 관리해야 한다.

5 팀(팀원) 관리

프로젝트 팀원들이 항상 자신의 역할과 책임을 100% 완수하는 것은 아니므로 주기적으로 팀원의 성과를 평가하여 잘하는 팀원은 인정과 칭찬을 해주고 그렇지 못한 팀원은 성과를 높일 수 있도록 조치를 취한다. 적절한 시기에 팀원을 투입하여 빠른 진행을 돕고, 필요에 따라 팀원을 투입·철수하는 시기를 조절하여 밀도 높고 효율적인 프로젝트가 될 수 있도록 팀과 팀원을 관리한다.

- **문서 및 보고** 프로젝트 PM은 추진 실적, 개발 진행 단계, 이슈 등을 주기적으로 보고해야 한다. 정해진 일정대로 진행되고 있는지, 이슈가 발생하여 지연될 여지가 있는지 등의 보고를 통해 프로젝트 관련 담당자들과 공유함으로써 프로젝트 진행을 원활하게 조율할 수 있다.

3. 웹기획자

프로젝트에서 PM이 전체적인 관리와 조율을 맡는다면 웹기획자는 업무의 진행에 관한 실무를 담당한다. 웹사이트 구축 프로세스 중에서 웹기획자의 주요 업무는 착수, 기획, 설계 단계에 집중되어 있고, 각 단계별로 기획자가 맡은 역할은 벤치마킹, 요구 사항 정의, IA_{Information Architecture}, 일정 수립, 화면 설계 등이다.

벤치마킹을 통해 경쟁 업체의 장점과 단점을 분석하여 프로젝트의 전략을 수립하고 클라이언트의 요구 사항을 정의하여 프로젝트 수행 시 반영할 수 있도록 정리하는데, 이런 작업은 프로젝트 PM을 보조하면서 하게 된다. 그리고 사이트맵이나 정보의 구조를 정리하여 IA를 작성하며, IA가 완성되면 프로젝트의 일정도 추가하여 정리하는 것이 좋다. 설계 단계에서는 화면 설계서(스토리보드)를 작성하는 것이 주요 업무이다.

1 IA

IA는 정보 구조 또는 정보 설계를 말하며 쉽게 이해하자면 사이트맵이라고도 할 수 있다. 사이트맵은 메뉴 간의 연결 구조를 알 수 있도록 펼쳐놓은 일종의 지도로서 상하좌우의 체계적이고 유기적인 구조로 되어 있다. IA라는 명칭을 따로 사용하는 이유는 사이트맵에는 나오지 않는 푸터footer[2]나 회원 가입 시 중간에 필요한 화면, 게시판에 필요한 화면, 숨겨진 페이지, 콘텐츠의 성격과 특징 등을 담을 수 있기 때문이다.

착수, 설계 단계에서 엑셀 같은 형식의 IA 문서에 기능, 페이지 종류, 요구 사항, 기능, 담당자, 일정 등의 칼럼을 추가하여 일정 관리 도구로도 사용할 수 있다.

---

[2] 사이트 하단에 공통적으로 들어가는 콘텐츠 또는 링크로 사이트에 대한 요약 정보, 주소, 전화, 이메일, 약관, 보안 주의 사항 등이 포함된다.

건강노트 IA				
1Depth	2Depth	3Depth	4Depth	비고
메인-대시보드				
	최초 실행 시			
	기본정보 등록 후 실행시			
		토글메뉴(활동 아이콘)		
		의료 메시지 및 1:1메시지		
		Cards		
건강관리				
	혈당			
		설문		
		혈당상세/리스트		
		혈당등록		
	혈압			
		혈압상세/리스트		
		혈압등록		
	체중			
		체중상세/리스트		
		체중등록		
	복약			
		혈당상세/리스트		
		복약등록		
건강습관				
건강 가이드				
리포트				
메시지				
SNS				
	랭킹			
		랭킹		
	친구찾기			
		친구맺기		
			친구찾기(ID, 이름, 검색)	
			친구 동의	
		친구정보확인		
설문				
	설문리스트			
	설문하기			
	설문결과			
설정				
	로그인 정보			
	공지사항			
	사용자정보			
		기본정보		
		건강정보(목표치)		
		병원정보 연동		
			연동기능	
			병원제공 건강정보	
		정보공개 설정		
		이용정보		

● 엑셀형 IA의 예

 **IA와 사이트맵**

사이트맵은 IA의 하위 개념으로 보면 이해하기 쉽다. 사이트맵은 메뉴의 상위·하위 구조를 시각적으로 볼 수 있도록 웹사이트의 전체 또는 일부 페이지를 정리해놓은 것이다. IA는 사이트맵보다 더 정확하고 자세하게 만들며, 상위·하위 구조 외에 페이지 간의 유기적인 관계나 페이지의 성격을 포함하기도 한다.

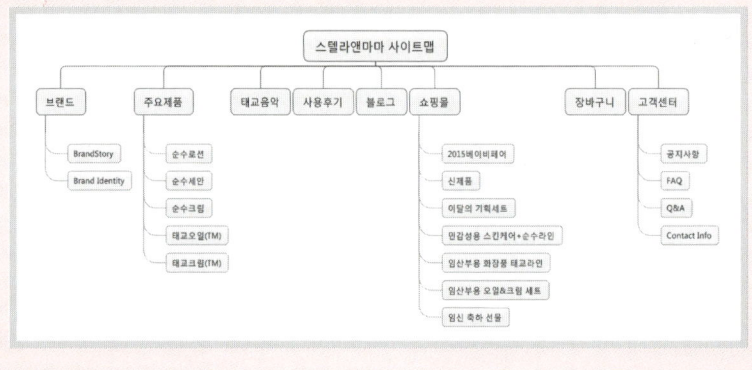

● 사이트맵의 예

2 화면 설계서(스토리보드)

기획자의 주요 업무 중 하나는 화면 설계서를 작성하는 것이다. 화면 기획안, 화면 설계안, 스토리보드, SB 등으로도 불리는 화면 설계서에는 순서도workflow, 화면명, 단계명, 와이어프레임wireframe[3], 링크, 디스크립션(디자인 설명, 기능 설명) 등이 들어간다.

화면 설계를 완료했다고 다가 아니다. 프로젝트 진행 중 디자인, 퍼블리싱, 개발 등의 과정에서 문제가 발생할 수도 있고, 화면 설계서에서 놓친 것이 있

---

[3] 심플한 라인 형태의 화면 UI로, 화면의 레이아웃을 표현하기 위해 사용하며 박스 형태의 테두리를 강조한다.

거나 문제가 발생하면 프로젝트 구성원들과 의견을 조율하여 화면 설계서를 변경해야 하며, 클라이언트(내부 프로젝트의 경우 상급자 또는 관계자)의 요구에 따라 설계가 변경될 수도 있다. 또한 외부적인 요인에 의해 설계가 변경될 수도 있기 때문에 기획자는 평소에 회의록을 작성하고 전체 구성원들의 확인을 받아두어 결정된 사항이 변경되지 않도록 관리해야 한다.

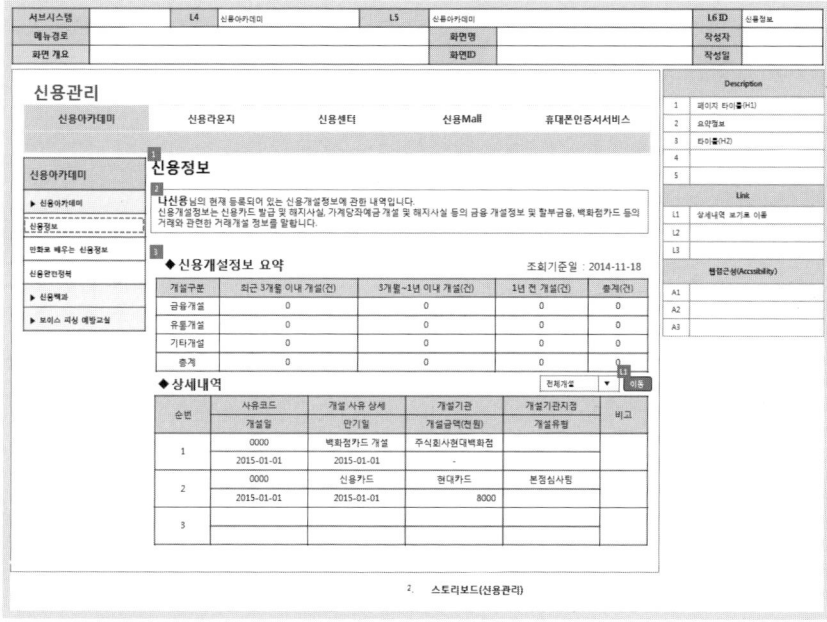

● 가로형 화면 설계서의 예

　　화면 설계서에는 헤더와 화면 구성, 화면 및 기능 설명이 들어간다. 헤더에는 화면에 대한 요약 정보가 들어가고, 화면 구성은 필요에 따라 메뉴(내비게이션)와 실제 화면 구성으로 이뤄진다. 화면 설명란에는 각 항목마다 번호를 붙여서 설명을 넣는다.

> **Tip** 화면 설계서 작성 및 관리 방법과 화면 설계서 작성 도구

화면 설계를 하는 동안 가능하면 TFT와 클라이언트가 모여 리뷰를 통해 문제점을 빨리 찾아내고 수정한 후 다시 공유하여 내용을 확정한다. 리뷰를 할 때는 회의록을 작성하고 공유하여 확인을 받는 것이 좋다. 아무리 리뷰를 잘했어도 시간이 지나면 잊어버릴 수 있고 리뷰 참여자들이 내용을 다르게 이해할 수도 있기 때문에, 추후 문제가 발생하지 않도록 반드시 회의록을 작성하고 회의 내용을 반영한 화면 설계서를 공유하는 것이 좋다. 화면 설계서의 업데이트를 관리하기 위해서는 버전과 작성일을 규칙적으로 사용하고 구버전 파일은 별도의 폴더(필자는 old라는 폴더에 구버전을 모아둔다)에서 관리하는 것이 좋다.

화면 설계서를 작성하는 기본적인 도구로는 파워포인트가 있는데 최근에는 다양한 와이어프레임 또는 목업mock-up 프로그램으로도 작성할 수 있다. 이런 도구는 프로젝트 구성원이나 클라이언트와 합의하에 사용하며, 추후 추가 및 변경이 용이한지 등을 따져보고 화면 설계서 작성 도구를 선택해야 한다.

- 파워포인트 Power Mockup www.powermockup.com(유료, 플러그인)
- Balsamiq Mockups balsamiq.com(유료)
- 다음 Oven ovenapp.io(무료, 웹 버전)
- 네이버 protonow dev.naver.com/projects/prtnow(무료)
- Fluid UI www.fluidui.com(유료)
- OmniGraffle www.omnigroup.com/omnigraffle(유료)
- 페이스북 origami facebook.github.io/origami(무료, 웹 버전)

3 테스트

구현(구축, 실행) 등의 단계에서 디자이너, 퍼블리셔, 웹개발자의 작업까지 진행되었다면 테스트 단계에 돌입하게 된다. 체계적인 테스트를 위해 테스트 시나리오를 작성하는데, 이는 개발자가 맡아서 하지만 간혹 기획자가 작

성하는 경우도 있다. 회원 가입, 로그인, 게시판, 권한 관리 등 기능 요소가 많아서 개발 요소가 많이 들어간 경우에는 주로 개발자가 테스트 시나리오를 작성한다.

 Tip 테스트 시나리오는 누가 작성하나

테스트 시나리오를 개발자가 담당하느냐, 기획자가 담당하느냐에 대해서는 정답이 없다. 기획자가 화면 설계를 마무리하고 여유가 있으면 맡아서 할 수 있겠지만, 기획자가 작성하다 보면 개발 요소에서 놓치는 부분이 생길 수 있기 때문에 다른 파트에서의 점검이 필요하다. 한편 개발자만 작성하기보다 기획자가 사용자 관점에서 시나리오를 보완해주는 것이 좋다. 테스트 시나리오 작성 업무로 인해 개발자의 주요 업무와 겹쳐 업무 부하가 일어날 수 있으므로 기획자의 도움이 필요하다. 결국 정답은 없지만 프로젝트를 완료해야 한다는 동일한 목표가 있으니 상황에 따라 잘 조율해야 한다.

4. 웹디자이너

웹디자이너는 웹기획자가 마련한 화면 설계서를 가지고 포토샵(PSD 파일)이나 일러스트레이터(AI 파일) 같은 디자인 전문 프로그램을 사용하여 디자인 작업을 한다. 웹디자이너는 디자인 프로그램 외에 웹, 특히 웹브라우저에서 보는 화면 구성에 대한 이해가 필요하며, 이미지나 텍스트 등 각종 요소가 직관적이고 섬세하게 보일 수 있도록 디자인한다.

웹디자이너가 작업한 파일은 하이퍼링크나 화면 전환 등이 되지 않는 이미지 파일이므로 바로 웹에서 사용할 수 없다. 이 디자인 작업물을 가지고 웹퍼블리셔가 웹브라우저에서 볼 수 있도록 이미지를 수정하고 텍스트를 정리하여 HTML에 연결하는 작업을 하는데 이를 웹퍼블리싱이라고 한다.

화면 설계서에서는 파워포인트와 같은 프로그램으로 단순한 라인, 박스, 텍스트로 만들기 때문에 실제적인 디자인을 확인할 수 없다. 웹디자이너는 적절한 화면 구성 요소(텍스트, 이미지, 라인, 아이콘 등)의 위치, 간격, 크기, 색상, 배경을 고려하여 실제로 디자인을 한다.

웹 표준HTML standards, 웹 접근성[4], 반응형 웹디자인responsive web design, RWD[5]을 적용한 프로젝트의 경우 디자이너는 KWCAG 2.1, 최신 트렌드, UI, PC와 모바일웹의 특성을 이해하고 디자인에 반영될 수 있도록 해야 한다.

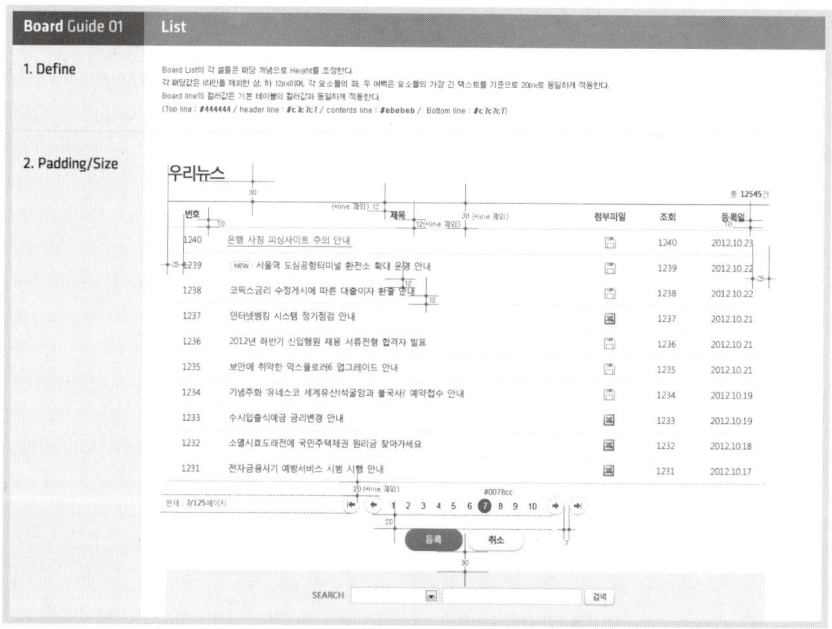

● 웹디자인 가이드의 예

---

[4] 3.3(텍스트 콘텐츠의 명도 대비) 텍스트 콘텐츠와 배경 간의 명도 대비는 4.5 대 1 이상이어야 한다. (출처 : 「한국형 웹 콘텐츠 접근성 지침(KWCAG) 2.1」)
[5] PC, 태블릿, 모바일 등의 화면 해상도에 따라 화면 디자인 및 구성을 변경하는 기술을 말한다.

웹디자인 가이드(웹스타일 가이드)는 여러 명의 디자이너가 공동 작업을 할 때 규칙이 되기도 하고, 프로젝트를 완료한 후 유지, 운영할 때 기존의 디자인을 해치지 않는 기준이 되기도 한다. 주로 색상, 크기, 간격, 폰트 종류 및 크기 등을 제시한다.

> 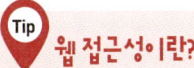 웹 접근성이란?
>
> 2013년부터 거의 모든 웹사이트는 웹 접근성을 지키도록 되어 있다. 웹 접근성은 뒤에서 설명하겠지만, 기획 단계에서 특히 화면 설계 시에 웹 접근성을 고려하여 기획해야 한다. 우리나라에서는 「한국형 웹 콘텐츠 접근성 지침 2.1」www.wah.or.kr/Participation/한국형웹 콘텐츠접근성지침2.1.pdf을 마련하여 웹사이트 제작 시 웹 접근성을 준수할 수 있도록 하고 있으며, 2015년 3월 31일 자로 국립전파연구원고시 제2015-5호 「한국형 웹 콘텐츠 접근성 지침 2.1」이 개정되었다.

1 헤딩 heading, 제목

HTML에서 제목을 표현하는 태그는 H1부터 H6까지 총 6단계의 제목 구조로 되어 있다. 화면 설계 단계에서 기획자, 디자이너, 퍼블리셔가 헤딩 체계에 대해 서로 약속하고 설계했다면 웹사이트의 페이지가 구조적으로 디자인될 수 있으며, 퍼블리셔도 이에 맞춰 헤딩 태그를 적용하면 웹 표준, 웹 접근성도 지킬 수 있고 검색엔진 최적화 search engine optimization, SEO[6] 적용이 용이하다.

---

[6] 검색엔진의 랭킹 알고리즘에 맞게 웹사이트(페이지)를 구성하여 검색 결과의 상위에 노출시키는 작업을 말한다(Part 9 '사이트 최적화' 참조).

2 이미지 저작권

사이트에 필요한 이미지는 클라이언트(내부 조직)를 통해 받기도 하지만 필요에 따라 이미지를 구매하는 경우가 있다. 이미지를 사용하기 전에 저작권을 확인해보고 경우에 따라 유료 이미지 사이트에서 정식으로 이미지를 구매한다.

Tip 이미지 저작권

이미지를 구매하기 전에 가능하면 내부에 보유하고 있는 이미지를 우선적으로 사용하고 필요하다면 추가로 제작하거나 구매한다. 일반적으로 웹에이전시는 유료 이미지 사이트에 가입되어 있기 때문에 웹에이전시를 통해 유료 이미지를 사용할 수 있다. 웹에이전시를 통해서도 필요한 이미지를 구할 수 없다면 의뢰사 측에서 유료 이미지를 구입하는 것이 좋다. 이때 이미지의 사용 용도에 따라 가격이 다르기 때문에 이미지 제공 업체의 라이선스 정책을 잘 확인하고 구매해야 한다.

5. 웹퍼블리셔

디자이너가 작업한 디자인 파일은 이미지로 되어 있기 때문에 바로 홈페이지나 모바일웹에서 사용할 수 없는데, 퍼블리셔는 이 디자인 파일을 HTML로 구현하는 일을 맡는다. 퍼블리셔는 HTML, CSS와 같은 전문적인 기술을 보유하고 있어야 한다. 디자인 파일을 단순히 HTML로 변환하는 것이 아니라 기본적으로 웹 표준을 준수해야 하고, 다양한 환경에서도 동일하게 보일 수 있도록 하는 크로스 브라우징에 대한 경험도 필요하다. 또한 PC용 홈페이지뿐만 아니라 모바일용 홈페이지(모바일웹)도 제작해야 하며, 화려하고 역동적인 홈페이지를 만들기 위해 자바스크립트나 제이쿼리JQuery와 같은 기술도 사용할 수 있어야 한다.

1 웹 표준

HTML은 웹을 표현하기 위한 언어로, 쉽게 말해 웹브라우저에서 텍스트, 이미지, 링크, 화면 등을 보여주고 배치하고 디자인하기 위한 규칙 또는 약속이라고 할 수 있다. 웹 표준 규약은 XHTML, HTML4, HTML5 등이 있는데 최근의 웹브라우저나 모든 스마트폰은 HTML5를 지원하고 있다. 특히 모바일웹을 고려한다면 HTML5로 홈페이지를 퍼블리싱해야 한다.

2 크로스 브라우징

웹 표준을 지켰어도 OS별, 기기별, 브라우저별로 보이는 화면을 비교하면 간격이 틀어지거나 심한 경우 화면이 깨져 보일 수도 있다. 크로스 브라우징은 이처럼 브라우저나 환경에서 일어날 수 있는 화면상의 격차가 다양한 OS, 기기, 브라우저에서 최대한 동일하게 보일 수 있도록 퍼블리싱하는 것을 말한다.

3 웹 접근성

일반인과 장애인 모두 동등하게 홈페이지를 볼 수 있도록 웹 접근성을 지켜서 퍼블리싱해야 한다. 현재 우리나라에서는 「한국형 웹 콘텐츠 접근성 지침(KWCAG) 2.1」을 표준으로 정해 웹 접근성을 지키도록 권고하고 있다.

4 모바일웹

스마트폰 또는 태블릿에서 볼 수 있도록 HTML5로 제작하는 것도 퍼블리셔의 몫이다. 또한 모바일웹과 스마트폰의 앱을 융합하여 하이브리드앱을 만들기도 한다.

5 자바스크립트

홈페이지나 모바일웹에서 배너의 움직임이나 역동적인 화면 이동은 대부분 자바스크립트로 해결한다. 제이쿼리 등을 이용하면 보다 수월하게 제작할 수 있지만 퍼블리셔나 개발자가 주로 맡아서 작업해야 한다.

6. 웹프로그래머

웹사이트상에서 콘텐츠 직접 수정 가능 여부에 따라 수정이 가능한 동적인 콘텐츠와 고정되어 있어 수정이 불가능한 정적인 콘텐츠로 나눌 수 있다. 디자이너와 퍼블리셔가 주로 HTML, CSS, 이미지 등의 정적인 콘텐츠를 다룬다면, 웹프로그래머는 데이터베이스나 스크립트 언어 등을 활용하여 등록, 수정, 삭제가 가능한 게시판, 방명록, 쇼핑몰 등 동적인 콘텐츠를 담당한다. 홈페이지의 게시판이나 댓글, 온라인 주문, 회원 가입, 로그인, SNS 공유 등 서버와의 통신을 통해야만 하는 동적인 작업은 웹프로그래머(웹개발자)가 담당한다.

웹프로그래밍에도 복잡한 조건이 필요한데 여기에는 웹서버, 데이터베이스, 프로그래밍 언어 등이 포함된다. 웹서버, 프로그래밍 언어, 데이터베이스 간의 적합한 조합을 통해 효율적인 홈페이지 제작을 고민할 필요가 있다.

1 웹서버

HTML로 만들어진 홈페이지가 PC에 저장되어 있다고 해서 외부에서 볼 수 있는 것은 아니다. 홈페이지가 들어갈 공간인 웹서버에 홈페이지 콘텐츠(HTML, CSS, 이미지 등)를 옮겨야 외부에서 볼 수 있는 것이다. 웹서버는 하드웨어로서의 의미와 함께 소프트웨어로서의 의미를 가지고 있다. 소프트웨어로서의 웹서버는 단순히 홈페이지 콘텐츠를 보여주는 기능을 할 뿐만 아니라 프로그래밍 언어를 통해 데이터 처리를 지원한다. 대표적인 웹서버 소프트웨어 프로그램은 Apache, IIS Internet Information Service, Nginx 등이다.

2 프로그래밍 언어(개발 언어)

HTML도 언어이지만 정적인 부분을 담당한다면, 프로그래밍 언어는 다양한 계산과 데이터 처리를 통해 보다 살아 있는 홈페이지 서비스를 제공할 수 있도록 해준다. 웹프로그래밍 언어의 종류에는 PHP, JSP, ASP 등이 있다.

3 데이터베이스

데이터베이스는 쉽게 말해 오피스에서 사용하는 엑셀이나 액세스를 웹에서 사용 가능하게 만든, 데이터를 관리하는 기능 application 이다. 게시판에 글쓰기를 하면 글의 제목과 내용만 들어가는 것이 아니라 글 번호, 글을 쓴 날짜와 시간, 글쓴이의 정보(이름, 닉네임, 이메일 주소), 첨부 파일, 글의 구성 등이 눈에 보이지는 않지만 데이터베이스에 저장되고, 그 데이터는 웹에서 수시로 읽히거나 수정 및 삭제된다.

　엑셀은 개인이나 공유된 사람들만 사용한다면, 웹에 있는 데이터베이스는 훨씬 더 많은 사람이 읽고 쓰고 수정하고 삭제하는 데이터를 관리하는 것이다. 데이터베이스의 종류에는 MySQL, MS-SQL, Oracle 등이 있다.

CHAPTER 02
웹사이트를 위한 환경 구성하기

구축이 완료된 웹사이트를 외부에서 접속할 수 있게 하려면 웹서버에 올려야 하는데, 이 웹서버는 24시간 접속이 가능하고 장애 없이 유지·운영되어야 한다. 사내 서버가 있다면 그 서버에 등록하면 되지만 별도의 서버가 없다면 호스팅 서비스를 하는 업체에 구축한다. 호스팅 업체는 서버뿐만 아니라 웹서버를 구동할 수 있는 소프트웨어, 데이터베이스 및 네트워크 장비와 같은 하드웨어 장치도 지원해준다. 대표적인 호스팅 서비스 업체는 카페24, 가비아 등이 있으며, 웹사이트 구축에 사용되는 프로그래밍 언어와 환경에 따라서 적합한 업체를 선정한다.

1. 웹호스팅

웹사이트를 구축하는 방법은 자체 서버를 구입하여 구축하거나 호스팅 서비스를 받는 방법이 있다. 서버 장비에 대한 지식이 있고 24시간 모니터링이 가능하다면 구축·운영이 가능하지만 전문적인 지식이 없다면 운영하기 어렵다. 따라서 새롭게 시작하거나 중소규모 웹사이트를 운영하는 경우에는 웹호스팅을 받아 사용하는 것을 선호한다.

    웹호스팅이란 웹서버를 직접 설치하지 않고도 인터넷에 홈페이지를 개설·운영할 수 있도록, 세팅이 완료된 웹서버의 일정 공간을 임대하여 사용자가 직접 서버를 운영하는 것과 같은 효과를 제공하는 네트워크 서비스이며, 대표적인 전문 웹호스팅 서비스로 카페24가 있다. 웹호스팅은 구축 시간이 단축되고 비용이 저렴하며 전문 인력이 없어도 운영할 수 있다는 것이 장점인 반면에, 한 서버에서 일정 부분을 나눠 쓰는 형태이므로 사용 가능한 기능이 제한적일 수 있다는 것이 단점이다. 또한 기본적으로 제공되는 소프트웨어 이외에 별도의 소프트웨어를 설치하기가 불가능하며, 계약된 트래픽을 초과할 경우 접속이 제한될 수 있다. 따라서 웹사이트 운영 시 발생할 수 있는 트래픽과 데이터양을 예측하여 규모에 맞는 서비스를 신청해야 한다.

웹호스팅은 운영체제에 따라서 윈도우 호스팅과 리눅스 호스팅이 일반적이며 대부분 리눅스 호스팅을 선호한다.

● 카페24의 윈도우 호스팅

윈도우 호스팅은 마이크로소프트의 Windows Server를 운영체제로 사용하고 데이터베이스 역시 마이크로소프트의 MS-SQL을 기반으로 제공한다. MS-SQL은 DBMS의 한 종류로 데이터베이스에서 자세히 설명할 것이다. 웹

서버는 IIS를 사용하고 있다.

서비스명	10G 광아우토반 Full SSD					10G 자이언트 플러스
	절약형	일반형	비즈니스	퍼스트클래스	자이언트	
하드용량 웹/스트리밍/CDN	400M 200M/100M/100M	900M 500M/200M/200M	3G 2G/500M/500M	6G 4G/1G/1G	10G 6G/2G/2G	14G 10G/2G/2G
트래픽용량 웹/스트리밍/CDN	1.4G 600M/400M/400M	1.8G 800M/500M/500M	5.5G 2.5G/1.5G/1.5G	12.5G 5.5G/3.5G/3.5G	30G 10G/10G/10G	웹 500G/월 스트리밍 10G/일 CDN 10G/일
사양 안내	일반적인 웹 공간만을 제공하는 타사와 달리 스트리밍 & CDN 서비스를 무료로 추가 제공하여 사실적 용량증가 효과 및 고급 서비스를 무료로 사용할 기회를 드립니다.					스트리밍/CDN이란?
MySQL DB	무제한	무제한	무제한	무제한	무제한	무제한
추가 DB옵션 제공		MS-SQL, Cubrid, PgSQL			자세히 보기	미제공
POP 메일 계정	3개	10개	30개	30개	30개	50개
도메인 추가연결	1개	2개	5개	8개	10개	20개
서브 도메인	미지원	미지원	미지원	20개	30개	50개
프로그램 자동설치		XE GNUBOARD WORDPRESS TEXTCUBE KIMSQ Rb				
UTF-8	utf-8 전용 서버 지원 (서비스신청 시 선택 가능)					
설치비	5,000원	11,000원	11,000원	11,000원	11,000원	11,000원
월 사용료	500원	1,100원	5,500원	11,000원	22,000원	33,000원

● 카페24의 리눅스 호스팅

리눅스 호스팅은 기본적으로 리눅스+Apache+MySQL의 조합으로 서버를 구축한다. 대부분 오픈 소스 기반 소프트웨어를 사용하기 때문에 윈도우 호스팅보다 저렴하다는 장점이 있다. 또한 편리성과 호환성이 뛰어나 대부분 리눅스 호스팅을 사용하고 있다.

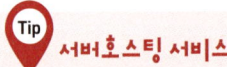

Tip 서버호스팅 서비스

서버호스팅은 호스팅 업체에서 일부 용량을 임대하는 방식이 아니라 제공되는 서버를 임대 혹은 구매하는 방식으로, 웹사이트의 방문자가 늘어나거나 이미지, 문서 등이 증가하여 기존 웹호스팅으로 수용하기 힘든 경우 서버호스팅의 도입을 고려할 만하다. 서버에 대한 전문 지식이 없더라도 전담 인력이 24시간 지원해주므로 운영에 대한 부담을 덜 수 있다.

2. 웹서버

웹서버란 HTTP를 통해 웹브라우저에서 요청하는 HTML 문서나 오브젝트(이미지 파일 등)를 전송해주는 서비스 프로그램을 말한다(위키백과). 웹서버는 브라우저에서 웹사이트에 접속하기 위해 URL을 입력하면 그 URL에 해당하는 웹페이지를 브라우저에 전달하는 역할을 한다.

구분	유닉스/리눅스 계열	윈도우 계열
웹서버	Apache, Nginx	IIS
주요 웹프로그래밍 언어	PHP, JSP	ASP, PHP, JSP
주요 데이터베이스	MySQL, Oracle	MS-SQL, MySQL

● 웹서버의 구성 요소

Apache는 아파치소프트웨어재단 Apache Software Foundation 에서 만든 웹서버 프로그램으로 세계에서 가장 많이 사용되고 있는 프로그램이다. 리눅스 배포 시 Apache도 같이 배포되어 리눅스 환경에서는 기본적으로 Apache를 사용하고 있다. 윈도우용도 배포되고 있지만 성능 면에서 리눅스보다 뒤떨어지므로 주로 학습용이나 개발용으로 사용하고 있다.

IIS는 마이크로소프트가 윈도우 환경에서 사용하도록 만든 웹서버 프로그램으로 검색엔진, 스트리밍 오디오, 비디오 기능 등이 포함되어 있다. 사용하고 있는 윈도우 환경과 유사하여 디렉터리의 생성과 관리가 쉬운 장점이 있으나 상용 제품으로 비용이 발생할 수 있다.

Nginx는 Apache의 대안으로 부각되고 있는 웹서버로, 적은 자원으로 더 빠르게 서비스하고자 만들어진 웹서버이다. 성능에 초점을 맞춰 개발하여 그동안 웹서버에서 제공되던 기능 중에서 불필요한 것을 빼고 속도를 개선했다. Nginx는 최근 점유율을 높여가고 있는 웹서버 중 하나이다.

제품	개발사	점유율(netcraft, 2013)
Apache	아파치소프트웨어재단	53%
IIS	마이크로소프트	17%
Nginx	NGINX	16%

● 웹서버의 종류

3. 웹프로그래밍 언어

정적인 웹사이트는 HTML 코딩만으로도 구현할 수 있다. 하지만 HTML로만 구성되는 웹사이트는 거의 없으며, 게시판이나 블로그, 쇼핑몰 등 데이터베이스에 데이터를 저장하고, 저장된 데이터를 프로그램을 통해 조회하여 보여주는 동적인 웹사이트를 많이 제작한다. 이런 동적인 페이지를 구현하는 데 사용되는 프로그램을 웹프로그래밍 언어라고 하며, 대표적으로 PHP, ASP, JSP 등이 있다.

   PHP는 웹프로그래밍에 사용되는 대표적인 언어로 배우기 쉽고 처리 속도가 빠르다. 오픈 소스로 대부분의 웹호스팅 업체에서 제공된다. 윈도우 호스팅 환경과도 대부분 호환되므로 많은 사이트에 사용되며, 중소규모 웹사이트 구축에 흔히 사용되는 언어이다. 개발자들이 구현하여 인터넷에 공개한 기능이 많기 때문에, 필요한 기능을 개발하지 않고도 간단한 작업을 통해 바로 적용할 수 있다는 것이 장점이다.

   ASP는 윈도우 환경에서만 실행할 수 있는 언어로 Visual Studio 통합 개발 환경에서 개발이 가능하므로 디버깅과 개발 환경이 편리하게 되어 있다.

하지만 리눅스 웹호스팅과 호환되지 않아 시스템 전환 시 문제가 발생할 수 있다는 것이 단점이다.

JSP는 자바스크립트를 이용하여 만든 웹프로그래밍 언어로 리눅스나 윈도우 환경에서 사용 가능하다. PHP보다 세세한 부분까지 제어가 가능하기 때문에 많은 작업의 처리와 빠른 응답 시간을 기대할 수 있지만 배우기 어렵다는 진입 장벽이 있다. 한편 웹호스팅 업체에서 JSP 환경에 맞는 호스팅을 제공하고 있다.

구분	운영체제	웹서버	데이터베이스	속도
PHP	리눅스/윈도우	Apache	MySQL, Oracle	보통
ASP	윈도우	IIS	MS-SQL	느림
JSP	윈도우	Apache-tomcat	Oracle, MySQL	빠름

● 웹프로그래밍 언어 비교

4. 데이터베이스

데이터베이스란 다수의 사용자와 프로그램들이 공유하여 사용할 수 있도록 데이터를 통합 저장하여 운영하는 데이터의 집합이다. 다시 말해 데이터를 쉽고 빠르게 조회할 수 있도록 구조적으로 저장해놓은 것이다. 데이터베이스의 가장 큰 특징은 실시간 접근성이다. 우리가 게시판에 글을 쓰고 저장하면 바로 다른 사람들이 그 글을 볼 수 있는데, 웹페이지 구축에서 데이터베이스를 사용하는 이유가 바로 여기에 있다. 대표적인 데이터베이스로는 MySQL, MS-SQL, Oracle을 들 수 있다.

MySQL은 오픈 소스 기반의 데이터베이스로 누구나 무료로 내려받아 사용할 수 있다. 설치하기 쉽고 사용하기 편리하게 되어 있어 전문 지식이 없더라도 이용할 수 있다. 모든 웹호스팅 업체에서 MySQL을 지원하며 다양한 관리 도구가 있어 간편하게 운영할 수 있다는 것도 장점이다. 리눅스 호스팅뿐만 아니라 윈도우 호스팅과도 호환이 가능하고 세계적으로 인기 있는 데이터베이스이므로 수준 높은 개발자들에게 쉽게 지원받을 수 있다. MySQL은 PHP, Apache와 함께 사용되는 경우가 많은데 이런 조합을 APM Apache + PHP + MySQL 이라고 부른다. 리눅스 환경에서 사용되는 경우 LAPM이라고도 한다.

MS-SQL은 마이크로소프트에서 개발하여 판매하고 있는 상용 데이터베이스로 윈도우 호스팅에서 실행이 가능한 데이터베이스이다. 다른 마이크로소프트 제품과 호환이 가능하므로 윈도우 환경에 익숙하다면 편리하게 사용할 수 있다. 하지만 사용 웹서버에 제한이 있고 추가적인 비용이 발생하므로 도입 시 이를 고려해야 한다. MS-SQL의 경우 윈도우 환경에서만 실행이 가능하므로 윈도우에서 실행 가능한 프로그램을 사용해야 한다는 제한이 있다. 따라서 MS-SQL을 사용하기 위해 마이크로소프트의 C#이나 ASP Active Server Page 라는 언어를 사용하는 경우가 많다.

Oracle은 상용 데이터베이스 가운데 세계적으로 많이 사용되는 제품으로 대용량 시스템에서 많이 사용하고 있다. 가격이 비싸고 전문적인 지식이 있어야 유지·보수가 가능하므로 소규모 업체에서 도입하기는 부담스럽다. 하지만 안정적인 유지·보수 지원, 백업 및 성능 면에서 우수하여 안정성을 요구하는 금융권, 관공서 등에서 많이 사용하고 있다. MS-SQL이 윈도우 호스팅에서 사용되는 데 반해 Oracle은 윈도우나 리눅스, 유닉스 등에서도 높은 성능과 안정성을 보여준다.

CHAPTER 03 도메인 등록하기

컴퓨터 네트워크에서 각각의 장비가 서로를 인식하고 통신하기 위해서는 고유의 식별 번호가 필요한데 이 식별 번호를 IP 주소internet protocol address라고 한다. 그러나 IP 주소는 숫자로 되어 있어 외우기 어렵기 때문에 사람이 쉽게 기억할 수 있는 이름, 즉 도메인을 부여한다. 두산백과사전에는 도메인이 "숫자로 이뤄진 인터넷상의 컴퓨터 주소를 알기 쉬운 영문으로 표현한 것"으로 정의되어 있지만 영문뿐만 아니라 숫자와 대시(-) 등도 사용할 수 있다. 도메인은 IP 주소와 마찬가지로 전 세계적으로 중복되지 않는 고유한 이름을 가져야 된다.

우리는 인터넷을 사용할 때 IP 주소가 아니라 도메인을 기억하고 브라우저에 입력하는데, 이때 도메인을 IP 주소로 바꿔주는 것을 도메인 네임 서비스domain name service라 하고, 이런 역할을 하는 서버를 도메인 네임 서버domain name server라 한다. 도메인을 사용하려면 반드시 네임 서버에 등록해야 한다. 이 Chapter에서는 이러한 도메인을 사용하는 규칙과 구입 방법 및 절차 등을 살펴보자.

1. 도메인 찾기

도메인을 등록하기 전에 이미 도메인이 등록되어 있는지 확인해야 한다. 일반적으로 도메인 등록 업체 사이트에서 이를 검색할 수 있다. 대표적인 도메인 등록 업체로는 후이즈 www.whois.co.kr, 가비아 gabia.com, 아이네임즈 www.inames.co.kr, 카페24 www.cafe24.com 등이 있으며, 업체별로 제공하는 기능이 차이가 있으므로 자신에게 필요한 기능을 제공하는 업체를 선별하여 이용하는 것이 좋다. 가격도 업체에 따라 다르기 때문에 이 부분도 고려해야 한다. 일반적인 금액은 다음 표와 같다.

최상위 도메인	의미	가격(1년/VAT 포함)
.com	회사, 사업체	2만 2천 원
.kr	국가명 한국	2만 2천 원
.cc	국가명 코코스아일랜드	6만 6천 원
.co.kr	한국의 회사/사업체	2만 2천 원
.org	비영리 단체	2만 2천 원
.net	네트워크 관리 기구를 의미하나 개인도 등록 가능	2만 2천 원
.pe.kr	개인 사이트	1만 1천 원

● 도메인 비용(카페24, 2014년 기준)

도메인은 계층 구조 hierarchy structure로 이뤄져 있다. 이를 행정구역에 빗대면 시/구/동으로 표현되는데, 이때 구는 시의 영역에 포함된다. 그런데 도메인은 이와 같은 개념이지만 나열되는 순서가 반대이다. 즉 도메인에서는 가장 오른쪽에 표시되는 부분이 최상위 도메인으로, 계층 구조가 오른쪽에서 왼쪽으로 내려가며 왼쪽은 오른쪽의 서브도메인이다. 네이버 www.naver.com를 예로 들면 naver는 com의 서브도메인이다. 따라서 웹사이트의 목적에 따라 최상위 도메인을 선정하여 등록하면 된다.

앞의 표처럼 도메인마다 의미가 있지만 반드시 도메인의 의미에 맞게 사용해야 하는 것은 아니다. '.com' 도메인을 개인용 페이지로 사용해도 무방하다. 하지만 대학과 교육기관 .edu, .ac.kr, 군사 기관 .mil, 정부 기관 .gov, .go.kr 등은 사전 심사를 통해 승인을 받아 도메인의 의미에 맞게 사용해야 한다.

최상위 도메인뿐만 아니라 서브도메인에 대해서도 규칙이 존재한다.

- 도메인은 마침표(.)로 분리한다.
- 서브도메인의 길이는 최대 63개 문자이고 허용되는 문자는 알파벳, 숫자, 대시(-)이다.
- 전체 길이는 255개 문자열로 제한한다.
- 대문자와 소문자의 구분이 없다.
- 대시(-)로 문자열을 시작하거나 끝낼 수 없다.

최상위 도메인을 선택하고 규칙에 따라 웹사이트의 도메인을 선정한 뒤, 도메인 등록 사이트의 검색창에서 해당 도메인을 검색했을 때 등록 가능으로 나타나는 도메인을 등록할 수 있다.

도메인	기간	금액	등록여부	기타
naver.com			등록불가능	도메인 정보보기
naver.kr			등록불가능	도메인 정보보기
naver.co.kr			등록불가능	도메인 정보보기

● 도메인 검색 결과

2. 도메인 등록

도메인 등록 업체를 통해 도메인을 등록할 수 있다. 최상위 도메인이 '.com' 인 경우 전 세계적으로 많이 등록하기 때문에 원하는 도메인 이름이 있으면 바로 등록하는 것이 좋다. 나중에 등록하려고 했다가 다른 사람이 선점하여 낭패를 볼 수 있기 때문이다.

● 도메인 계정 관리 화면

    등록하고자 하는 도메인이 등록 가능 상태라면 우선 결제를 해야 도메인에 대한 소유권을 가질 수 있다. 등록할 때 등록자명, 전화번호, 주소, 이메일 주소 등의 정보가 필요한데, 특히 이메일은 결제 정보와 등록 완료 등의 정보를 받는 수단으로 사용된다. 등록 완료 후 이에 관한 정보를 이메일로 받지 못했다면 등록 시 이메일 주소를 정확하게 기록했는지 확인해본다. 이메일은 등록 이후 도메인의 사용 기간 만료, 연장 안내 등의 정보를 받는 중요한 연락망이므로 특별히 관리해야 한다.

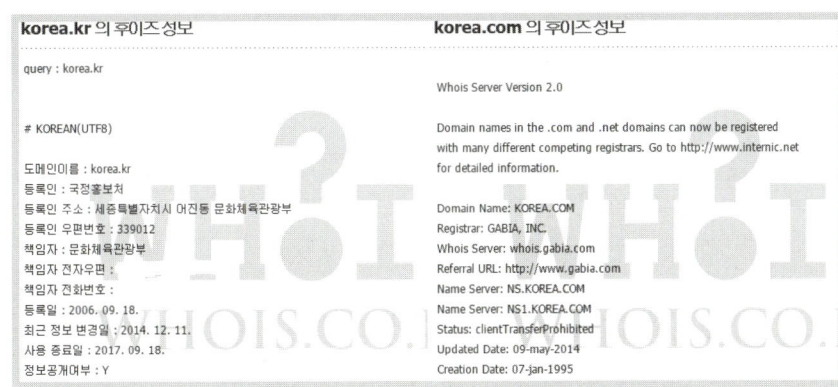

● 도메인 등록 정보

　도메인이 정상적으로 등록되면 도메인 정보 검색 사이트에서 도메인 정보를 조회할 수 있다. 등록하고 바로 조회될 수도 있으나 등록 업체에서 도메인 서버에 등록하기까지 시간이 걸리는 경우 하루 정도 지난 다음에 확인이 가능하다.

Tip 도메인 오탈자 수정 및 도메인 연장

도메인에 오탈자가 있거나 잘못 등록했을 경우 신청 취소를 할 수 있다. com, net과 같은 국제 도메인의 경우 변경이 불가능하므로 등록 후 72시간 이내에 도메인을 취소한 후 신규 등록을 해야 한다. 이에 반해 co.kr, kr과 같은 KR 도메인의 경우 7일 이내 1회에 한해 별도의 수수료 없이 도메인 변경이 가능하다.

도메인은 1년에서 10년까지 등록이 가능하며, 기간이 만료되기 전에 사용 연장을 해야 도메인에 대한 사용권을 유지할 수 있다. 만약 사용 연장을 하지 않으면 누구나 그 도메인을 등록할 수 있게 된다. 하지만 사용 기간이 지났다고 해서 바로 삭제되는 것이 아니며 30일 정도 삭제 대기 기간이 있으므로 복구가 가능하다. 복구에는 수수료와 복구 비용 등이 발생하고 신청 절차에 따라 진행되므로 시간적인 피해도 볼 수 있다. 따라서 기간 만료 전에 꼼꼼하게 챙겨 만료일 이전에 사용 연장을 하는 것이 좋다.

3. 네임 서버 등록 및 변경

네임 서버는 영문 주소로 된 도메인을 이용하여 해당 숫자 주소인 IP로 연결하는 서버이다. 즉 웹사이트에 접속할 수 있는 중요한 기능을 하는 서버를 말한다. 내비게이션에 의지하여 자동차를 운전할 때 내비게이션의 정보가 틀리다면 목적지에 도착할 수 없을 것이다. 이와 마찬가지로 네임 서버에 잘못된 정보가 있다면 해당 웹사이트에 접속할 수 없으므로 네임 서버의 정확한 정보를 유지하기 위해 지속적으로 관리해야 한다. 규모가 큰 회사는 자체 네임 서버를 이용하는 경우도 있으나 일반적으로는 도메인 등록 업체나 웹호스팅 업체에서 제공하는 네임 서버를 사용한다.

● 네임 서버 정보

웹호스팅 업체는 위 그림과 같은 네임 서버 정보를 제공한다. 보통 2차 이상을 제공하는데 영문 주소와 숫자로 된 IP 주소를 적어두었다가 보유하고 있는 도메인의 도메인 관리 서비스 업체 홈페이지에서 네임 서버 정보를 변경해야 한다.

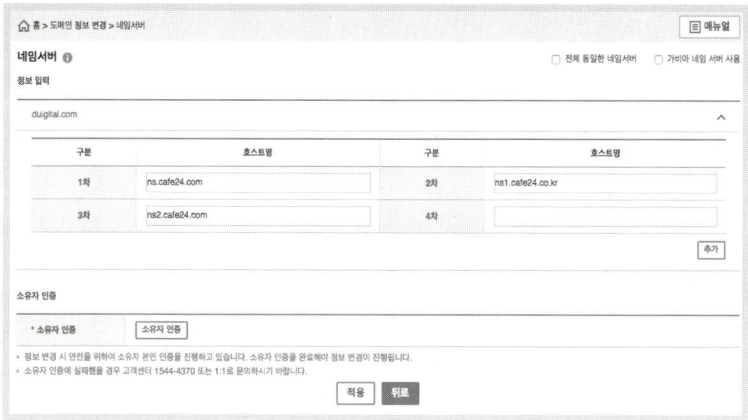

● 네임 서버 변경

네임 서버 변경 시 인터넷에 정보가 전파되기 전까지 경우에 따라 웹사이트에 접속이 안 될 수도 있으니 주의해야 한다. 또한 변경된 네임 서버 정보가 잘못되었거나 없는 서버인 경우 접속 불가 상태가 되므로 변경 시 유의해야 한다.

도메인 서비스 업체는 모두 네임 서버 변경 서비스를 제공하는데, 여기서 미리 저장해둔 웹호스팅 업체의 네임 서버 정보를 입력한다.

● 웹호스팅 도메인 연결

도메인 서비스 업체에 네임 서버 변경 신청을 했다면 다시 웹호스팅 업체의 호스팅 관리 메뉴에서 보유한 도메인을 입력한다. 네임 서버를 변경하면 국내 도메인은 대략 하루 이내, 국제 도메인은 2~3일 이내에 변경이 완료되어 보유한 도메인으로 웹호스팅 업체의 서비스를 받을 수 있다.

CHAPTER 04
필요한 기능 정의하기

1. 게시판

웹사이트에서 가장 많이 활용되는 것은 게시판 기능일 것이다. 공지 사항부터 문의 사항, FAQ 등 대부분이 게시판 형태로 구성된다. 정보 전달뿐만 아니라 회원들 간의 커뮤니케이션을 위한 공간으로 게시판을 활용할 수 있다. 그러므로 게시판에서 지원하는 기능에 대한 정의가 필요한데, 이때 사용자의 편리성과 관리자의 기능을 함께 고려해야 한다.

번호	제목	글쓴이	날짜	조회 수
공지	2014년 푸른학교 겨울나기 바자회 안내	푸른학교	2014-10-22	135
공지	아이디/비번 찾기 게시판 신설..	이은창	2010-02-08	13302
91	성남동푸른학교 지역아동센터 시설장 모집 공고	푸른학교	2014-10-20	100
90	추석명절 잘 보내세요^^	푸른학교	2014-09-05	91
89	< 은행 책마루 도서관> 개관식	푸른학교	2014-05-24	338
88	2014 푸른어린이날 행사 취소합니다.	푸른학교	2014-04-22	629
87	[특강] 2014.04.14(월)허은미 작가와 함께하는 그림책읽기	푸른학교	2014-04-15	549
86	'시립 도담 성남동 지역아동센터' 학생 모집	푸른학교	2014-03-17	689

● 공지 사항 게시판(www.blueschool.net)

　공지 사항 게시판은 일반적인 게시판과 동일하다. 위 그림과 같이 상단에 특정한 게시 글이 표시되는 기능을 적용하려면 관리자 페이지에 해당 기능이 구현되어 있어야 한다. 공지 사항 게시판에 등록할 때 글을 공지로 등록할지 일반 알림 글로 등록할지 선택할 수 있어야 하며, 일반 알림 글로 등록했다가 공지로 변경해야 하는 경우가 발생할 수 있으므로 변경 기능도 필요하다.

231	전유성의 클래식 폭소콘서트 '얌모얌모' [1]	변혜원	2009-07-24	7334
230	초, 중등 여름 24반 무예학교가 열립니다 [2]	반디교실	2009-07-14	7864
229	경남 함양-봄바람네 여름들살이 공고 [1] [1]	김근희	2009-07-08	8933
228	서현 by the way(편의점)에서 저금통후원금.. 감사합니다. [1]	전지현	2009-06-26	7427

● 게시판의 기능(www.blueschool.net)

게시판은 페이징과 검색 기능을 기본으로 제공해야 한다. 일반적으로 검색은 '제목', '제목+본문', '본문만' 등의 검색 항목을 사용한다. 게시물이 많은 게시판에서 본문을 포함하는 검색은 많은 내용을 검색해야 하기 때문에 실행 시 속도가 느려질 수 있다. 일반적인 게시판에서 정렬은 최신 등록일 순을 기본으로 사용하지만 경우에 따라 등록일 역순, 조회 순 등을 추가적으로 사용하기도 한다.

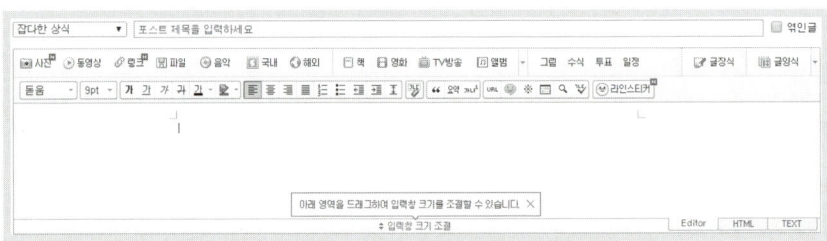

● 스마트 에디터

게시판의 에디터는 사용자나 관리자에게 중요한 도구로, 게시 글 편집을 쉽게 해주는 기능 외에 소셜 공유, 이미지 편집 등 다양한 기능을 제공한다. 하지만 모든 기능을 포함하면 시간과 비용의 부담이 커지므로 웹사이트에 적절한 기능만 고려하는 것이 바람직하다.

요즘에는 오픈 소스로 제공되는 다양한 에디터가 있으니 원하는 기능을 갖춘 오픈 소스 게시판의 활용도 고려할 만하다. 게시판은 사용자에게 글쓰기 권한이 있으므로 악의적인 해킹 코드를 게시하여 피해를 주는 일이 발생할 수 있다. 따라서 게시판 개발 시 웹개발자는 해킹 등에 대비해야 한다.

● 네이버 카페의 게시판 추가

　웹사이트를 운영하다 보면 목적에 따라 게시판을 추가해야 하는 경우가 발생한다. 예를 들어 새로운 상품이 출시되어 제품 문의를 위한 별도의 게시판이 필요하다고 하자. 사내 개발자가 있어 지원해준다면 별 문제가 없겠지만 개발자가 없다면 비용을 들여 외부에서 구현해야 한다. 이런 상황에 유연하게 대처하기 위해 웹사이트 구축 시 게시판 추가 기능을 구현해놓으면 추후에 유용하게 활용할 수 있다.

　게시판의 대표적인 기능 이외에도 다음과 같은 고려 요소가 있다.

- 비속어나 욕설을 관리하기 위한 금칙어 관리 기능
- 비회원으로 글쓰기 또는 글쓰기 방지 기능
- 페이스북이나 트위터, 카카오스토리 등에 공유하는 기능
- 기계적 글 등록 방지를 위한 부가 정보 입력 기능

2. 자주 묻는 질문

자주 묻는 질문FAQ은 웹사이트 방문자를 위해 반드시 제공해야 할 서비스로, 웹사이트 방문자에게 서비스나 사이트 이용에 관한 최소한의 정보를 제공하여 전화 문의나 Q&A, 이메일 문의 등 직접 문의하는 일을 최소화하는 데 목적이 있다. 자주 묻는 질문은 목록 화면과 상세 화면, 등록(수정) 화면으로 구성하며, 분류 검색과 키워드 검색이 가능해야 한다.

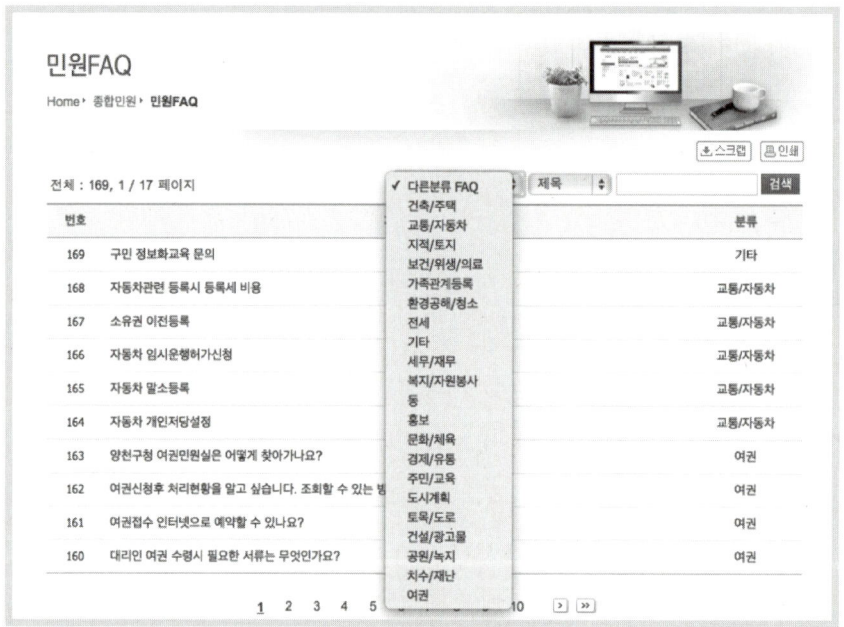

● 양천구청의 자주 묻는 질문 목록(www.yangcheon.go.kr)

위 그림과 같이 목록 화면에는 게시물에 방문자가 궁금해할 질문의 제목이 제시되고 분류 검색과 제목, 내용의 키워드 검색을 할 수 있어야 한다.

● 양천구청의 자주 묻는 질문 상세 화면(www.yangcheon.go.kr)

자주 묻는 질문의 상세 화면은 질문 제목과 답변을 제시하고, 민원과 관련된 것이라면 해당 담당자의 정보를 제공하는 것도 좋다. 또한 하단에는 제공되는 질문과 답변에 대해 이용자가 만족해하는지 의견을 받을 수 있는 응답 기능을 추가하면 더욱 좋다. 자주 묻는 질문은 초기 등록 후 지속적으로 관리하지 않으면 예전의 질문과 답변이 그대로 노출되기 때문에 질문과 답변의 만족도를 확인할 필요가 있다.

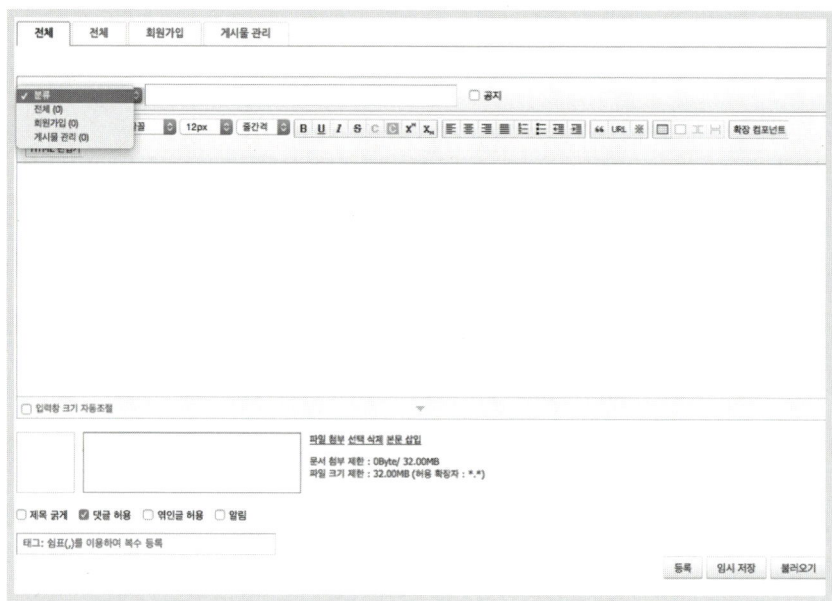

● 자주 묻는 질문 등록 화면

　자주 묻는 질문의 입력 화면은 질문과 답변을 입력하고 분류를 선택할 수 있는 구조로 구성되고 관리자 화면에서 분류를 추가, 수정, 삭제할 수 있어야 한다.

　자주 묻는 질문은 질문 게시판과 함께 제공하는 것이 효과적이며, 질문 게시판의 경우 답 글을 쓸 수 있는 일반 게시판으로도 충분히 운영이 가능하다. 그리고 질문 게시판에 자주 올라오는 질문 또는 조회 수가 많은 질문을 검토하여 자주 묻는 질문으로 등록하는 것이 효율적이다.

3. 이메일 문의

대부분의 웹사이트에는 고객과 소통하기 위한 수단으로 Q&A 게시판이나 이메일 문의 메뉴가 있다. 이메일 문의는 해당 업무 담당자에 직접 전달됨으로써 고객에게 빠르고 정확한 답변을 해줄 수 있다는 것이 장점이다. 하지만 제대로 관리하지 않으면 이력 추적이 되지 않거나 동일한 문제에 대한 개별 응대로 시간을 허비할 수 있으므로 담당자의 지속적인 관심이 필요하기도 하다.

● 11번가의 이메일 문의(help.11st.co.kr)

    쇼핑몰이나 규모가 큰 웹사이트의 경우에는 별도의 이메일 문의 솔루션을 도입하여 처리하고 있다. 이는 해당 부서 선택 및 SMS 연동 등의 다양한 기능을 제공할 수 있으나 소규모 사이트라면 솔루션을 도입하는 데 어려움이 있을 것이다.

● 폼메일 형식의 이메일 문의

　일반적인 웹사이트의 이메일 문의는 폼메일 형식으로, 폼메일은 오픈 소스가 많아 쉽게 적용할 수 있다. 만일 메일 서비스가 지원되지 않는 서버 환경이라면 〈a href=mailto:xxxx@xxxxx〉를 사용하여 아웃룩outlook 등 PC에 기본 설정되어 있는 메일 전송 프로그램을 실행하여 메일을 보낼 수 있다.

4. 포토 게시판

　글을 주된 내용으로 하는 게시판과 달리 이미지가 주가 되는 게시판을 포토 게시판(포토 갤러리 게시판)이라 한다. 포토 게시판에는 기본적으로 목록 화면, 상세 화면, 등록(수정) 화면이 있어야 하고 추가로 최근 게시물 기능이 필요하다.

• Xpress Engine의 포토 게시판(www.xpressengine.com)

최근 게시물은 게시판에 등록된 글 중에서 가장 최근의 글을 요약해서 보여주는데 포토 게시판의 경우 글 제목, 등록일, 섬네일 이미지(요약된 이미지) 등이 한 묶음이 된다.

• 푸른학교의 포토 게시판 최근 게시물(www.blueschool.net)

최근 게시물을 보여줄 때 몇 개까지 보여주는 것이 좋을지는 최근 게시 글 한 묶음의 크기를 보고 정하는 것이 좋다.

● 푸른학교의 포토 게시판 목록(www.blueschool.net/xe/photo01)

포토 게시판 목록 화면은 게시물을 요약해서 보여주는데 섬네일 이미지, 제목, 요약 글, 날짜 등으로 구성되고 상황에 따라 게시되는 요소를 선택한다. 포토 게시판 목록은 한 묶음의 크기를 고려하여 몇 행, 몇 열로 할 것인지를 정해야 한다. 게시물을 한 페이지에 보여주기 어렵다면 아래에 페이징(페이지네이션)을 두어 더 많은 목록을 볼 수 있도록 한다.

● 푸른학교의 포토 게시판 글 보기

　포토 게시판의 글 보기(상세) 화면은 일반 게시판의 게시물에 사진이 포함되어 있는 것이다. 글 보기 화면에서 원본 이미지를 따로 보거나 내려받을 수 있는지, 게시 글 하나에 사진이 몇 개나 들어가는지, 글쓰기(사진 올리기) 화면에서 글과 이미지의 대략적인 배치가 가능한지 확인한다.

● 푸른학교의 포토 게시판 사진 올리기

　포토 게시판의 사진 올리기 화면은 게시판의 글쓰기 화면과 거의 동일하다. 글쓰기가 가능하고 사진은 여러 개를 올릴 수 있는 것이 좋으며, 사진과 글의 배치가 가능한지도 확인한다. 글쓰기에서 글자나 문단 처리, 사진의 배치 및 크기 조정 등이 되는 기능인 에디터editor를 지원하는 포토 게시판을 선택하는 것이 좋다.

5. 이벤트 및 배너 관리

웹사이트에서는 광고나 이벤트, 공지 사항 등을 전달하기 위해 이벤트 배너, 팝업창, 공지 사항 게시판 등을 사용하기도 한다. 이는 대부분의 웹사이트 운영자에게 필요한 기능이지만 이벤트 배너나 팝업창을 하나 만들려면 보통 개발자에게 의뢰하여 제작해야 한다. 디자이너에게 배너나 팝업창 디자인을 요청하여 이미지를 전달받으면 홈페이지의 특정 공간에 배너를 넣거나 팝업창이 뜨도록 개발자에게 요청한다.

● 이벤트 관리자

이벤트나 배너는 대개 단기간 동안 진행되므로 시작일과 종료일(일몰 기능)이 필요하며, 이미지 크기에 따라 팝업창이나 배너의 크기가 정해지기도 한다. 또한 클릭했을 때 어디로 이동할지도 미리 정해두는 것이 좋다. 팝업창의 경우 웹사이트에 너무 자주 나타나면 방문자가 불편해할 수 있기 때문에, 체크박스를 클릭하면 하루나 일주일간 등 특정 기간 동안 나타나지 않도록 하는 팝업 비활성화 기능도 포함하는 것이 좋다.

● 푸른학교의 배너 관리자

웹사이트에서 배너란 웹사이트 내의 일정한 공간에서 이미지나 내용을 번갈아가며 보여주는 기능을 말한다. 배너는 동일한 공간을 차지하기 때문에 여러 개의 배너를 보여줄 때는 동일한 크기의 배너를 사용해야 한다. 동일한 크기의 배너를 사용하지 않으면 이미지의 가로세로 비율을 맞추기 위해 이미지가 찌그러지거나 일부가 잘려 보일 수 있다. 가능하면 배너 관리자에서 권장하는 기능을 사용하는 것이 좋다.

> **Tip 방문자(비회원)를 위한 장애물 제거**
>
> 웹사이트에서 회원 가입을 하지 않은 방문자를 방문자, 사용자, 고객, 일반인, 비회원 등으로 부르는데 이들은 웹사이트 제작 시 놓쳐서는 안 될 부분이다. 철저한 폐쇄형 웹사이트가 아닌 이상 일반 방문자를 고려한 개방적인 웹사이트를 제작해야 한다. 웹사이트 일반 방문자에게는 여러 단계마다 장애물(허들)이 나타나는데 회원 가입, 로그인, 구매 단계 등에서 이런 장애물을 접하고 다음 단계로 진행할지 고민하게 된다. 따라서 일반 방문자를 위한 개방된 콘텐츠를 풍부하게 제공하고 회원 가입이 쉽고 간단하도록 제작한다면 회원 가입에 대한 부담이 줄어들 것이다.

6. 회원 관리

웹사이트의 특성에 따라 회원을 두기도 하는데, 회원은 여러 등급이 있고 각 등급마다 가능한 권한이 다르다. 기본적으로 회원 등급은 웹사이트 관리자, 회원, 방문자(비회원)로 나뉜다.

1 관리자

관리자는 최고 관리자와 하위 관리자로 구분할 수 있다. 최고 관리자가 웹사이트 전체에 대한 관리를 맡는다면 하위 관리자는 최고 관리자의 기능 중 일부를 할당받아 게시판 관리, 회원 관리, 콘텐츠 관리 등의 특정 역할만 수행한다.

2 회원 및 회원 가입

웹사이트에서 회원 가입을 할 때 필요한 정보를 입력하도록 되어 있다. 최근에는 개인 정보 노출 등의 문제로 회원 가입 시의 입력 사항을 최소화하는 추세이므로 이름, 주민등록 정보, 전화번호, 주소 등을 다 입력하게 할 필요는 없으며 필요한 정보만 한정해서 받는다.

● 인권정책연구소의 회원 가입 양식 (www.humanpolicy.com)

웹사이트의 회원 가입을 가장 간단하게 처리하는 경우 아이디와 비밀번호, 또는 이메일 주소와 비밀번호만 받기도 한다. 이메일 주소를 받는 경우에는 허위 주소 입력을 최소한으로 방지하기 위해 이메일 인증 과정을 추가하기도 한다.

SNS를 통한 회원 가입 또는 로그인

최근 소셜 로그인 또는 소셜 회원 가입이라고 해서 페이스북, 트위터, 구글플러스, 네이버, 카카오톡 등의 SNS를 활용한 회원 가입 기능이 사용되고 있다. 회원 가입 시 중요한 정보는 SNS에 맡기고 사이트에 추가로 필요한 정보만 받아서 회원 가입을 보다 간결하게 하기도 한다. 회원 가입 후에는 해당 SNS를 통해 로그인할 수도 있다.

7. 카탈로그

카탈로그catalogue란 제품 또는 상품에 대한 설명을 담은 목록으로, 제품 또는 상품의 요약 정보를 비롯해 상세한 사양, 기능, 특징, 장점 등의 정보 제공을 목적으로 한다. 판매를 목적으로 하는 쇼핑몰과 달리 카탈로그는 제품 또는 상품의 상세한 정보 전달을 우선으로 한다.

● 삼성전자의 온라인 카탈로그(www.samsung.com/sec)

● 이케아의 이미지 카탈로그(www.ikea.com/kr/ko)

단일 제품의 카탈로그도 있고 의류나 잡화같이 시즌에 따라 여러 제품을 소개하는 카탈로그도 있다. 후자의 경우 카탈로그를 PDF 형태로 제공하여 내려받게 하거나 브라우저에서 바로 볼 수 있도록 하는 것도 한 방법이다.

카탈로그에서는 분류 검색과 키워드 검색을 통해 상품 또는 제품을 쉽게 찾을 수 있어야 한다. 제품의 수가 적으면 분류 검색으로도 접근이 가능하지만 상품 수가 많고 옵션이 다양하다면 옵션 검색도 제공해야 한다. 색상, 크기 등의 옵션을 제공하면 상품 정보를 확인하기가 쉽다. 카탈로그는 상세 정보의 내용이 많고 정보 제공이 목적이기 때문에 판매는 쇼핑몰로 링크를 거는 것이 일반적이었으나 최근에는 쇼핑몰을 카탈로그로 활용하는 경우도 증가하고 있다.

8. SNS 공유하기

SNS는 사용자 간의 자유로운 의사소통과 정보 공유, 인맥 확대 등을 통해 사회적 관계를 생성하고 강화해주는 온라인 플랫폼이다(위키피디아). 국내 서비스로는 카카오스토리와 밴드, 글로벌 서비스로는 페이스북과 트위터를 대표적인 예로 들 수 있다. SNS는 개인 간의 관계를 넘어 마케팅 관점에서 서비스의 활용 가치가 커지고 있다. 따라서 SNS를 통해 웹사이트를 홍보할 수 있는 기능이 필요하다.

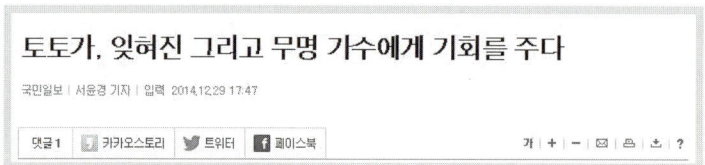

● 다음 뉴스의 소셜 공유 메뉴

대부분의 포털 뉴스에서는 공유하기 메뉴를 쉽게 볼 수 있다. 자기 웹사이트 콘텐츠의 URL을 SNS에 등록하여 많은 사람들이 볼 수 있게 하고 자기 웹사이트로의 유입을 유도할 수 있다. 웹사이트 관리자가 아니더라도 웹사이트를 방문한 일반 사용자들도 쉽게 콘텐츠를 공유할 수 있는 기능이 반드시 필요하다.

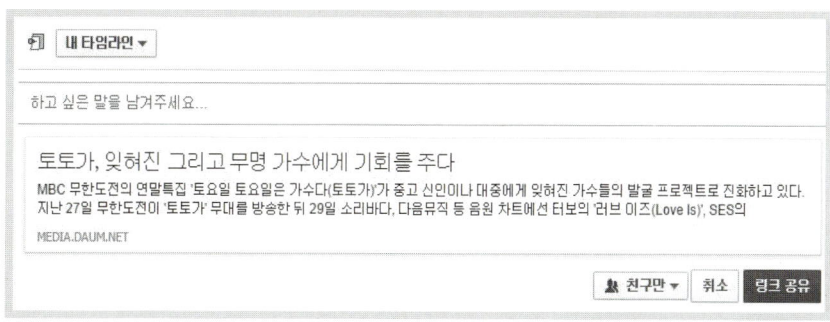

● 페이스북으로 공유하기

　예를 들어 페이스북으로 콘텐츠를 공유하기 위해 [페이스북]을 클릭하면 기본 정보를 설정할 수 있는 창이 실행되며, 페이스북에서 타임라인에 글을 남길 때와 유사한 형태로 작성할 수 있다. 팝업 메뉴 상단의 '내 타임라인에서 공유'뿐만 아니라 '친구의 타임라인에서 공유' 등 공유에 대한 옵션을 선택할 수 있다. 또한 내 타임라인에 공유한 경우 게시물을 볼 수 있는 사람의 범위를 선택할 수 있으며, 원하는 메시지가 있을 때 입력하고 [링크 공유]를 클릭하면 타임라인에 공유되어 페이스북에 연결된 친구들에게 노출된다.

● 트위터로 공유하기

　트위터는 140자 제약이 있으므로 기본적인 제목과 URL을 공유하는 것이

01 웹사이트 이렇게 만든다

일반적이다. URL이 길어지는 경우 단축 URL로 변환되어 표시되기도 한다.

● 밴드로 공유하기

밴드의 경우 여러 개의 밴드에 가입되어 있으면 공유 전에 어느 밴드로 공유할지 선택할 수 있다. 한 번에 다수의 밴드에 공유할 수 있어서 편리하다.

● 카카오스토리로 공유하기

카카오톡과 연계되는 카카오스토리에 대한 관심이 2014년 이후 증가했다. 따라서 페이스북이나 트위터만큼 새로운 마케팅 채널로 활용하려는 움직임이 커지고 있다.

9. 쇼핑몰

웹사이트를 운영하는 입장에서 쇼핑몰은 매우 필요한 요소이다. 다양한 EC 호스팅(e-commerce hosting, 전자상거래 호스팅)이 유료 및 무료로 제공되고 있지만 사이트의 제작과 더불어 쇼핑몰을 제작하는 경우가 적지 않다. 쇼핑몰은 매우 다양한 기능 요소로 구성되기 때문에 상세한 기능을 모두 설명하기에는 책 한 권으로도 부족하다. 여기서는 필요한 주요 기능을 짚어보고 뒤의 쇼핑몰 제작 부분에서 좀 더 상세히 설명할 것이다.

쇼핑몰은 크게 사용자 화면과 관리자 화면으로 구분된다. 사용자 화면은 쇼핑몰의 고객이 이용하는 화면과 기능으로 구성되며, 관리자 화면은 쇼핑몰의 고객에게 제공할 정보를 관리하고 고객의 주문을 처리하는 기능을 중심으로 구성된다.

				배송 조회	
	상품 상세 정보	주문/결제	주문/결제 내역		
사용자 기능	상품 목록/검색	장바구니	마이페이지	회원 가입/로그인	
관리자 기능	상품 등록/관리	주문 관리/정산	배송 관리	회원 관리	
	상품 분류 관리	재고 관리	배송 분류 관리	포인트 관리	
		통계/분석			

● 쇼핑몰의 주요 기능

위 그림은 사용자와 관리자를 기준으로 쇼핑몰의 주요 기능을 구분하여 나타낸 것이다. 구조적으로 사용자의 화면, 기능과 관리자의 화면, 기능은 거울을 바라보듯 이뤄져 있다. 즉 사용자와 관리자의 기능이 연결되어 있다는 의미이다.

사용자 기능은 다음과 같다.

- **상품** 상품 목록/검색, 상품 상세 정보
- **주문** 장바구니, 주문/결제
- **계정** 주문/결제 내역, 배송 조회
- **회원** 회원 가입/로그인/탈퇴

관리자 기능은 다음과 같다.

- **상품** 상품 등록/관리, 상품 분류 관리
- **주문** 주문 관리/정산, 재고 관리, 통계 분석
- **배송** 배송 관리, 배송 분류 관리
- **회원** 회원 관리, 포인트 관리
- **상점** 상점 정보 관리

위의 기능은 대부분의 쇼핑몰에서 제공하는 기본 기능으로 쇼핑몰을 구성하는 기초 골격이라고 할 수 있다. 쇼핑몰을 처음 기획하는 담당자와 기획자가 참고하면 도움이 될 것이다.

1 상품 상세 정보

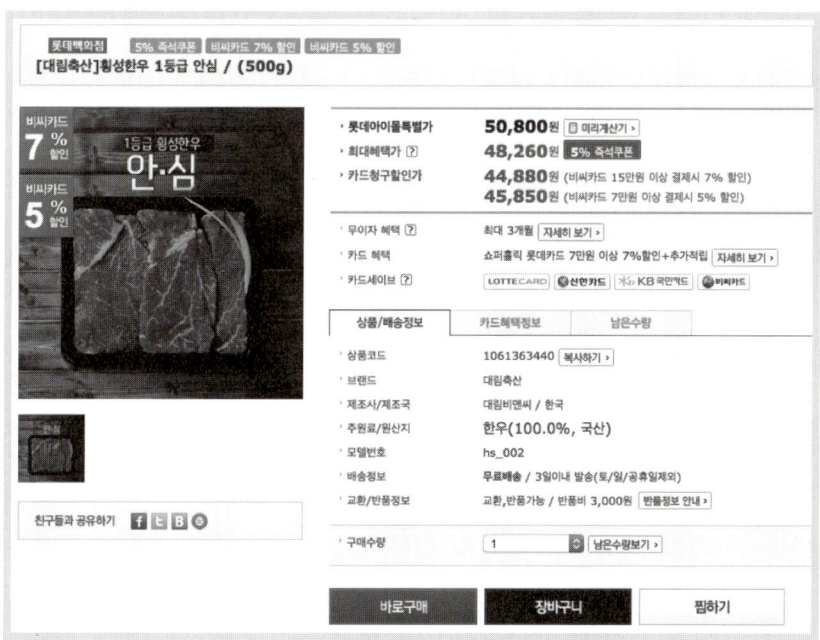

● 롯데몰의 상품 상세 정보 화면(www.lottemall.com)

상품 상세 정보에서는 상품명, 상품 이미지, 가격, 할인 가격, 상품 상세 설명, 상품정보제공 고시 상세 정보 등 상품 정보와 재고 수량, 장바구니 담기, 바로 주문하기, 찜하기 또는 즐겨찾기 등의 주문 기능을 제공한다.

본 상품의 필수정보	
용량(중량),수량,크기	500g*1 / 크기는 상품별 차이가 있어 정보제공이 어렵습니다.
생산연월일(유통기한)	본 상품은 신선식품으로 정확한 제조년월일 정보 제공이 어렵습니다. 문의사항은 02-2299-6371로 연락 바랍니다 유통기한 - 냉장세트 - 제조일로부터 5일
생산자(수입자)	해당없음
주원료, 함량, 원료산지	한우,100,국산
관련법상 표시사항	한우1등급 / 이력관리 표시 유기농축산물/무항생제 인증 확인됨
상품구성	횡성한우 1등급 안심 500g
수입식품여부	해당없음
보관방법 또는 취급방법	-0도~5도에서 냉장보관 요망
소비자상담 관련 전화번호	대림비엔씨 / 02-2299-6371

● 롯데몰의 상품정보제공 고시 상세 정보(www.lottemall.com)

공정거래위원회는 의류, 식품, 전자 제품 등 온라인상에서 거래가 많은 34개 품목(기타 포함 총 35개)에 대해 원산지, 제조일, AS 책임자 등 필수적인 정보를 사전에 제공하도록 통신판매업자에게 의무를 부과했다. 또한 배송 방법과 기간, 청약 철회 가능 여부, 반품 비용, 교환·반품·보증 조건 등의 거래 조건도 함께 제공하도록 했다.

2 상품 목록

상품 목록은 상품 정보를 쉽게 확인할 수 있도록 구성되어야 하며 상품의 상세 정보 값 가운데 필요한 값을 선별하여 제공한다. 상품명, 상품 이미지, 가격, 할인 가격 등을 표시해야 하며 할인 상품, 세일 상품, 마감 임박 등의 판매 상태 정보를 나타낼 수도 있다.

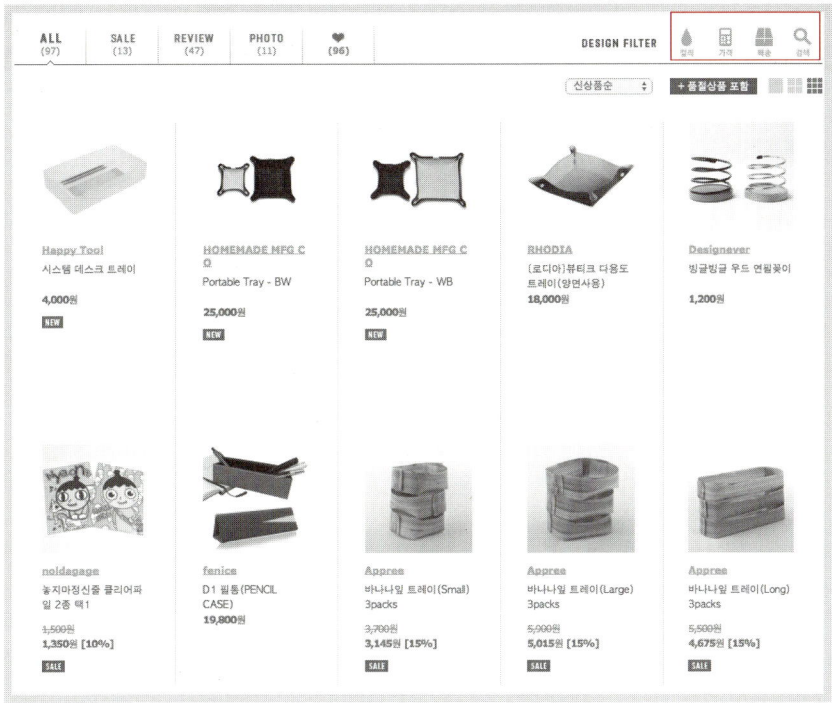

● 텐바이텐의 상품 목록 화면(www.10x10.co.kr)

　상품 목록에서는 분류 검색과 키워드 검색이 가능해야 하고 신상품, 인기 상품, 낮은 가격, 높은 가격 순의 정렬 기능을 제공하면 고객이 원하는 상품을 찾기가 편리하다. 위 그림처럼 컬러, 가격, 배송 등의 필터 기능을 추가하면 상품을 찾기가 더욱 수월할 것이다. 검색 기능을 강화할수록 고객의 상품 선택이 편리하고 구매 확률이 높아진다.

3 장바구니/결제

상품을 구매할 때마다 결제하는 불편함을 없애기 위해 쇼핑몰에서는 여러 개의 물건을 한꺼번에 담아 결제하는 장바구니 기능을 제공한다.

● 지마켓의 장바구니(www.gmarket.co.kr)

　장바구니에 담아두면 개별 상품의 상세 정보에 접근하지 않아도 결제 전에 상품이나 수량을 조정할 수 있다. 또한 쿠폰 적용의 기능도 장바구니에서 제공하는 것이 일반화되어 있다. 장바구니에서 쿠폰 할인 등의 할인 혜택이 완료된 최종 금액이 주문 결제 금액으로 결제하기 화면에 전달된다. 단, 바로 주문하기 기능의 경우 장바구니를 거치지 않고 주문하기로 이동한다.

● 지마켓의 주문/결제 화면(www.gmarket.co.kr)

　주문하기 화면은 장바구니 또는 바로 주문하기로 넘어온 주문 상품 정보와 상품을 수령할 배송지 정보 입력 화면, 결제 방식 선택 등으로 구성된다. 배송지 정보를 입력하고 결제 방식을 선택하여 결제하기를 실행하면 결제 방식에 따른 PG_{Payment Gateway, 결제 대행사}의 결제 화면이 호출된다.

01 웹사이트 이렇게 만든다

● 지마켓의 결제 방식 선택 화면(www.gmarket.co.kr)

배송지 정보는 상품별 개별 배송을 지원할 경우 개별 배송지 입력 화면이 필요하다. 그리고 결제 방식 선택에서는 PG가 제공하는 결제 방식을 선택할 수 있는 옵션을 제공해야 한다. 일반적으로 단일 PG와의 계약을 통해 결제를 지원하지만 필요에 따라 복수의 PG와 계약하여 제공하는 경우도 있다.

최근 모바일 쇼핑의 비율이 증가하면서 모바일 결제와 휴대전화 소액 결제에 대한 요구도 증가하고 있다. 하지만 사파리, 크롬, 웹킷 등의 모바일 브라우저는 액티브X를 지원하지 않기 때문에 PG가 모바일 결제를 지원하는지 확인해야 한다.

4. 마이페이지

쇼핑몰의 마이페이지는 고객이 주문한 주문 목록과 주문 상품의 배송 상태, 포인트 또는 마일리지 이력 등을 확인할 수 있는 기능을 제공한다. 기간별 주문 목록을 확인할 수 있는 기능도 필요하다.

● 지마켓의 마이페이지 주문 목록 화면(www.gmarket.co.kr)

쇼핑몰은 배송 업체와의 계약을 통해 상품을 배송하는데, 배송 추적은 해당 배송 업체의 배송 상태 조회 페이지에서 송장번호 조회 화면으로 연결되도록 개발하면 고객 송장번호를 입력하는 번거로움을 덜어줄 수 있다.

5 상품 관리

상품 관리는 상품 분류, 상품 등록, 상품 상태 관리 등의 기능을 포함한다. 상품 분류에서는 카테고리 방식으로 분류하고 그 분류 체계를 기준으로 쇼핑몰의 상품군을 구성한다. 상품 등록에서는 상품 상세 화면에 나타나는 상품명, 상품 가격, 할인 가격 및 할인 기간, 재고 입력 및 관리, 상품 분류 선택, 상품 상세 정보, 상품정보제공 고시 상세 정보 등을 입력할 수 있어야 하고, 상품의 판매 상태를 판매 중지, 판매 중으로 설정할 수 있도록 한다. 또한 엑셀이나 CSV 파일 포맷의 대량 등록 기능이 있으면 상품 관리를 효율적으로 할 수 있다.

● 카페24의 상품 등록 화면(www.cafe24.com)

6 주문/배송 관리

과정에 따라 입금 대기, 결제 완료, 주문 확인, 배송 처리, 주문 완료 등의 주문 상태 정보를 변경하여 고객이 주문 처리 상태를 확인할 수 있도록 지원해야 한다.

- 카페24의 주문 관리 화면(www.cafe24.com)

7 상점 관리

인터넷 쇼핑몰은 통신판매법에 의거하여 사업자 정보와 통신판매신고번호 등을 쇼핑몰 이용자가 확인할 수 있도록 제공해야 한다. 일반적으로 이를 푸터에 표시하며, 관련 정보를 입력 및 관리할 수 있어야 한다.

- 화면 하단에 표시된 1300K의 사업자 정보(www.1300k.com)

8 기타

쇼핑몰 고객으로부터 입력받는 개인 정보는 개인정보보호법에 의거하여 최소 정보를 수집해야 한다. 그리고 개인을 식별할 수 있는 정보는 암호화하여 관리하고, 웹브라우저에서 쇼핑몰의 서버로 정보를 전송할 때 해킹을 방지하기 위해 SSL_{Secure Socket Layer, 구간 암호화}을 적용해야 한다. 개인정보보호법 위반 시 최대 5년 이하의 징역 또는 5천만 원 이하의 벌금형에 처할 수 있으므로, 제작하려는 쇼핑몰에서 어떤 정보를 받고 활용하는지 그리고 개인 정보와 보안에 해당하는 부분을 어떻게 처리해야 하는지 등에 대한 요구 사항을 정확히 따라야 한다.

CHAPTER 05 사이트맵 만들기

책에 목차가 있듯이 웹사이트에서 목차에 해당하는 것을 사이트맵 또는 IA 라고 한다. 웹사이트의 전체 구조를 볼 수 있는 일종의 지도인 사이트맵은 수직, 수평으로 메뉴 간의 유기적인 구조를 알기 쉽게 만드는데 일반적으로 조직도 형태이다.

웹사이트를 제작할 때는 사이트맵(또는 IA)을 미리 만들어둬야 한다. 사이트맵을 통해 웹사이트의 전체 규모를 확인하고 메뉴 또는 콘텐츠 페이지의 성격을 파악하여 기능이 필요한지 등을 정리할 수 있기 때문이다.

1. 사이트맵이란?

사이트맵은 웹사이트에 필수 요소로 포함된다. 보통 사이트맵 링크를 볼 수 있도록 웹사이트의 화면 오른쪽 위에 두는데, 사이트맵 링크를 클릭하여 페이지로 들어가면 웹사이트의 전체 구조를 한눈에 확인할 수 있는 링크가 있다.

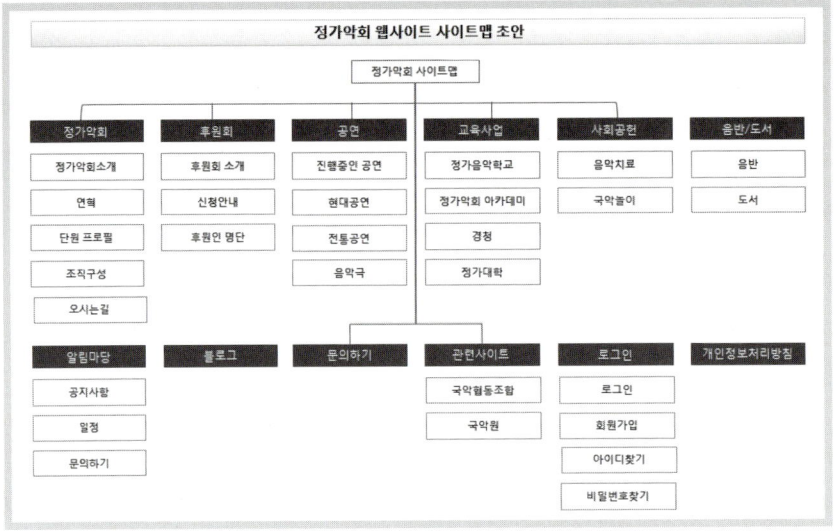

● 사이트맵의 예

　사이트맵은 방문자를 위해 복잡하거나 불편하지 않도록 구성한다. 메뉴의 단계depth가 너무 깊으면 다른 단계의 메뉴로 이동하기에 불편하고, 또한 메뉴를 가로 형태로 넓게 배치하면 디자인 면에서 복잡해 보인다.

1 메뉴명

사이트맵에서 메뉴명은 자기만 알 수 있는 것보다는 처음 방문한 사람도 쉽게 알아볼 수 있는 것이 좋다. 한편 웹사이트의 콘셉트나 성격, 회원 특성 등에 따라 메뉴명에 변화를 줄 수도 있다.

2 메뉴 단계 표시

메인 메뉴에서 가장 처음 시작하는 메뉴를 대메뉴라 하고 하위로 내려갈수록 중메뉴, 소메뉴라고 한다. 하지만 3단계 이상일 때는 최상위 단계의 메뉴를 1단계 메뉴 또는 1 depth 메뉴라 하고 하위로 내려갈수록 숫자를 낮춰서 표현한다. 메뉴 단계는 너무 깊지 않게 구성하는 것이 좋다.

3 엑셀 양식 사이트맵

사이트맵은 상중하의 트리 구조이며 아래 방향으로 내리면 피라미드형 구조처럼 보이기도 한다. 사이트맵을 만들 때는 전체적인 구조를 보기 때문에 한 화면에 모두 표현하기 어려울 수도 있다.

	A	B	C	D	E
1	사이트명	1Depth	2Depth	3Depth	4Depth
2	정가악회 사이트맵				
3		정가악회			
4			정가악회 소개		
5			연혁		
6				연차보고서	
7			단원 프로필		
8			조직 구성		
9			오시는 길		
10		후원회			
11			후원회 소개		
12			신청 안내		
13			후원인 명단		
14		공연			
15			진행 중인 공연		
16				평롱	
17			현대 공연		
18				정가악회, 노닐다	
19			전통 공연		
20				한옥, 풍류를 다시 쓰다	
21				가객열전	
22					2013 가객열전
23					2012 가객열전
24			음악극		
25				정가악회, 세계문학과 만나다	
26				낭독음악극 왕모래	
27				아리랑, 삶의 노래	
28					흩어진 사람들
29					강원도 평창
30		교육사업			
31			정기음악학교		
32			정가악회 아카데미		
33			경청		
34			정가대학		
35		사회공헌			
36			음악치료		
37			국악놀이		
38		음반/도서			
39			음반		
40				정가앨히 풍류 1	

● 엑셀 사이트맵의 예 1

엑셀을 사용하는 것은 어려워 보일 수도 있지만, 사이트맵의 구조가 넓어도 화면을 스크롤하여 볼 수 있고 수정하거나 다양한 형태로 변형해서 사용할 수 있다. 메뉴 단계 오른쪽에 시작일, 마감일, 담당자, 완성도 등의 칼럼을 추가하여 일정 관리로 사용하거나, 페이지의 성격을 구분하고 설명, 기능 등을 추가하여 콘텐츠의 성격, 기능 등을 함께 보도록 해서 사이트맵에 기능 정의를 할 수도 있다. 이 외에도 링크 정보를 추가하는 등 다양한 확장이 가능하다.

2. 정보 구조(IA) 만들기

사이트맵은 단계(레벨 또는 depth)가 체계적으로 정리되어 있는데 정보 구조를 보다 전문적으로 IA라고 일컫는다. IA에는 사이트맵에서 사용하는 메뉴의 상위·하위 구조 외에 페이지의 성격, 링크 정보, 팝업창, 외부 링크, 숨겨진 페이지 정보, 더 정확한 메뉴 구조, 페이지 설명, 필요 기능 등을 넣을 수 있다.

   IA를 작성할 때는 최대한 꼼꼼하게 빠뜨리지 않도록 하고 숨겨진 페이지나 화면이 전환되는 페이지도 함께 넣는 것이 좋다. 예를 들어 게시판은 목록 화면list, 상세 화면view, 글쓰기 화면write, 수정 화면edit 등 보통 3~4개 화면으로 구성된다. 게시판이나 블로그, 팝업창 등 프로그램의 성격을 가진 화면에서 숨겨진 화면을 놓친 상태로 진행하다 보면 나중에 필요한 기능이 빠지거나 일정이 추가되는 등 불편을 겪을 수 있기 때문에 최대한 꼼꼼하게 작성해야 한다.

2Depth	3Depth	컨텐츠	비고
		빈페이지	
정가악회 소개		HTML	
연혁		HTML	
	연차보고서	HTML	
단원 프로필		HTML	
조직 구성		HTML	
오시는 길		HTML	
		빈페이지	
후원회 소개		HTML	
신청 안내		HTML	
후원인 명단		HTML	
		빈페이지	
진행 중인 공연		PROGRAM	공연일정과 연동
	팽롱	PROGRAM	
현대 공연		HTML	
	정가악회, 노닐다	HTML	
전통 공연		HTML	
	한옥, 풍류를 다시 쓰다	HTML	
	가객열전	HTML	
		HTML	
		HTML	
음악극		HTML	
	정가악회, 세계문학과 만나다	HTML	
	낭독음악극 왕모래	HTML	
	아리랑, 삶의 노래	HTML	
		HTML	
		HTML	
		빈페이지	
정기음악학교		HTML	
정가악회 아카데미		HTML	
경청		HTML	
정가대학		HTML	
		빈페이지	
음악치료		HTML	
국악놀이		HTML	
		빈페이지	
음반		PROGRAM	관리자 등록,관리
	정가악회 풍류 1	PROGRAM	
	정가악회 풍류 2	PROGRAM	
	정가악회 풍류 3	PROGRAM	
	정가악회 풍류 4	PROGRAM	
	음반 상세	PROGRAM	
도서		PROGRAM	관리자 등록,관리
	가곡의 새김	PROGRAM	
	도서 상세	PROGRAM	
		빈페이지	
공지사항		게시판	관리자에서 등록
	목록	게시판	
	상세보기	게시판	
일정		PROGRAM	관리자에서 등록, 월단위 달력 형태
	공연 일정	PROGRAM	
	행사 일정	PROGRAM	
	교육 일정	PROGRAM	
문의하기		PROGRAM	문의 후 담당자에게 이메일 발송
		블로그	
블로그 목록		블로그	
블로그 상세		블로그	

● 엑셀 사이트맵의 예 2

IA를 엑셀 양식으로 작성하는 이유는 칼럼의 추가, 수정, 변경이 쉬워서일 뿐 각자 잘 사용하는 프로그램으로 작성하면 된다.

2Depth	3Depth	컨텐츠	시작일	종료일	완성도	비고
		빈페이지				
정가악회 소개		HTML	2015-01-05	2015-01-09		
연혁		HTML	2015-01-05	2015-01-09		
	연차보고서	HTML	2015-01-05	2015-01-09		
단원 프로필		HTML	2015-01-05	2015-01-09		
조직 구성		HTML	2015-01-05	2015-01-09		
오시는 길		HTML	2015-01-05	2015-01-09		
		빈페이지				
후원회 소개		HTML	2015-01-12	2015-01-16		
신청 안내		HTML	2015-01-12	2015-01-16		
후원인 명단		HTML	2015-01-12	2015-01-16		
		빈페이지				
진행 중인 공연		PROGRAM	2015-01-19	2015-01-23		공연일정과 연동
	평롱	PROGRAM	2015-01-19	2015-01-23		
현대 공연		HTML	2015-01-12	2015-01-16		
	정가악회, 노닐다	HTML	2015-01-12	2015-01-16		
전통 공연		HTML	2015-01-12	2015-01-16		
	한옥, 풍류를 다시 쓰다	HTML	2015-01-12	2015-01-16		
	가객열전	HTML	2015-01-12	2015-01-16		
		HTML	2015-01-12	2015-01-16		
음악극		HTML	2015-01-12	2015-01-16		
	정가악회, 세계문학과 만나다	HTML	2015-01-12	2015-01-16		
	낭독음악극 왕모래	HTML	2015-01-12	2015-01-16		
	아리랑, 삶의 노래	HTML	2015-01-12	2015-01-16		
		HTML	2015-01-12	2015-01-16		
		HTML	2015-01-12	2015-01-16		
		빈페이지				
정기음악학교		HTML	2015-01-19	2015-01-23		
정가악회 아카데미		HTML	2015-01-19	2015-01-23		
경청		HTML	2015-01-19	2015-01-23		
정가대학		HTML	2015-01-19	2015-01-23		
		빈페이지				
음악치료		HTML	2015-01-19	2015-01-23		
국악놀이		HTML	2015-01-19	2015-01-23		
		빈페이지				
음반		PROGRAM	2015-01-26	2015-01-30		관리자 등록,관리
	정가악회 풍류 1	PROGRAM	2015-01-26	2015-01-30		
	정가악회 풍류 2	PROGRAM	2015-01-26	2015-01-30		
	정가악회 풍류 3	PROGRAM	2015-01-26	2015-01-30		
	정가악회 풍류 4	PROGRAM	2015-01-26	2015-01-30		
	음반 상세	PROGRAM	2015-01-26	2015-01-30		
도서		PROGRAM	2015-01-26	2015-01-30		관리자 등록,관리
	가곡의 새김	PROGRAM	2015-01-26	2015-01-30		
	도서 상세	PROGRAM	2015-01-26	2015-01-30		
		빈페이지				
공지사항		게시판	2015-01-19	2015-01-23		관리자에서 등록
	목록	게시판	2015-01-19	2015-01-23		
	상세보기	게시판	2015-01-19	2015-01-23		
일정		PROGRAM	2015-01-19	2015-01-23		관리자에서 등록, 월단위 달력 형태
	공연 일정	PROGRAM	2015-01-19	2015-01-23		
	행사 일정	PROGRAM	2015-01-19	2015-01-23		
	교육 일정	PROGRAM	2015-01-19	2015-01-23		
문의하기		PROGRAM	2015-01-19	2015-01-23		문의 후 담당자에게 이메일 발송
		블로그	2015-01-26	2015-01-30		
블로그 목록		블로그	2015-01-26	2015-01-30		

● 엑셀 사이트맵의 예 3

IA는 WBS로도 활용 가능하며 일정과 담당자, 완성도 등의 칼럼을 추가하여 프로젝트를 관리하는 도구로도 사용할 수 있다. IA 문서의 끝부분에 시작일과 종료일을 넣고 페이지별 담당자와 완성도를 추가하면 프로젝트를 관리하는 도구가 된다. 규모가 큰 프로젝트라면 기획자, 디자이너, 퍼블리셔, 개발자별로 일정을 세분화하고 담당자를 지정한다.

웹사이트를 제작할 때 IA를 잘 정리하면 복잡한 사이트 구성을 명확하게 시각적으로 확인할 수 있으며, 웹사이트의 범위를 파악하고 기능을 정의하고 작업자, 담당자와 제작 일정을 조율하고 예산을 편성하는 데 도움이 된다.

CHAPTER 06 예산과 일정 계획 세우기

웹사이트 프로젝트를 진행하기 위해 예산을 확보하고 일정을 잡아야 한다. 웹사이트를 개인이 혼자 만든다고 해도 회사나 조직의 구성원인 경우 하던 업무가 분명히 있을 텐데 웹사이트 프로젝트가 추가로 할당되는 것이므로, 기존 업무에 지장을 주지 않고 프로젝트를 진행하기 위해서라도 일정 조율이 필요하다. 내부 조직에서 TFT를 따로 구성하거나 외부 용역의 힘을 빌려 웹사이트 구축을 진행한다고 해도 마찬가지로 일정을 치밀하게 짜야 한다.

프로젝트 진행을 위한 예산 확보도 필수적이다. 특히 용역을 이용하여 웹사이트를 구축한다면 그에 따른 비용을 지불해야 하고 그 외의 비용도 발생하기 때문에 예산을 확보한 상태에서 프로젝트를 진행할 수 있도록 조직 내외의 승인이 필요하다.

1. 웹사이트 기획안 작성하기

웹사이트 프로젝트를 시작하려면 조직 또는 회사의 승인이 필요한데, 그 절차에서 중요한 역할을 하는 문서가 웹사이트 기획안이라고 볼 수 있다. 웹사이트 프로젝트도 사업의 일종이기 때문에 사업 기획안과 유사한 형식의 기획안이 필요하다. 이러한 기획안을 통해 추진 배경, 사업의 목적과 목표, 현행 문제점, 타사와의 비교, 사업 완료 시 기대 효과, 일정, 예산, 프로젝트

멤버, 구체적인 수행 방안, 관리 방안, 구축 시 예상되는 문제점과 대비책, 조직 내외의 지원 사항, 제작 완료 후 운영 방안 등을 제시한다.

회사 홍보, 브랜딩, 제품 또는 서비스 안내, 온라인 구매, 마케팅, 고객 지원, 고객 서비스 채널, 커뮤니티, 정보 전달 등 웹사이트 프로젝트의 성격에 맞게 기획안도 달라져야 한다. 예를 들어 회사 웹사이트 제작 예산으로 1천만 원이 필요하다면 웹사이트를 구축했을 때 예산 이상의 가치를 확보할 수 있는지 따져봐야 한다. 특히 많은 비용이 들어가는 경우 그에 비해 얻는 것이 없다면 프로젝트를 시작하기 어려울 것이다.

회사 홍보 웹사이트를 구축한다면 웹사이트를 통해 회사의 존재나 제품, 서비스 등을 대외에 알리는 것이 목적일 것이다. 이에 비해 목표는 좀 더 구체적이어서, 회사 웹사이트를 검색엔진에서 찾을 수 있도록 하여 방문자 수를 늘리거나, 투자자에게 신뢰를 주기 위해 회사의 IR 정보를 제공하기도 한다.

상품을 판매하는 쇼핑몰의 경우에는 상품 판매에 따른 수익이 발생하는 것은 물론이고, 잘 만들어진 쇼핑몰이라면 제품 홍보, 고객 지원, 주문/배송, 이벤트, 마케팅 채널로 활용 가능하므로 제작비 이상의 수익을 기대해볼 수도 있을 것이다. 그리고 고객 지원 업무가 중요하여 콜센터 및 전담 직원을 운용하고 있다면 웹사이트에서 고객센터를 구축하고 Q&A나 FAQ, 기타 문서를 제공함으로써 더 적은 인원으로 콜센터를 운영할 수 있는데, 이때 줄어든 인력만큼 웹사이트가 가치를 제공하는 셈이다.

웹사이트 구축에 필요한 예산은 사이트의 규모, 필요한 기능 개발, 외부 용역 이용 여부, 제작 일정 등을 고려하여 정해야 한다. 또한 프로젝트 구성원은 내부 인력만으로 해결할 수도 있지만 외부 용역을 통해 제작한다면 내부와 외부 인력의 운용 계획과 일정을 세워 구체적인 수행 방안을 제시해야 한다.

한편 웹사이트 구축 시 기술적인 문제나 법적인 문제 등이 발생할 여지가 있다면 미리 예측하여 대비하고 있음을 알려두는 것이 좋다. 여기에 덧붙여 어떻게 프로젝트를 효율적으로 관리하고, 구축한 후에 어떻게 운용할 것인지에 대한 계획도 필요하다. 웹사이트의 중·장기적인 계획을 세우고 앞으로 어떻게 발전해 나갈 것인지 기획안을 통해 제시하는 것도 바람직하다.

2. 예산 확보하기

프로젝트 예산이 충분한 경우는 거의 없지만 예산이 부족한 상황에서도 최대한의 효과를 발휘할 수 있도록 짜임새 있는 예산 계획을 수립해야 한다. 예산이 부족하다면 프로젝트 범위를 조정하여 확보한 예산 내에서 진행할 수 있는 범위를 정하고 내부 인력을 최대한 활용해야 한다. 또한 웹사이트의 목적과 목표에 따라 꼭 필요한 핵심 콘텐츠와 기능을 우선으로 진행하고 나머지 부분은 생략하거나 최소한으로 줄인다.

웹사이트를 제작하는 데는 전문적인 기술과 경험을 지닌 인력이 필요하기 때문에 내부 인력만으로 제작한다면 무리가 따를 수밖에 없다. 따라서 외부 용역 이용에 따른 비용을 예산에서 확보해야 한다. 외부 용역을 활용한다면 진행 기간이 길어질수록 비용이 추가로 발생하기 때문에 효율성 있게 인력을 운용하여 제작 비용을 줄여야 할 것이다.

또한 외부 인력의 상주, 비상주에 따라 비용이 변경될 수 있으니 상황에 따라 잘 선택해야 한다. 비상주 인력은 상주 인력보다 커뮤니케이션이 원활하지 않아 상대적으로 관리하기 어렵고, 상주 인력의 경우에는 프로젝트 룸이나 기타 지원이 추가로 필요하기 때문에 더 많은 비용이 든다.

예산에는 인건비 외에도 기술적인 비용이 포함된다. 적게는 도메인이나 웹호스팅 또는 서버 구축 등의 비용이 필요하고, 유료 이미지나 유료 폰트(글꼴) 구입 비용, 웹에디터나 검색엔진, 보안 관련 솔루션이나 소프트웨어 프로그램을 구입하는 데 따른 비용도 발생한다. 예산은 한정적이기 때문에 웹사이트 기획을 포괄적이고 다양하게 하기보다는 필요한 기능, 핵심 사항에 중점을 두고 구축 범위를 명확하게 규정하여 프로젝트를 효율적으로 관리하는 것이 중요하다.

외부 개발 용역에게 웹사이트 제작을 맡기는 경우 투입 공수에 따라 인건비가 발생하는데, 개발 일정에 맞춰 효율적으로 인력을 배분해야 제한된 예산 내에서 개발이 가능하다. 이때는 투입되는 인원의 등급(초급, 중급, 고급), 투입 기간, 상주/비상주, 난이도, 사이트 분량 등을 고려하여 외부 용역 업체에 견적을 의뢰한다.

예산안 신청 시 외주 작업 의뢰 내용, 투입 공수(투입 인력, 투입 일정), 개발 용역 비용을 포함한 견적서를 함께 제출하면 예산 확보에 도움이 된다. 개발 용역비를 산정할 때 몇 명의 인력이 얼마 동안 투입되는지를 따지는데, 이때 주로 사용하는 단위는 M/M Man/Month 이다. 1M/M은 1명이 1개월 동안 일하는 경우를 말한다.

OO사이트 개발 용역 월별 투입인력 및 공수

	구분	세부항목	업무	근무형태	참여율	M/M	M1(2월) 1W	2W	3W	4W	5W	6W	M2(3월) 7W	8W	9W	10W	M3(4월)
1	기획	프로젝트 관리(PM) / UI 기획	기획 PM	상주	100%	2.50	0.25	0.25	0.25	0.25	0.25	0.25	0.25	0.25	0.25	0.25	
2		관리자 및 서브페이지 기획	기획	비상주	100%	1.00											
3	디자인	메인 및 서브 시안	디자인 PL	비상주	100%	1.50	0.25	0.25	0.25	0.25	0.25	0.25					
4		서브디자인	디자인	비상주	100%	1.00				0.25	0.25	0.25	0.25				
5	퍼블리싱	웹 UI 개발	퍼블리싱	상주	100%	1.50						0.25	0.25	0.25	0.25	0.25	
6	프로그래밍	JSP프로그래밍	개발 PL	상주	100%	2.50	0.25	0.25	0.25	0.25	0.25	0.25	0.25	0.25	0.25	0.25	
7		JSP프로그래밍	개발	상주	100%	1.00							0.25	0.25	0.25	0.25	
	누계				7	11.00	2.00			5.00			4.00				

비고: 1. 본 계획은 고객사 협의하에 업무 범위 기준으로 투입 공수를 조정할 수 있습니다.

● 월별 투입 공수

위 그림을 보면 총 7명의 인원이 2.5개월 동안 11M/M만큼 투입된다. 1개월을 4주로 보고 주 단위로 세분화한 표로, 7명이 처음부터 끝까지 함께하는 것이 아니라 프로젝트 진행에 따라 투입 일정을 효율적으로 배분했다. 기획 PM, 디자인 PL, 개발 PL은 초반에 들어와서 분석 및 가이드 등을 정리하고, 중간 단계에서 보조 디자이너와 개발자가 투입되어 상세 디자인 및 개발을 맡는다. 또 퍼블리셔는 디자인이 마무리되는 시점에 투입되어 테스트 및 개발 완료 직전까지 지원해준다.

3. 일정 만들기

웹사이트 프로젝트에서 일정 관리는 매우 중요한 부분을 차지한다. 정해진 인원이 정해진 일정에 맞춰 진행하지 못하고 작업이 지연된다면 추가로 비용이 발생할 것이고, 그로 인해 제작사 측은 물론이고 대행사(용역 업체)에도 손해를 끼치기 때문이다.

잘 짜인 일정에 따라 진행하는 것은 프로젝트 관리의 핵심이라고 할 수 있으며, 그 첫걸음은 일정을 수립하는 것이다. 물론 계획보다 빠르거나 혹은 느리게 프로젝트가 진행되기도 하겠지만 정해진 일정이 있기 때문에 일정 조율이 가능한 것이다.

● 구축 일정표

　위 표는 2.5개월 기준으로 소형 규모 웹사이트의 대략적인 구축 일정을 가상으로 만든 것이다. 기획자 겸 관리자가 PM 역할을 맡는데 기획 일정은 1.5개월에서 대부분 끝나고, 기획 시 시안 작업을 위한 프로토타입(샘플) 화면 설계를 우선 작업하도록 정리되었다. 기획자는 PM 역할을 병행하면서 의견 조율, 수정 사항 관리, 진행 관리, 테스트 지원 등 프로젝트가 원활하게 진행되도록 하는 일도 함께 맡는다.

　한편 디자이너는 프로토타입 화면 설계에 따라 메인, 서브 디자인 시안 작업을 하고, 디자인 시안이 확정되면 서브 화면(상세 화면)을 디자인한다. 디자인이 마무리되는 시점에 웹퍼블리셔가 HTML 퍼블리싱 작업을 한다. 테스트 및 수정 보완 기간 동안 프로그래밍에 수정이 필요하거나 테스트 단계에 오류가 발생하면 퍼블리셔가 함께 작업해야 하는 경우도 있다.

　그리고 개발자는 분석 단계에서 요구 사항을 정의할 때 개발이 필요한 부분을 확인하고, 기능 분석 설계 단계에서 데이터베이스 설계와 개발 환경을 설정하며, 실제 개발 진행 시 사용자 화면뿐만 아니라 그에 따른 관리자 화면을 개발하기도 한다.

마지막 2주는 테스트 및 수정 보완 기간으로 이 과정을 거쳐서 안정화되면 사이트 구축이 완료된다.

구분	Task			담당자	시작일	종료일	진행율
	WBS	상세항목	항목				
착수	0.1	프로젝트 서비스 방향 정의					
분석	1.1	요건정의	요구사항 조사/정의				
	1.2.1	일정수립	WBS 초안 수립				
			WBS 검토/확정				
설계	2.1.1	IA 정의	IA 초안 수립				
	2.2.1	사용자 화면 설계	공통 UI / main, sub				
	2.4.1	관리자 화면설계	IA 수정 및 확정				
디자인	3.1	디자인 시안/가이드	메인 및 가이드				
			시안 프로토 타입 1차(리뷰6/20)				
			시안 프로토 타입 2차(리뷰6/28)				
			주요 화면 제작, 제작 가이드				
	3.2	중간보고	주요화면 보고 및 확정				
	3.3.1	상세화면 디자인	건강관리 - 혈당, 혈압, 체중, 복약				
			디자인 수정				
퍼블리싱	4.1.1	상세화면	상세화면 퍼블리싱				
			퍼블리싱 수정				
	4.2	UI 테스트	퍼블리싱 통합 표준화 테스트				
개발	5.1	개발	DB설계/구현				
			사용자 App admin 프로그래밍				
			의료진 App admin 프로그래밍				
테스트 및 이행	6.1	계획수립	테스트 계획수립				
	6.2.1	단위테스트	단위 테스트 진행 및 디버깅				
			테스트 결과 보고				
	6.3.1	통합테스트	통합테스트 진행 및 디버깅				
			테스트 결과 보고				
			최종 검수 테스트 및 디버깅				
오픈	7.1	시스템	이행계획 수립				
	7.2.1	오픈	iOS/Android 사용자 App 내부용 오픈				
			Android App 고객용 배포				
			구글플레이, 티스토어 등록 요청				
			심사 후 앱 등록 승인/배포				
			iOS App 고객용 배포				
			애플 앱스토어 등록 요청				
			심사 후 앱 등록 승인/배포				
	7.3	안정화	모니터링&안정화				
완료	8.1.1	매뉴얼	사용자 매뉴얼				
			운영자 매뉴얼				
	8.2.1	인수인계	최종 산출물 정리				
			운영자 교육				
	8.3.1	완료보고	완료보고				
			산출물 제출	2015-10-31			

● 상세 구축 일정표

일정을 좀 더 구체적으로 작성하려면 WBS에 일정을 추가하고 일정 관리로 변형해서 사용할 수 있다. 세분화된 WBS에 작업 번호(넘버링), 작업 리스트, 작업 순서, 중요도와 난이도, 작업 담당자, 구체적인 일정, 작업 진도 등의 항목을 추가하여 보다 전문적인 프로젝트 관리 도구로 사용할 수도 있다.

Part 02
웹사이트를 효율적으로 제작하는 방법

웹사이트에 대한 요구 사항을 분석하고 정보 구조와 기능 명세 정의를 완료했다면 웹사이트를 제작하는 단계로 넘어간다. 웹사이트를 제작할 때 고려해야 할 제작 환경이 다양한데, 효율적인 제작 방법뿐만 아니라 운영 방법, 유지·보수 방법도 심도 있게 검토해야 한다. 제작 환경에 대한 검토 없이 웹사이트를 만들 경우 제작 과정에서뿐만 아니라 유지·보수 및 운영상 어려운 문제에 부딪힐 수 있으므로 유의한다. 웹사이트 제작 시 고려해야 할 사항은 다음과 같다.

- 제작 효율성
- 운영 효율성
- 유지·보수 효율성

웹사이트 제작 시 제작 비용 외에 운영 비용을 고려하지 않는 경우가 흔한데, 일반적으로 웹사이트의 운영 및 유지·보수 비용이 제작 비용보다 더 많이 든다. 페이지, 이미지 등의 콘텐츠 및 기능을 추가하거나 변경하는 경우도 빈번하게 발생할 수 있고, 웹사이트의 데이터를 안전하게 보존하는 것도 매우 중요한 일이기 때문에 이러한 것들을 간과하고 넘어가면 이후 발생하는 비용을 예상할 수 없어 사이트 운영에 악영향을 초래하게 된다.

CHAPTER 01 제작 효율성

웹사이트의 페이지 제작을 효율적으로 하려면 레이아웃과 템플릿을 활용해야 한다. 템플릿은 웹페이지에서 반복되는 요소를 별도의 파일로 분리하여 제작하고 이를 각 페이지에서 호출하여 사용하는 방식이다. 게시판 템플릿, 갤러리 템플릿, 블로그 템플릿 등 반복적으로 같은 화면을 호출하는 콘텐츠에 동일한 UI를 적용하는 것이다.

기능 요소의 경우는 각 기능을 분리하여 제작하는 플러그인pulgin 방식이 유리한데, 이는 웹사이트의 기능을 개별적으로 분리하여 설치와 삭제가 가능한 형태로 개발하는 방식이다. 회원 가입, 게시판과 같은 기능을 분리하면 독립적으로 운영할 수 있기 때문에 개별 기능의 이상이나 점검으로 인해 전체 사이트의 운영에 방해가 되지 않는다.

1. 디자인과 템플릿

웹사이트의 디자인은 레이아웃과 템플릿으로 구성된다. 레이아웃은 사이트를 구성하는 틀 또는 골격을 의미하며, 이 틀 안에는 로고와 메뉴 등을 포함한 헤더header, 서브 메뉴가 보이는 사이드바sidebar, 화면 하단에 푸터footer가 있다. 이는 웹사이트의 모든 페이지에 동일하게 나타나므로 페이지마다 만들지 말고 각 페이지에 적용할 공통 파일로 만드는 것이 더 효율적이다.

레이아웃이 사이트를 구성하는 틀이라면 템플릿은 페이지를 구성하는 틀이다. 파워포인트에 제목 템플릿, 본문 템플릿이 있는 것처럼 웹페이지의 형태에 따라 템플릿을 분리하면 동일한 형태의 페이지일 경우 템플릿을 적용하여 쉽게 모양을 구성할 수 있다.

1 레이아웃

웹사이트의 레이아웃은 헤더, 본문, 사이드바, 푸터로 구성된다. 헤더에는 주로 로고, 메뉴, 배너 등이 위치하고 사이드바에는 서브 메뉴, 푸터에는 주소, 연락처 등의 회사 정보가 들어간다. 본문은 콘텐츠 영역으로 페이지마다 콘텐츠가 바뀐다.

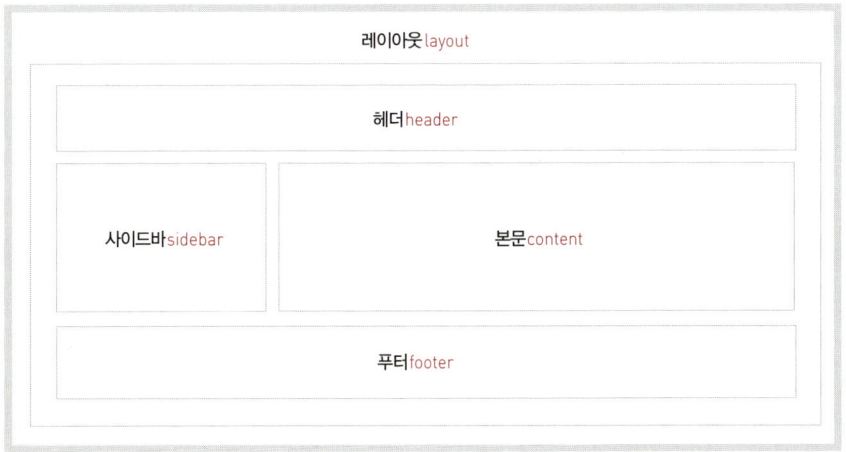

● 웹페이지 레이아웃

변경되지 않는 헤더와 푸터는 개별 파일로 분리하여 페이지마다 적용하면 일이 훨씬 수월하다. 대부분의 웹사이트에는 이 방식을 적용하는데, 이때 헤더의 메뉴와 푸터의 회사 정보는 변경하기 쉽게 별도의 관리 기능에서 조정하도록 하는 것도 가능하다. 다만 웹페이지의 수가 적어서 관리 기능이 필요 없는 웹사이트를 제작할 때는 헤더와 푸터를 분리하지 않는 것이 좋을 수도 있다.

이처럼 레이아웃을 활용하면 페이지를 구성하는 헤더, 푸터, 사이드바를 반복해서 코딩할 필요가 없고, 수정 및 변경이 필요한 경우에도 하나의 파일만 수정하면 전체 사이트에 적용되기 때문에 작업이 수월하다는 장점이 있다.

● 반응형 웹 레이아웃

최근 모바일 사용량이 증가하면서 모바일 사이트의 중요성도 증가하고 있다. 모바일은 데스크톱 PC와 화면의 크기, 해상도가 다르기 때문에 모바일 레이아웃을 제작해서 적용해야 한다. 최근 들어 이용자의 화면 해상도에 따라 레이아웃이 변경되는 반응형 웹디자인, 적응형 웹디자인Adaptive Web Design, AWD[1]에 대한 이슈가 증가하고 있다. 반응형 웹의 레이아웃을 적용하면 데스크톱과 모바일 페이지를 각각 제작할 필요가 없기 때문에 콘텐츠 관리의 부담이 줄어든다.

---

[1] 웹에 접속하는 디바이스에 최적화된 디자인을 말한다.

2 템플릿

템플릿은 게시판, 포토 갤러리, 제품 카탈로그, 상품 정보와 같이 특징적인 형식의 콘텐츠를 표현할 때 사용된다. 템플릿을 사용하면 각 페이지에 대한 코딩 및 디자인 작업을 반복할 필요가 없다. 게시물이 천 개든 만 개든 템플릿을 통해 동일한 모양의 페이지를 제공할 수 있다.

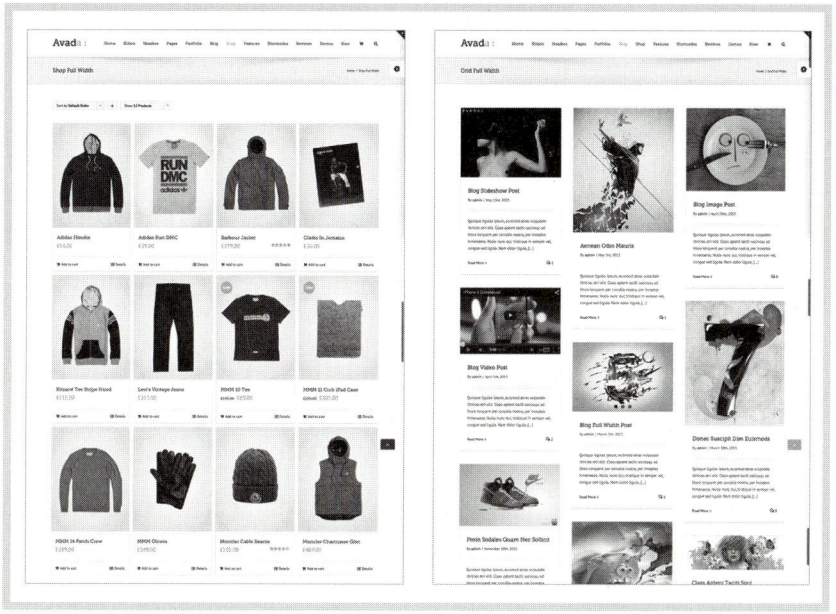

● 웹템플릿(왼쪽 : 쇼핑몰, 오른쪽 : 블로그)

템플릿을 활용하면 페이지 수가 많더라도 유지·보수를 효율적으로 할 수 있다. 하지만 템플릿은 입력된 정보를 프로그래밍을 통해 적용해야 하기 때문에 적은 양의 페이지라면 개별적으로 직접 제작하는 것이 효율적일 수도 있다. 따라서 프로그래밍의 업무량과 직접 제작의 업무량을 비교하고 유지·보수의 효율성도 충분히 고려하여 템플릿 적용을 결정해야 한다.

2. 기능과 플러그인

기능은 일정 동작을 처리하는 과정을 담고 있는 프로그램 파일을 의미한다. 예를 들면 로그인, 회원 가입, 회원 인증, 가입 완료로 이어지는 과정을 회원 관리 기능으로 묶는 것이다. 필요 기능을 단위 프로그램으로 제작할 경우 제작 기간과 비용이 증가할 수 있지만 운영 및 유지·보수에는 효과적이다. 각 기능이 서로 영향을 미치지 않기 때문에 하나의 기능을 수정한다고 해서 전체 사이트를 이용하지 못하는 상황이 발생하지 않는 것이다. 이런 프로그램 적용 방식을 플러그인이라고 한다. 개별 기능을 플러그인으로 분리하면 각각의 기능을 추가할 때 다른 플러그인에 영향을 미치지 않기 때문에, 웹사이트 제작을 완료하고 나서 추후에 웹사이트를 확장하거나 기능을 고도화하는 데에도 무리가 없다.

CHAPTER 02
운영 효율성

웹사이트 제작이 완료되면 콘텐츠를 제작하여 등록하고 관리하는 운영이 주요 업무가 된다. 작은 규모의 사이트는 이를 한 사람이 담당할 수 있지만 큰 규모의 사이트는 수십, 수백 명의 운영자가 함께 작업하는 경우도 있는데, 이때 어떻게 콘텐츠를 제작하고 관리할 것인지 효율적인 방법을 고려해야 한다.

1. 콘텐츠 제작

운영자마다 제각각의 형식으로 콘텐츠를 제작한다면 통일감이 떨어지고 나중에 수정하거나 업데이트할 때도 어려움이 있을 것이다. 게다가 웹사이트 이용자가 정보를 파악하는 데 불편할 수도 있으므로 통일된 규칙을 정해 콘텐츠를 제작하는 것이 바람직하다.

웹에디터 web editor를 활용하면 보다 손쉽게 웹페이지의 콘텐츠를 제작할 수 있다. 웹에디터는 입력한 텍스트를 HTML 코드로 만들어주는 도구로서 한글 오피스나 마이크로소프트 워드처럼 텍스트의 크기를 조정하고, 색상을 수정하고, 좌우 정렬의 위치를 정의하고, 목록의 형식도 정의할 수 있다.

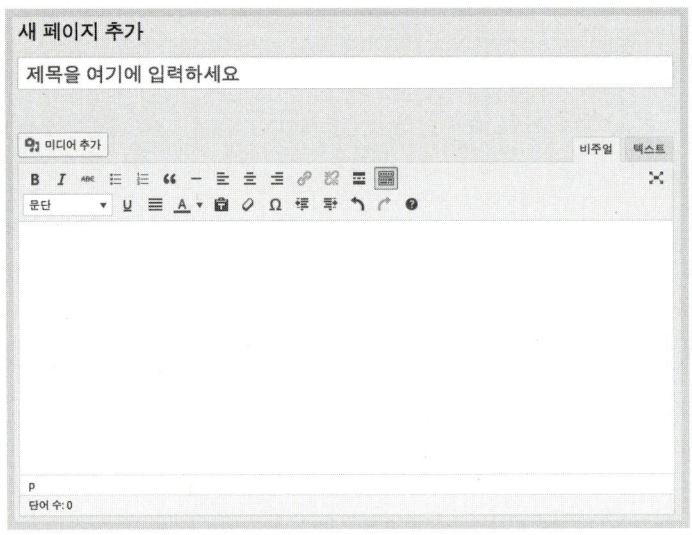

● 웹에디터

    운영자가 HTML과 CSS를 전문적으로 다룰 수 없는 경우도 많기 때문에 웹에디터를 도입하여 운영자에게 제공하는 것만으로도 운영자의 부담을 상당히 줄여줄 수 있다. 콘텐츠를 직접 HTML 코드로 작성하고 작성된 파일을 FTP_{File Transfer Protocol, 파일 전송 프로토콜}를 통해 서버에 업로드하는 것이 간단하지 않기 때문에, 웹에디터를 도입함으로써 번거로운 작업을 간편하게 해결할 수 있다.

2. 콘텐츠 관리

콘텐츠 관리는 콘텐츠를 작성하고 검토하며 승인을 통해 웹페이지로 발행하는 과정과 각 웹페이지에 적용될 이미지, 동영상을 비롯해 다양한 미디어 파일의 관리까지 포함하는, 웹사이트의 운영에서 가장 중요한 업무이다.

1 미디어 관리

웹페이지의 콘텐츠에는 텍스트뿐만 아니라 이미지, 동영상, 파일 등 미디어가 포함될 수도 있다. 그런데 웹페이지를 제작하는 과정에서 이미지를 매번 업로드하고 적용해야 하거나 각 담당자의 PC에 미디어가 존재한다면 필요할 때마다 이미지나 동영상을 찾아야 할 것이다. 따라서 웹사이트의 미디어를 별도로 관리하고 웹페이지 제작 시 재활용하면 콘텐츠 제작 시간이 단축되고 불필요한 업무를 줄일 수 있다.

현재 우리나라의 일반적인 웹사이트는 게시판 형식으로 제작되고 미디어가 게시물에 포함되어 등록되는 경우가 대부분이기 때문에 미디어 관리에 비효율적인 측면이 있다. 따라서 새로 웹사이트를 제작할 때 미디어 관리 기능을 분리하면 향후 운영 효율성을 향상할 수 있다.

● 페이스북의 미디어 관리

위 그림은 페이스북 페이지의 미디어 관리 기능을 보여준다. 기존에 등록되어 있는 이미지를 별도의 목록으로 제공하기 때문에 담당자가 재활용할 이미지를 쉽게 선택하여 적용할 수 있다. 최근의 웹사이트 및 서비스는 동영상, 이미지 등 미디어 콘텐츠의 비중이 높아지면서 미디어 관리 기능의 요구가 증가하고 있다.

2 협업 관리

웹사이트의 콘텐츠를 제작할 때는 다수의 인원이 참여하는 경우를 고려해야 한다. 예를 들어 운영자가 콘텐츠를 수정 중일 때 다른 운영자가 수정할 수 없도록, 현재 다른 운영자가 해당 콘텐츠를 수정하고 있다는 알림과 콘텐츠 수정에 대한 접근을 차단하는 접근 권한의 관리가 필요하다.

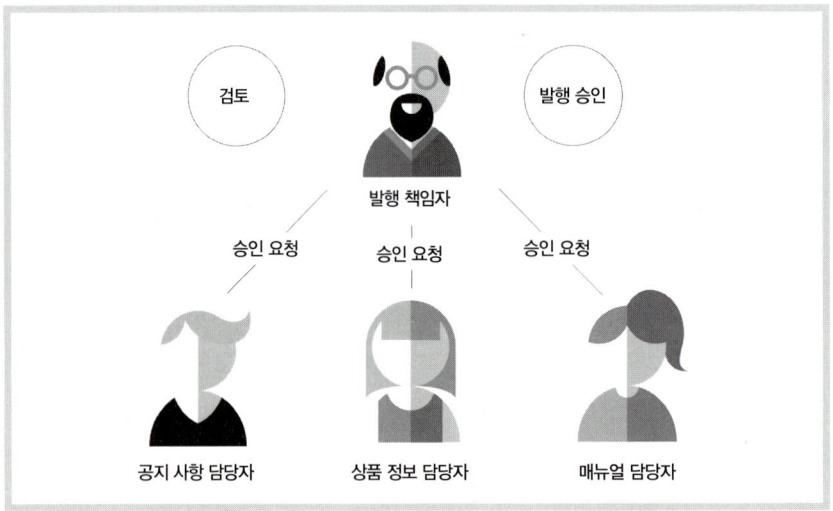

● 협업 관리

또한 콘텐츠 제작과 발행의 권한이 분리되어야 한다. 웹페이지는 대외적으로 공개되는 공식적인 자료이기 때문에 책임자의 승인을 거쳐 배포되어야 하는데, 이를 위해 수정 중, 작성 완료, 발행 요청, 발행 등 콘텐츠의 상태를 확인할 수 있는 정보를 콘텐츠 관리 목록에서 제공한다.

CHAPTER 03
유지·보수 효율성

웹사이트의 수명은 얼마나 될까? 공공 기관이나 관공서의 웹사이트는 대체로 3~5년 주기로 개편한다. 필요한 콘텐츠를 추가하거나 기능을 개선하기 어려운 경우에 웹사이트를 개편해야 하는데, 유지·보수를 고려하여 웹사이트를 제작하면 웹사이트를 다시 제작하는 번거로움을 덜고 예산 낭비를 줄일 수 있다. 따라서 담당자는 웹사이트 제작 시 유지·보수 부분을 신중하게 검토해야 한다.

1. 고도화

웹사이트의 고도화 범위에는 일반적으로 메뉴 구성의 변경, 콘텐츠 유형의 추가 및 변경, 기능의 추가 및 개선 등이 포함된다. 앞서 설명했던 레이아웃, 템플릿, 플러그인의 방식을 적용하여 웹사이트를 제작했다면 웹사이트를 좀 더 쉽게 고도화할 수 있다. 이를 위해 사전에 고도화에 대한 내용을 요구 사항에 반영해야 한다.

웹사이트를 제작할 때 대개 고객의 요구 사항에 충실한 웹사이트를 만들게 된다. 한편 유지·보수 환경을 고려하지 않고 요구 사항에 맞추기만 하여 제작하는 경우도 있는데, 유지·보수가 예상된다면 담당자가 명확히 요구 사항에 반영해야 한다.

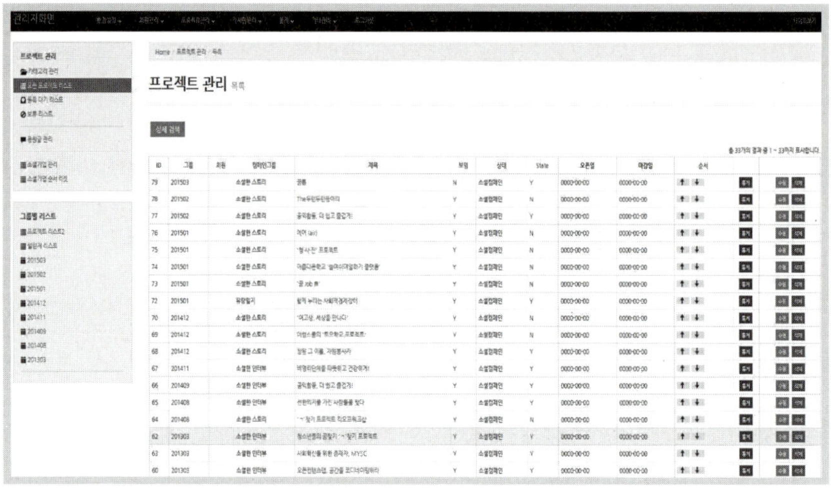

● 위시루프컴퍼니의 웹사이트 관리자

　때로는 제작 업체의 담당자가 퇴사하거나 교체되었을 때 인수인계가 제대로 되지 않으면 메뉴 하나를 추가하는 것도 불가능한 경우가 발생할 수도 있다. 이처럼 예상치 않게 유지·보수가 불가능한 상황을 고려하여 사이트 운영 계획에 고도화와 확장성을 반드시 포함해야 한다.

2. 데이터베이스 관리

웹사이트의 미디어는 파일 형태로 서버에 저장되고, 텍스트 콘텐츠는 데이터베이스DataBase, DB에 저장된다. 다음 그림처럼 DB는 데이터를 항목field 별로 나눈 표에 기입record하듯이 서버에 저장하는 방식이다.

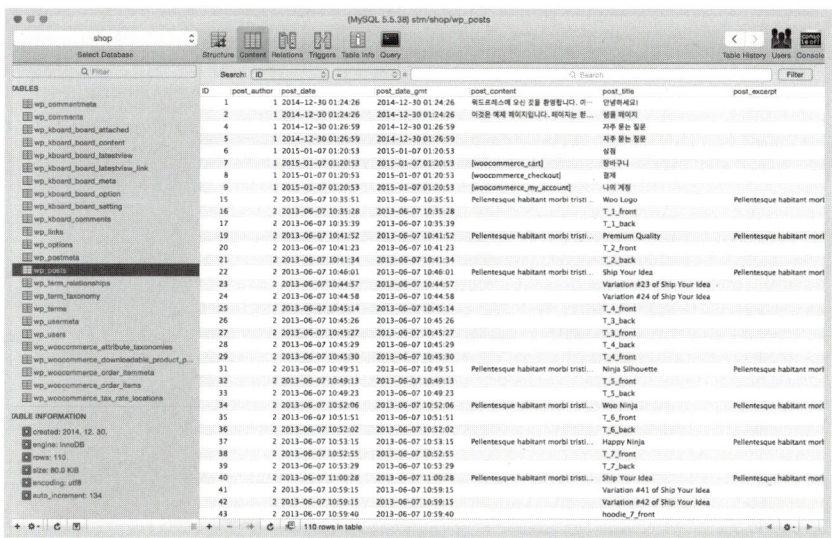

● 데이터베이스

이런 데이터를 관리하는 소프트웨어를 데이터 관리 도구 DataBase Management Systems, DBMS라 한다. DBMS는 데이터를 안전하게 관리하는 도구이지만, 예상치 못한 버그와 운영자의 실수로 데이터가 유실되거나 수정되었을 때 이를 바로 저장하기 때문에 만약을 위해 복사본을 저장하여 관리할 필요가 있다. 이를 백업 back-up이라 하며, 백업 방법은 전체 데이터를 주기적으로 저장하는 전체 백업, 전체 백업 이후 증가분이나 수정분의 데이터만을 주기적으로 백업하는 증분 백업, 또한 DB뿐만 파일을 포함하는 디스크 백업 등이 있다. 한편 웹사이트 콘텐츠의 업데이트 주기와 일정에 따라 백업 스케줄과 범위를 정해 백업을 해야 한다.

CHAPTER 04 결론은 CMS

웹사이트의 제작, 운영, 유지·보수의 효율성을 모두 고려하여 웹사이트를 제작하려면 엄청난 기간과 비용을 확보해야 가능할 것이다. 결국 웹사이트를 오픈하는 시점에는 요구 사항의 변화와 기술의 발전으로 인해 제작된 웹사이트를 바로 고도화해야 하는 상황이 될 것이다. 그렇다면 웹사이트 제작을 맡은 담당자가 할 수 있는 선택은 무엇일까?

가장 쉽고 안정적인 선택은 소프트웨어라는 도구를 활용하여 웹사이트를 제작하는 것이다. 웹사이트를 제작하는 기능을 가진 소프트웨어를 웹사이트 빌더website builder라고 하는데, 이는 몇 가지 설정을 통해 웹사이트를 손쉽게 제작하는 기능을 지원한다. 또한 운영에 필요한 웹에디터와 메뉴 관리, 회원 관리 기능이 잘 구현되어 있고 다루기도 쉬우며, DB 백업이나 데이터 관리 등의 유지·보수도 어렵지 않다. 하지만 웹사이트 빌더는 자사의 서버 안에서만 지원하고 기능을 규정하기 때문에 원하는 기능의 추가와 고도화에는 명확한 한계가 있다.

그럼 어떻게 해야 할까? 웹사이트 빌더처럼 웹사이트 제작이 간편하면서 운영이 수월하고 유지·보수와 고도화도 지원하는 도구는 또 없는 것일까?

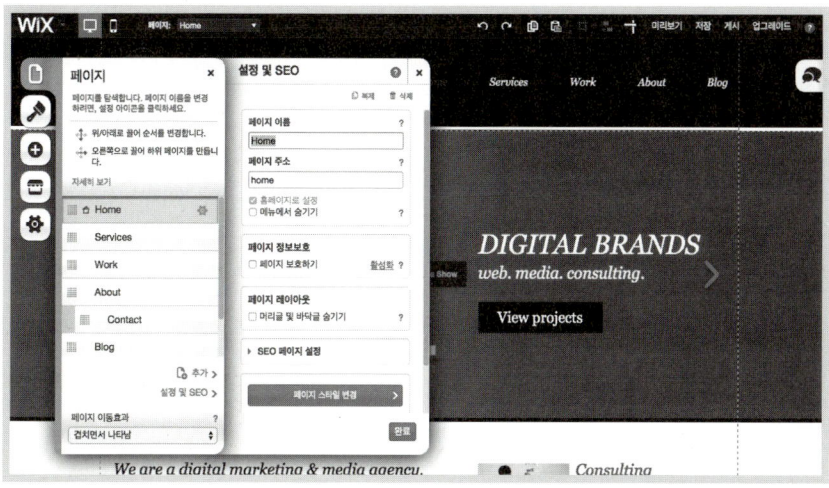

● Wix의 웹사이트 빌더

콘텐츠 관리 도구CMS는 바로 이를 해결해줄 도구이다. CMS는 콘텐츠 관리가 주요 기능이지만 그 범위를 확장해보면 콘텐츠를 작성하고 관리하는 기능 외에도 배포하는 기능에 템플릿이 포함되어 있기 때문에 웹사이트의 레이아웃까지 적용하고 관리하는 기능이 가능한 도구라고 할 수 있다. 즉 빌더의 기능뿐만 아니라 콘텐츠 관리 기능을 제공하는 것이다.

국내외에 다양한 CMS가 있는데 대부분이 기업에서 제작하고 지원하는 클로즈드 소스 소프트웨어closed source software[2]로 기능의 개선, 확장, 추가를 CMS 제작 회사에 의뢰해야 한다. CMS의 특징은 직접 CMS를 설치하고 운영할 수 있는 운영 환경이 필요하고, 프로그램을 구매하는 것이 아니라 사용권license을 구매하는 것이기 때문에 사용 권한을 유지하려면 유지·보수 비용을 계속 지불해야 한다는 것이다. 따라서 큰 기업이라면 충분한 예산으로 인력, 기술, 기간을 확보할 수 있겠지만 작은 기업은 이를 감당하기 버거운 것

---

[2] 프로그램의 소스를 공개하지 않은 소프트웨어를 말하며, 대부분의 상용 소프트웨어가 여기에 해당된다.

이 현실이다.

이러한 점을 고려하여 이 책에서는 CMS 가운데 오픈 소스 소프트웨어open source software[3]이면서 사용권에 있어 GPLGeneral Public License[4]을 지원하는 CMS를 기준으로 살펴보고자 한다. 전 세계의 웹사이트 가운데 약 42.8%는 CMS로 제작되었으며[5], 그 가운데 절대다수가 오픈 소스 CMS로 되어 있다.

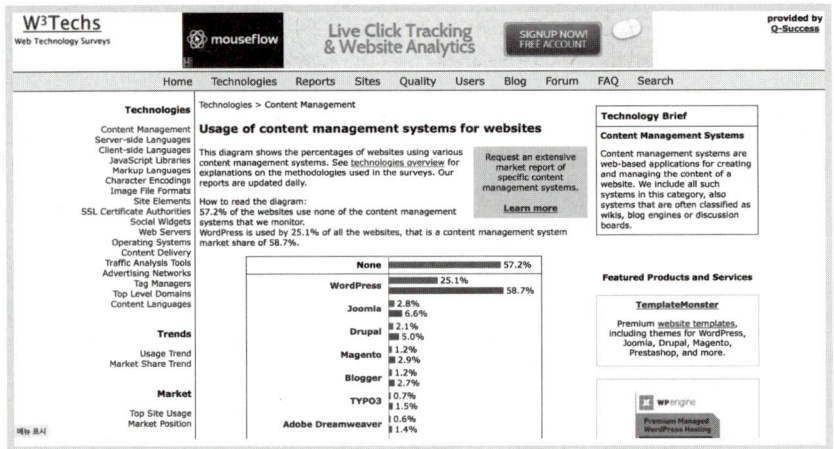

● 전 세계 CMS 점유율 현황

최근 몇 년간 오픈 소스 CMS는 엄청난 성장을 거듭하면서 점유율이 크게 오르고 안정성, 확장성 등의 품질도 매우 향상되었다. 그 결과 오픈 소스 CMS에서 가장 많은 사랑을 받고 있는 워드프레스WordPress는 전 세계 사이트의 25%, CMS로 제작된 사이트의 약 60% 점유율을 유지하면서 지금도 성장하고 있다.[6] 워드프레스는 전 세계에서 가장 많은 디자인 테마와 플러그인을

---

[3] 프로그램의 소스를 누구든 수정할 수 있도록 공개한 소프트웨어를 말한다.
[4] FSF의 리처드 스톨먼이 자유 소프트웨어 운동을 벌이면서 소스코드 공개를 담보하기 위해 만든 라이선스이다.
[5] W3techs.com 통계 자료
[6] W3techs.com 통계 자료

제공하는 CMS일 뿐만 아니라 가장 많은 개발자와 디자이너가 협업하며 지원하는 소프트웨어이다.

그러므로 이 책에서는 웹사이트를 제작하는 빌더이자 콘텐츠를 제작하고 운영하는 CMS로 워드프레스를 제안한다. 업데이트마다 세계적인 수준의 개발자와 디자이너 300여 명의 지원을 받으며, 전 세계 약 3만 명의 관련 종사자가 만들어내는 플러그인과 디자인 테마, 그리고 워드프레스를 통해 하루하루 쏟아지는 어마어마한 양의 콘텐츠는 워드프레스의 가치를 증명해준다.

지금까지 웹사이트 제작에 대한 내용을 정리했다. Part 3부터는 기업과 관공서의 웹사이트를 비롯해 기업의 비즈니스 서비스를 제작할 수 있는 워드프레스의 강력한 기능에 대해 자세히 설명하고, 기업 담당자가 어떻게 워드프레스를 활용하여 웹사이트를 제작해야 하는지 상세히 살펴볼 것이다. 단, 이 책은 워드프레스 실습 책이 아니라 웹사이트 프로젝트를 위한 가이드북이라는 것을 염두에 두길 바란다.

Part 03
워드프레스 이해하기

워드프레스라는 이름을 처음 들어본 독자도 있고 이미 잘 활용하고 있는 독자도 있을 것이다. 워드프레스는 2012년 서울시청이 12개 분야별 정책 포털 사이트를 워드프레스로 제작하면서 이슈가 되었고, 현재는 KBS한국방송, 삼성전자, LG전자 같은 기업들이 워드프레스를 기반으로 웹사이트를 제작하여 서비스하고 있다. 또한 이런 현상이 기업에서 개인으로 이어지면서 워드프레스에 대한 강의 및 교육 프로그램이 증가하고 수많은 책이 출간되고 있다.

그렇다면 수많은 기업과 개인이 워드프레스를 선택한 이유가 궁금할 것이다. Part 3에서는 워드프레스의 상세한 구조와 구성을 살펴보고 특징 및 장단점을 파악하여 그러한 궁금증을 해소해보자.

CHAPTER 01
워드프레스란?

블로그 기반의 오픈 소스 콘텐츠 관리 시스템CMS인 워드프레스는 2003년 시카고 대학교에 재학 중이던 맷 멀런웨그Matt Mullenweg가 만들어 공개했다. 워드프레스는 워드프레스재단wordpress.org 웹사이트에서 누구나 자유롭게 내려받아 설치할 수 있다. 초기에는 설치형 블로그로 알려졌지만, 필요에 따라 누구나 소스코드를 수정할 수 있는 오픈 소스 환경이기 때문에 전세계 개발자들의 자발적인 참여로 10년이 넘게 꾸준히 업데이트가 이뤄져 2015년 현재 4.3 버전까지 발전했다. 또한 누구나 테마와 플러그인을 개발하여 추가할 수 있는 특성으로 인해 다양한 테마theme와 플러그인plugin[1] 마켓이 활성화되어 있다.

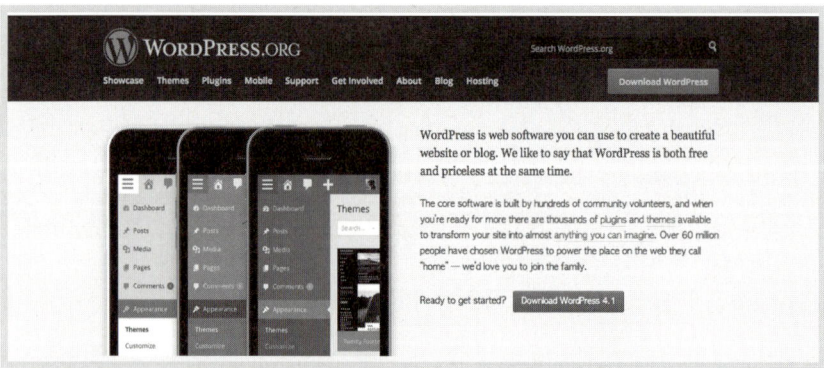

● 워드프레스재단 웹사이트(wordpress.org)

---

[1] 테마와 플러그인은 워드프레스의 디자인과 기능을 담은 파일을 말한다.

전 세계 웹사이트의 25.1%가 워드프레스로 제작 및 운영되고 있는데, 이는 CMS로 제작된 사이트의 60%에 해당하는 높은 점유율이다. 전 세계의 사용자를 기반으로 규모의 경제를 실현하면서 워드프레스만의 다양한 생태계가 구성되어 있다.[2] 서비스형 워드프레스인 워드프레스닷컴 wordpress.com 은 전 세계 웹사이트 트래픽 순위 21위로 구글의 blogspot과 더불어 가장 많은 사람들이 이용하는 블로그 서비스이며, 기업을 위한 유료 서비스를 통해 큰 매출을 올리고 있다.

워드프레스는 구글 플레이나 애플 앱스토어처럼 유료·무료 테마와 플러그인을 구매할 수 있는 마켓 사이트가 다수 활성화되어 있다. Envato의 테마 판매 사이트 themeforest.net에서 판매되는 Avada 테마는 2012년 8월 출시된 후 꾸준히 판매 성장을 보여 2015년 1월 누적 판매 수가 10만 건에 달하고 거래액 규모로는 580만 달러(62억 원)이다.

또한 2011년 공개된 워드프레스 기반의 전자상거래 e-commerce 플러그인 WooCommerce[3]의 인기가 2013년부터 확산되면서 직접적인 상거래 모델인 쇼핑몰뿐만 아니라 콘텐츠 기반의 상거래 모델도 상용화할 수 있도록 도와주는 테마와 플러그인이 다양해지고 있다. 이처럼 워드프레스의 장점인 콘텐츠 관리의 특성에 상거래가 결합함으로써 다양한 콘텐츠 비즈니스 모델이 출현하고 있다. 2014년 10월 31일에는 미국 샌프란시스코에서 처음으로 'WooCommerce 컨퍼런스 2014'가 개최되어 그 영향력을 확인하는 계기가 되었다.

---

2 출처: w3techs(w3techs.com/technologies/overview/content_management/all)
3 워드프레스의 대표 플러그인 중 하나로 막강한 쇼핑몰 기능을 포함하고 있다. 하지만 원화 사용, 결제 프로그램을 지원하지 않아 우리나라 상황에 맞지 않기 때문에 단독으로 사용하기 어렵다.

CHAPTER 02 워드프레스 환경

앞서 워드프레스를 '오픈 소스 콘텐츠 관리 도구'라고 정의했는데, 오픈 소스란 소프트웨어 제작자의 권리를 지키면서 원시 코드를 누구나 열람할 수 있는 소프트웨어로 누구나 마음대로 변경할 수 있다. 오픈 소스의 반대는 클로즈드 소스closed source이며, 기업에서 사용하는 대부분의 유료 소프트웨어가 바로 클로즈드 소스이다. 오픈 소스는 대개 무료로 제공되기 때문에 워드프레스 구동을 위한 제반 환경에도 오픈 소스가 이용된다. 워드프레스를 구동하기 위해서는 프로그래밍 언어와 DBMS의 환경을 준수해야 한다.

1. 프로그래밍 언어

워드프레스의 프로그래밍 언어는 PHPHypertext Preprocessor로 제작되었다. PHP는 일반적으로 리눅스 환경에서 많이 이용되는 프로그래밍 언어로 오픈 소스 소프트웨어에 많이 이용되고 있다.

워드프레스 4.3에서 요구하는 최소 PHP 버전은 5.2.4 이상이다. 하지만 테마와 플러그인에서 요구하는 PHP 버전이 다를 수 있으므로 반드시 요구 사항에 맞는 PHP 버전을 설치하거나, 설치되어 있는 호스팅을 이용하는 것이 바람직하다.

2. DBMS

워드프레스에서 사용하는 DBMS는 MySQL이다. MySQL은 PHP와 마찬가지로 오픈 소스이며, 선마이크로시스템스에서 제공했으나 선마이크로시스템스가 오라클에 인수된 후 오라클에서 관리·배포하고 있다. MySQL의 최소 요구 버전은 5.0이다.

워드프레스가 기업의 전산 환경에 따라 MS-SQL이나 Oracle에서도 작동이 가능한지 궁금할 것이다. 2013년부터 이기종 DBMS를 이용하여 워드프레스를 운영하는 시도가 본격적으로 나타나기 시작했으며, MS-SQL은 개발자의 지원만 있으면 충분히 워드프레스에 적용하여 운영이 가능하다. 반면에 Oracle은 현재 이슈가 제기되고 있을 뿐 성공 사례를 찾기 어렵다.

기업 환경에서는 DB 통합 및 연계도 중요하겠지만 MS-SQL이나 Oracle을 이용할 경우 오픈 소스인 워드프레스의 업데이트 및 패치에 대응하기 어려운 점이 있으니 주의해야 한다. 따라서 가급적이면 MySQL을 사용하길 권장한다.

워드프레스의 운영체제는 PHP와 MySQL이 지원되는 운영체제에 모두 적용할 수 있기 때문에 유닉스, 리눅스, 우분투, 윈도우 등 거의 모든 상용 운영체제에서 워드프레스의 운용이 가능하다.

CHAPTER 03
워드프레스의 구조와 구성

워드프레스는 워드프레스의 구동을 위한 클래스와 관리자를 포함한 '워드프레스 코어', 레이아웃과 디자인을 구성하는 '테마', 기능을 구성하는 '플러그인'으로 이뤄져 있다.

● 워드프레스의 구조

1. 워드프레스 코어

워드프레스는 웹서버에서 구동되는 웹 애플리케이션이다. 워드프레스 코어는 워드프레스의 작동을 위한 클래스 파일과 관리자 기능을 포함한다. 워드프레스의 클래스는 개발자가 아니면 직접 관리하거나 수정할 일이 없기 때문에 워드프레스의 관리자 화면상에서 확인할 수 없다.

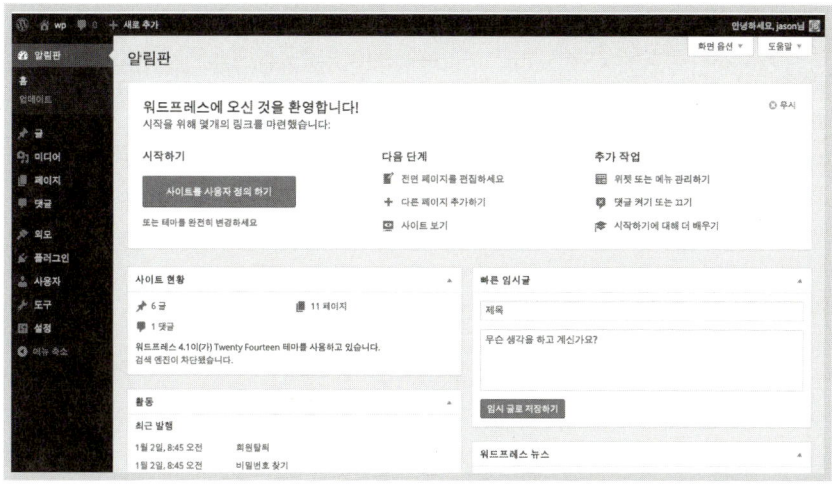

● 워드프레스의 알림판

워드프레스의 관리자 기능은 크게 알림판dash board, 콘텐츠 관리, 설정으로 나눌 수 있다. 워드프레스의 알림판은 현재 워드프레스 사이트의 운영 현황을 확인할 수 있는 알림판 기능과 업데이트 알림을 표시한다. 알림판에서는 전체 콘텐츠의 등록 현황과 최근 활동 현황을 확인할 수 있다. 플러그인과 테마 설치 시 해당 플러그인과 테마의 알림판 위젯이 추가된다. 전자상거래 플러그인의 경우 주문 현황과 같은 위젯이 추가되고, 이벤트 플러그인의 경우 일정 목록이 알림판에 추가된다.

알림판의 업데이트는 워드프레스 코어, 플러그인, 테마의 업데이트 소식을 알려준다. 워드프레스 코어를 업데이트하면 테마와 플러그인이 업데이트되는 경우가 있는데, 업데이트를 실행하기 전에 업데이트가 사이트 운영에 악영향을 미치지는 않는지 안전성을 점검해야 한다. 워드프레스는 테마와 다양한 플러그인으로 구성되기 때문에 서로 호환되지 않으면 서비스가 불가능한 경우가 발생할 수 있으므로 테스트용 서비스를 운영하는 것이 바람직하다. 워드프레스는 복제가 쉬워 많은 시간과 노력을 들이지 않고도 테스트용 서비스를 구현할 수 있다.

2. 콘텐츠 관리

워드프레스는 글post, 페이지page, 미디어media, 댓글comment의 콘텐츠 관리 기능을 지원한다. 뒤에서 좀 더 자세히 설명하겠지만, 워드프레스는 템플릿 시스템을 지원하기 때문에 콘텐츠의 특성에 따라 적합한 템플릿을 적용할 수 있다.

포스트는 글, 링크, 이미지, 비디오, 인용 등 글 형식에 맞는 템플릿의 적용이 가능하며, 페이지는 홈, 콘택트 페이지, 임시 페이지 등 콘텐츠의 용도에 따른 템플릿을 적용할 수 있다. 따라서 콘텐츠를 작성하는 웹에디터의 구성도 템플릿에 적용된 특성에 따라 설정 항목이 변할 수 있다. 테마와 플러그인에 따라 템플릿을 지원하는 기능이 조금씩 차이가 있다. 이때 템플릿에 추가 정보를 입력할 수 있는 입력 폼이 나타나는데 이것을 메타박스meta box라고 한다. 쇼핑몰 플러그인이 설치되면 상품 정보를 입력할 수 있는 메타박스와 상품의 추가 이미지를 입력할 수 있는 메타박스가 추가되고, 검색엔진 최적화 플러그인이 설치되면 검색엔진 최적화를 위한 메타태그를 입력할 수 있는 메타박스가 추가된다.

포스트에는 카테고리와 태그를 적용할 수 있기 때문에 카테고리와 태그 관리 기능을 포함한다. 카테고리와 태그는 각각의 고유 주소permalink를 부여받고 카테고리별, 태그별 글 목록을 제공한다. 이러한 워드프레스의 특징은 콘텐츠가 다양한 목록에 노출될 수 있게 함으로써 검색엔진 최적화에 긍정적으로 작용한다.

미디어는 이미지, 첨부 파일, 동영상 등의 멀티미디어 파일을 관리하는 기능으로, 등록된 미디어 파일은 포스트와 페이지에 쉽게 적용할 수 있다. 미디어 관리 기능은 동일한 미디어 파일을 중복으로 업로드하는 것을 방지하여 서버 용량 관리와 콘텐츠 작성 시 장점이 된다. 미디어는 포스트나 페이지와 마찬가지로 개별 URL 페이지로 발행된다.

워드프레스에서는 글, 페이지, 미디어 페이지에 사용자가 댓글을 남길 수 있으며, 댓글을 관리할 수 있도록 개별 콘텐츠로 분리하여 관리 기능을 지원한다. 댓글은 스팸 공격에 노출될 수 있는데, 댓글이 등록되면 관리자가 승인해야 보이도록 하거나 로그인 사용자만 댓글을 작성하게 설정하면 스팸 공격에 대한 기본적인 대처가 가능하다. 워드프레스의 경우 페이스북, 디스커스Disqus[4]와 같은 외부 댓글의 기능을 적용하는 다양한 유료·무료 플러그인을 쉽게 찾을 수 있다.

3. 설정

워드프레스의 설정 기능에는 워드프레스 자체 설정 기능과 테마, 플러그인, 사용자 관리 기능이 포함된다. 워드프레스 운영에 필요한 기본적인 설정인 URL, 언어, 회원 가입 등의 '일반 설정'과 기본 카테고리와 태그의 설정, 메일로 콘텐츠 등록하기를 설정하는 '쓰기', 랜딩 페이지(home) 설정 및 RSS를 설정하는 '읽기', 댓글과 핑백을 설정하는 '토론', 미디어의 크기와 기간별 분류를 설정하는 '미디어', 워드프레스의 포스트와 페이지의 URL을 정

---

[4] 2007년부터 서비스를 시작한 미국의 대표적인 소셜 댓글 서비스.

의하는 '고유 주소'로 구성되어 있다.

그리고 워드프레스의 외모는 테마 관리 및 설치를 지원하는 '테마', 테마의 기본 레이아웃과 색상, 폰트, 메인 메뉴를 설정하는 '사용자 정의하기', '위젯', '메뉴', 테마 파일을 수정할 수 있는 '편집기'로 이뤄져 있다. 또한 플러그인은 플러그인 활성화·비활성화 관리를 위한 '설치된 플러그인', 플러그인 검색과 설치를 위한 '플러그인 추가하기', 플러그인 파일을 편집할 수 있는 '편집기'로 구성된다.

워드프레스는 처음 워드프레스 파일을 서버에 업로드하면 FTP의 접속 없이도 워드프레스의 활성화부터 테마와 플러그인의 설치 및 수정이 가능하도록 설계되어 있다. 그리고 워드프레스의 사용자 관리는 사용자의 등록 및 삭제가 가능하도록 지원하며, 사용자의 닉네임을 설정할 수 있는 기능도 제공한다.

워드프레스의 최초 회원 등급은 구독자, 기여자, 글쓴이, 편집자, 관리자의 5단계로 구분되며, 플러그인을 통해 회원 등급을 추가하고 회원 등급별 권한도 편집할 수 있다. 워드프레스는 회원 등급에 따라 관리자의 메뉴가 비활성화되어 표시되지 않는다. 최초 설치 시 설정은 관리자 등급만 접근할 수 있도록 제한되어 있고, 사용자를 삭제하면 사용자의 콘텐츠도 함께 삭제하거나 소유권을 양도할 수 있는 기능도 제공한다.

• **참고 URL** http://smartsmart.kr/wiki/워드프레스-설정/

4. 테마

워드프레스의 테마는 사이트 형태를 구성하는 레이아웃과 페이지 형태를 구성하는 템플릿으로 이뤄지며, 레이아웃과 템플릿은 디자인 요소를 포함하고 있다. 따라서 워드프레스는 테마를 설치하면 손쉽게 사이트의 골격과 디자인을 구성할 수 있다는 것이 장점이다. 최근 출시되는 워드프레스 테마의 대부분은 모바일 디바이스를 위한 반응형 웹디자인을 지원한다.

워드프레스의 테마는 포스트 외에도 다양한 포스트 타입을 지원할 수 있는데, 테마에 따라 포트폴리오나 갤러리 등의 포스트 타입을 지원한다. 필요에 따라 포스트 타입을 추가하려면 개발을 하거나 'Custom Post Type UI'와 같은 플러그인을 통해 포스트 타입을 추가할 수 있다.

● 쇼트코드의 예

워드프레스의 기능 가운데 쇼트코드Shortcode라는 것이 있는데, 이는 [ ] 안에 일정 코드를 입력하면 템플릿 요소나 콘텐츠 요소로 표시되는 기능이다. 사전에 정의된 [table][/table], [button][/button]과 같은 형식의 열고 닫는 쇼트코드를 입력하면 HTML이나 CSS의 작업 없이도 디자인이 적용된 템플릿 요소를 만들어낼 수 있다.

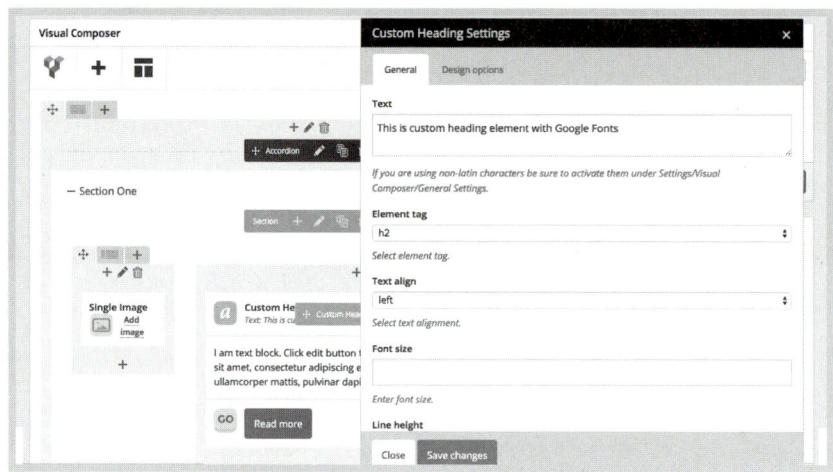

● 페이지 빌더

워드프레스 테마 중에는 웹개발자나 웹퍼블리셔가 아니어도 페이지 템플릿을 구성할 수 있는 페이지 빌더page builder를 제공하는 경우도 있다. 페이지 빌더는 초보자에게 불편한 쇼트코드 입력 방식을 보완하여 쇼트코드의 변수-사이즈, 링크, 레이블 설정을 위지윅WYSIWYG 방식으로 입력할 수 있으며, 마우스를 이용하여 쉽게 움직이고 콘텐츠 요소를 이동할 수 있도록 드래그앤드드롭drag-and-drop, 끌어서 놓기[5] 방식으로 발전시킨 개념이다. 테마에 따라 범용 페이지 빌더 플러그인을 이용하여 테마 고유의 템플릿 요소element를 제공하는 경우도 있고, 테마 고유의 자체 페이지 빌더를 제공하는 경우도 있다.

그런데 페이지 빌더를 이용하는 콘텐츠의 경우 테마의 쇼트코드 또는 페이지 빌더 요소에 종속되기 때문에 다른 테마로 변경하면 화면이 깨지거나 콘

---

[5] 컴퓨터 그래픽 사용자 인터페이스 환경에서 시각적인 객체를 클릭하면서 다른 위치나 가상 객체로 드래그하는 행위를 말한다. (출처 : 위키백과)

텐츠를 감싸고 있는 쇼트코드가 남아 있을 수 있으므로, 테마 교체 시 페이지 빌더를 이용하여 제작한 콘텐츠를 미리 수정해야 한다.

5. 플러그인

워드프레스는 필요한 기능을 위해 코어를 수정하는 것이 아니라 플러그인을 개발하여 추가하는 형식으로 기능 구현이 가능하다. Part 2에서 설명했듯이 플러그인은 특정 기능을 개별적으로 분리하여 설치와 삭제가 가능한 형태로 개발하는 방식이다. 이처럼 플러그인을 통해 특정 기능을 독립시킴으로써 워드프레스 코어나 테마의 업데이트와 같은 환경 변화에도 기능이 정상적으로 구동될 수 있다.

워드프레스 플러그인 시스템의 장점은 설치가 간편하고 간단한 설정만으로도 기능을 구현하여 사용할 수 있다는 것이다. 스마트폰에 앱을 설치하는 것처럼 간단하지는 않지만, 개발자의 도움 없이도 쇼핑몰을 만들고 이벤트 캘린더를 구현할 수 있다는 것은 웹사이트 제작 난이도 면에서 충분히 매력적이다. 제작된 플러그인을 사용하면 직접 개발하는 것보다 훨씬 저렴한데, 개발자를 고용하는 경우 월 수백만 원이 들지만 대부분의 플러그인 구입 비용은 평균 10만 원 이하이다.

워드프레스의 플러그인은 전자상거래 플러그인인 WooCommerce, 이벤트를 관리하는 Event Manager와 같이 특정 콘텐츠 타입과 그에 필요한 기능을 지원하는 플러그인, 페이지 빌더와 소셜 공유 등 워드프레스의 작업 환경을 개선해주는 기능 플러그인까지 그 형태와 성격이 매우 다양하다. 워드프레스 공식 사이트 wordpress.org에는 약 3만 4천여 개의 플러그인이 등록되어 있으며 대부분이 무료이다.

한편 유료 플러그인 시장도 활성화되어 매우 빠르게 성장하고 있다. 대표적인 범용 페이지 빌더 플러그인인 Visual Composer는 2011년 출시된 후 3년간 누적 판매 수가 4만 4천 건으로 13억 원의 매출을 올리고 있다. 페이지 빌더로 Visual Composer를 지원하는 유료 테마가 최소 400여 개가 넘기 때문에 번들 판매액도 상당할 것으로 예상된다. 최근 예약과 관련된 플러그인이 다수 출시되고 있는데, 예약 기능을 전자상거래와 연결하여 수익 모델을 구현할 수 있기 때문에 관심이 증가하는 것으로 보인다.

테마와 페이지 빌더의 웹브라우저 호환성

테마를 구입할 때 브라우저 호환 범위를 확인해보면 인터넷익스플로러7이나 8에서 호환이 되지 않는 테마가 있다. 특히 Visual Composer를 사용하는 테마의 경우 최신 반응형 웹디자인 기술은 지원하지만 구버전의 웹브라우저에서는 보이지 않거나 화면이 느리게 뜨기도 한다. 제작하는 웹사이트의 방문자 통계를 확인할 수 있다면 구형 브라우저 사용 비율을 알아보고 테마 또는 페이지 빌더를 선택하는 것이 좋다.

CHAPTER 04 워드프레스의 특징

워드프레스는 다양한 플러그인과 테마를 통해 필요한 환경에 맞는 서비스를 제작할 수 있다는 것이 장점이다. 다른 오픈 소스 CMS에 비해 그 수와 종류가 다양하고 업데이트도 활발하게 지원되기 때문에 다양한 요구 사항을 수용할 수 있는 것이다. 최근 이슈가 되고 있는 모바일 웹, 보안 강화, 소셜 등 사용자의 다양한 요구에 따라 보완되고 있는 워드프레스의 특징은 다음과 같다.

1. 모바일

2014년 모바일의 트래픽이 데스크톱 PC의 트래픽을 넘어섰다. 가히 모바일 시대라고 할 수 있다. 이러한 모바일 환경에 맞게 작은 크기의 모바일 화면에 맞춰진 페이지를 제공해야 하는데, 모바일 페이지는 최소화된 핵심 정보를 전달하기 위해 화면의 크기를 줄이고 콘텐츠도 적합하게 조정해야 한다. 워드프레스는 별도의 모바일 페이지를 제작하지 않아도 테마를 설치함으로써 모바일 페이지에 맞는 화면을 구성할 수 있다.

워드프레스의 외형적인 요소(레이아웃, 템플릿)는 테마가 담당하는데, 최근 제작되는 워드프레스의 테마는 스마트폰, 태블릿, PC 등의 다양한 디바이스 환경에 대응하기 위해 반응형 웹디자인을 지원하는 경우가 증가하고 있다.

워드프레스는 테마 선택에 따라 반응형 웹디자인을 적용할 수 있기 때문에 직접 디자인하는 것보다 수월하게 모바일 환경을 지원할 수 있다.

또한 워드프레스는 모바일 전용 화면을 생성해주는 플러그인도 지원한다. 워드프레스의 대표적인 플러그인인 Jetpack은 모바일 전용 UI를 제공하는 기능을 포함하고 있으며, WPtouch www.wptouch.com를 설치하여 다양한 구성의 모바일 화면을 제공할 수 있다. WPtouch에서는 플러그인에 적용하는 다양한 유료 모바일 테마를 선택할 수 있으며, WPtouch의 테마는 웹페이지 로딩에 최적화된 환경을 제공한다.

한편 모바일 전용 사이트를 위한 테마도 찾아볼 수 있다. 이는 일반 테마와 비교하여 슬라이드, 터치 등 모바일에서 필요한 동작이 정교하고 원활하게 이뤄지는 것이 특징이다.

2. 소셜미디어 연동

워드프레스는 소셜미디어 연동을 위한 다양한 플러그인을 지원한다. 특히 전 세계 웹사이트의 25%가 워드프레스로 운영되고 월 4천만 건 이상의 콘텐츠를 생산하므로 워드프레스는 소셜미디어에서 탐나는 존재일 수밖에 없다. 워드프레스 사용자들이 생산하는 방대한 콘텐츠를 자사의 서비스에 연결하기 위해 구글, 페이스북, 트위터와 같은 소셜미디어에서는 워드프레스 플러그인을 직접 제작하여 제공한다. 이러한 플러그인을 설치하고 소셜미디어의 아이디나 앱을 생성하여 공유를 설정하면, 워드프레스에 콘텐츠를 등록하는 것만으로도 소셜미디어에 콘텐츠의 링크와 이미지, 설명문이 자동으로 공유되며, 웹사이트의 방문자가 자신의 프로필 또는 타임라인에 직접 공유하는 것도 가능하다.

대표적인 소셜미디어 연동 기능은 소셜 로그인, 소셜 공유, 소셜 댓글, 소셜 공개 등이며, 소셜미디어에서 지원하는 API에 따라 더 많은 연동이 가능하다. 페이스북의 경우 좋아요 버튼Like Button, 보내기 버튼Send Button, 팔로우 버튼Follow Button, 댓글 박스Comments Box, 소셜 공개Social Publisher 등의 기능을 제공한다. 또한 세계 최대의 소셜 댓글 서비스인 디스커스를 설치하면 페이스북, 구글 등에 대한 소셜 댓글 서비스를 지원할 수 있다.

오픈 API를 통해 개별적인 프로그래밍을 해야 하는 소셜 공유 기능을 워드프레스의 플러그인을 통해 간편하게 구현할 수 있다는 것은 워드프레스의 차별화된 특징이자 강점이다.

3. 웹 표준

웹 표준은 W3C[6]에서 제정한 월드와이드웹의 표준안을 말한다. 이는 표준화된 HTML과 CSS, 자바스크립트를 이용하는 것을 의미하며, 웹 표준을 준수할 경우 여러 가지 장점이 있다. 태그마다 개별적인 스타일을 적용하지 않고 색상과 스타일을 CSS라는 파일로 만들어 적용하고, 화면상에 나타나는 동작을 자바스크립트라는 파일로 만들어 제어하기 때문에, 각 페이지마다 HTML을 수정하는 것이 아니라 공통으로 사용하는 CSS와 자바스크립

---

[6] 월드와이드웹을 위한 표준을 개발하고 장려하는 조직으로서 팀 버너스 리를 중심으로 1994년 10월에 설립되었다. W3C는 회원 기구, 정직원, 공공 기관이 협력하여 웹 표준을 개발하는 국제 컨소시엄이다. W3C의 설립 취지는 웹의 지속적인 성장을 도모하는 프로토콜과 가이드라인을 개발하여 월드와이드웹의 모든 잠재력을 이끌어내는 것이다. 이를 위한 가장 기본적인 웹 기술은 상호 간의 호환성이 있어야 한다는 것, 그리고 어떤 소프트웨어나 하드웨어에서도 웹에 접근할 수 있어야 한다는 것이며, W3C의 이러한 목표를 '웹 상호 운용(web interoperability)'이라 한다. (출처 : 위키백과)

트를 수정하는 것만으로도 색상과 동작의 변경을 전체 웹페이지에 적용할 수 있다.

또한 브라우저의 호환성도 웹 표준의 영향을 받는다. 최근 인터넷익스플로러뿐만 아니라 크롬, 사파리, 파이어폭스와 같은 웹브라우저의 사용이 증가하고 있다. 웹브라우저마다 HTML, CSS, 자바스크립트에 대한 독자적인 해석 방식이 있는데, 웹 표준을 준수하면 다양한 브라우저에서도 웹페이지가 동일한 형태로 보인다. 가끔 인터넷익스플로러7이나 8에서 웹페이지가 정상적으로 보이지 않았던 적이 있을 것이다. 이는 브라우저가 웹페이지의 HTML, CSS, 자바스크립트를 올바르게 해석하지 못하기 때문에 일어나는 현상으로, 웹 표준을 준수하면 다양한 사용자의 브라우저에 대한 호환성을 지원할 수 있다.

반응형 웹디자인을 구현하려면 사용자 기기의 해상도에 따라 CSS를 다르게 적용할 수 있는 HTML5와 CSS3의 최신 기술인 미디어쿼리를 활용해야 한다. 현재 HTML5가 새로운 웹 표준이며, HTML5 표준을 준수해야만 반응형 웹디자인을 구현할 수 있다.

웹 표준은 브라우저의 호환성, 반응형 웹디자인 이외에도 검색엔진 최적화와 웹 접근성을 준수하기 위한 필요조건이기도 하다. 웹 표준을 준수하면 다양한 혜택을 누릴 수 있으나, 그렇지 않으면 이러한 혜택을 누리지 못할 뿐 아니라 또 다른 비용을 발생시키게 된다.

워드프레스의 특징 중 하나는 웹 표준 준수이다. 워드프레스 개발 팀은 웹 표준을 준수하여 워드프레스 기본 테마의 개발을 진행했으며, 테마와 플러그인 제작자들은 플러그인과 테마 개발 시 웹 표준을 준수하도록 권장하고 있다.

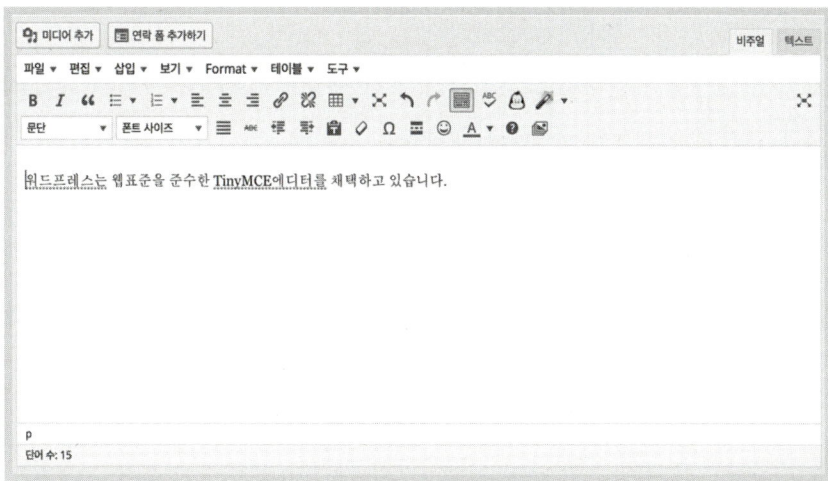

● TinyMCE 웹에디터

　또한 워드프레스는 TinyMCE 웹에디터를 채용하여 웹 표준을 준수한 콘텐츠를 작성하도록 하고 있다. 워드프레스에서 웹 표준을 준수하면서 얻게 되는 강점은 검색엔진 최적화SEO, 웹 접근성 향상, 반응형 웹디자인, 크로스브라우징 등이다.

　최근에 제작 및 출시되는 워드프레스의 테마는 대부분 웹 표준을 준수하기 때문에 브라우저의 호환성, 반응형 웹디자인, 검색엔진 최적화, 웹 접근성 등의 요구 사항을 쉽게 만족시킬 수 있다.

4. 검색엔진 최적화

검색엔진 최적화란 검색엔진의 웹로봇이나 수집기가 웹페이지를 수집하고 검색엔진의 색인에 포함하여 검색 결과에 잘 노출될 수 있도록 하는 작업을 의미한다. 검색엔진의 웹로봇이나 수집기가 웹페이지의 정보를 잘 수집하려면 웹페이지를 찾아가기 쉽게 경로path를 구조적으로 정리해야 한다. 그리고 웹 표준을 준수하여 웹페이지를 마크업하고, 웹페이지의 부가 정보를 담고 있는 메타태그를 검색엔진에 제공해야 한다.

검색엔진 최적화는 검색엔진의 다양한 요구를 충족해야 하는 난이도 높은 작업이다. 워드프레스는 웹사이트의 웹페이지를 구조적으로 관리하고, 웹 표준을 준수하는 테마와 메타태그를 관리할 수 있는 플러그인을 활용하여 검색엔진 최적화를 적용할 수 있다.

또한 워드프레스는 새로운 콘텐츠가 등록되면 검색엔진에 콘텐츠를 수집해 가라는 신호를 주는 업데이트 서비스와 연결할 수 있는 기능을 기본적으로 제공하고, 이 외에도 다양한 업데이트 서비스를 추가하여 콘텐츠를 검색엔진에 공유할 수 있도록 지원한다. 따라서 워드프레스를 설치하고 콘텐츠를 등록하는 것만으로도 검색엔진에 최적화된 사이트를 구성할 수 있지만, 필요에 따라 검색엔진 최적화 플러그인을 추가로 설치하면 고도화된 사이트가 될 수 있다.

앞서 워드프레스 SEO에서는 웹페이지로 도달하는 사이트의 URL 경로를 규칙에 따라 구조화한다고 언급했는데, 사이트 URL 경로를 구조화하면 검색엔진의 웹로봇이 웹사이트에 접근하여 웹 문서를 수집하는 데 유리하게 작용한다. 구글, 빙과 같은 웹 문서 검색엔진은 자사의 웹로봇이 수집을 잘할 수 있도록 웹사이트의 구조적인 정보를 제출하는 웹마스터 도구 서비스를 제공한다. 사이트의 구조적인 정보를 담은 파일인 사이트맵Sitemap.xml을 생성하려면 개발을 비롯한 복잡한 작업이 필요한데, 워드프레스는 플러그인을 통해 간단하게 검색엔진에 사이트맵을 제공할 수 있다.

최근 네이버의 검색엔진에 콘텐츠를 제출하는 신디케이션 API를 지원하는 플러그인이 등장하면서 구글, 빙 등의 해외 검색엔진에 강했던 워드프레스가 국내 검색엔진 최적화에도 효과를 볼 수 있는 도구로 진화하고 있다.

5. 웹 접근성

웹 접근성이란 "장애인뿐만 아니라 모든 사람들이 정보통신 기기나 서비스를 쉽게 활용할 수 있도록 만드는 것"(출처 : 웹접근성연구소)이다. 현재 「장애인 차별 금지 및 권리구제 등에 관한 법률」과 동법 시행령 14조에 의거하여 공공 및 민간 웹사이트의 웹 접근성 준수가 의무화되었다.

● 워드프레스 미디어 도구

웹 접근성은 웹 표준을 준수하는 것에서 시작된다. 표준 HTML 코딩, 이미지에 대체 텍스트 입력, 링크를 연결시키는 앵커 텍스트에 타이틀 입력 등의 조건을 만족시키기 위한 기능을 워드프레스의 콘텐츠 관리 기능이 수용하고 있다. 일반적으로 웹 표준의 작업은 전문 영역으로 웹퍼블리셔가 직접 입력하거나, 운영자가 입력할 수 있는 기능을 제작하여 제공해야 하는 데 비해 워드프레스에서는 이를 기본 기능으로 제공하고 있다.

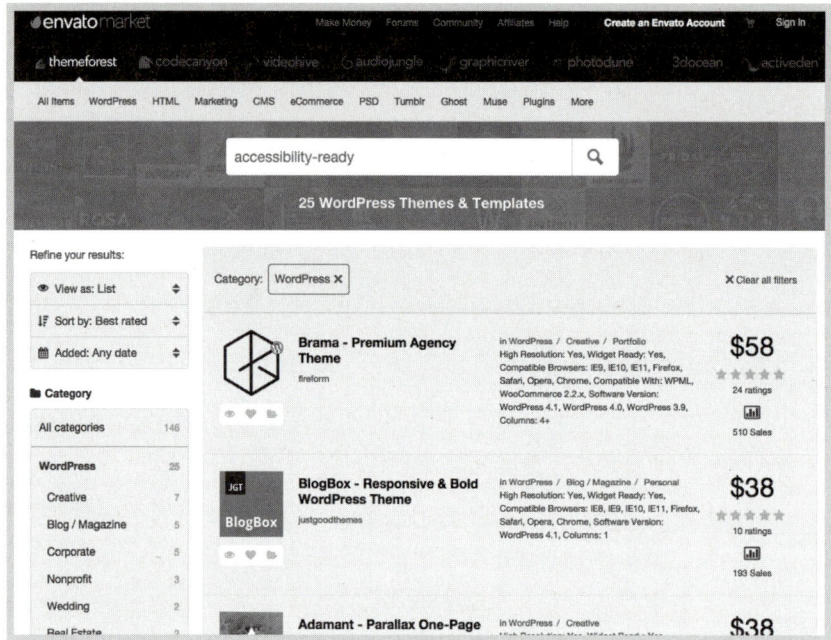

● 워드프레스의 웹 접근성 테마

워드프레스재단은 웹 접근성의 중요성을 강조하며 워드프레스에서 웹 접근성을 지킬 수 있도록 많은 노력을 기울이고 있다. 워드프레스의 코덱스 codex.wordpress.org/Accessibility에서 웹 접근성에 관한 내용을 상당히 많이 할애하고 있으며, 웹 접근성 팀 make.wordpress.org/accessibility은 워드프레스 및 테마 제작에 필요한 웹 접근성 가이드라인을 제시하고, 웹 접근성을 준수한 테마에는 'accessibility-ready'라는 태그를 사용하도록 하고 있다. 워드프레스의 테마를 검색할 때 'accessibility-ready'로 검색하면 워드프레스 웹 접근성 팀의 권고안대로 제작된 테마를 볼 수 있다.

CHAPTER 05 워드프레스의 장단점

워드프레스를 도입하면서 가장 조심해야 할 것은 워드프레스가 모든 요구 조건을 수용할 수 있는 만능이라고 생각하는 것이다. 워드프레스는 좋은 도구임이 분명하지만 각 사이트의 요구 환경이 다르고 사업의 성격도 제각각이기 때문에 상황에 대해 충분히 검토해야 한다. 이를 위해서는 워드프레스의 장점과 단점에 대해 알아둘 필요가 있다.

1. 장점

워드프레스의 장점은 다음과 같다.

1 오픈 소스

워드프레스를 만든 맷 멀런웨그는 한 인터뷰에서 워드프레스를 오픈 소스로 공개한 이유를 "워드프레스의 모태가 된 B2라는 프로그램이 오픈 소스였기 때문"이라고 밝혔다. 오픈 소스가 무엇이기에 장점이 될까 의아해하는 사람이 꽤 많을 것이다. 또 오픈 소스가 공짜라고 생각하는 사람도 간혹 있을 테지만 정확히 말해 오픈 소스는 공짜라기보다는 수많은 개발자 또는 작업자와의 협업을 확장하기 위한 선택일 뿐이다. 따라서 상용 소프트웨어보다 가치가 낮다고 판단할 수 없다.

워드프레스는 2015년 11월 현재 4.3.x 버전까지 업데이트되었으며, 4.3.x 버전 'Bille'의 업데이트에 기여한 246명의 명단은 워드프레스재단 웹사이트에서 확인할 수 있다. 이 기여자의 수가 어떤 의미인지 단순히 비교하자면, 우리가 많이 사용하는 한글오피스를 제작한 한글과컴퓨터의 직원 수는 2013년 12월 기준 347명이었다. 영업, 관리 등의 판매 관리직을 제외하면 한글오피스를 지원하는 직원이 150명 안팎으로 추정되는데, 이 인원과 비교해보면 워드프레스가 가진 놀라운 인적 자원의 힘을 짐작할 수 있을 것이다. 이뿐만 아니라 워드프레스재단 발표 자료에 따르면 워드프레스를 기반으로 플러그인과 테마를 만드는 워드프레스 생태계 종사자의 수는 3만 명에 달한다.

오픈 소스는 누구나 소스를 변경할 수 있도록 지적 재산권이 공개된 것으로 전 세계의 수많은 사람들이 이를 꾸준히 발전시키고 있다. 물론 워드프레스의 근간이 되는 MySQL, PHP도 오픈 소스이므로 운영에 들어가는 비용을 줄이고 더 많은 사람들이 혜택을 누릴 수 있는 것이다.

2 뛰어난 확장성

워드프레스는 오픈 소스를 기반으로 누구나 참여하여 사용할 수 있도록 개발을 위한 다양한 문서를 제공하고 있다. 이를 통해 기획자, 디자이너, 퍼블리셔, 개발자가 다양한 목적과 요구를 충족하는 테마와 플러그인을 꾸준히 생산할 수 있게 되었으며, 직접 개발하지 않고도 플러그인과 테마를 설치하여 사이트의 기능을 추가하고 디자인을 변경하는 것이 가능해졌다.

그러나 요구 사항을 만족시키기 어렵다면 워드프레스의 플러그인과 테마를 직접 개발하여 적용할 수 있다. 이를 위한 다양한 개발 문서가 있으며 일부 프로그래밍 코드를 생성해주는 서비스도 존재한다. 워드프레스에 플러그인과 테마를 추가하거나 변경한다고 해서 운영상에 장애나 문제가 발생하지 않기 때문에 운영 중인 사이트에도 필요한 기능이나 디자인을 추가할 수 있다.

3 소셜 공유 및 검색엔진 최적화

워드프레스의 장점으로 소셜 공유와 검색엔진 최적화를 빼놓을 수 없다. 우리나라는 웹 문서 검색 기반이 아닌 콘텐츠 타입별 컬렉션 검색 기반인 네이버와 다음의 검색 점유율이 높기 때문에 그 효과가 피부에 와 닿지 않을 수 있지만, 웹 문서 검색 기반인 구글과 빙에서 나타나는 효과는 매우 훌륭한 수준이다. 또한 페이스북, 트위터, 구글플러스와 같은 소셜미디어로의 연동 기능이 강력하다. 게다가 워드프레스를 CMS로 활용함으로써 소셜미디어와 검색엔진에 노출하기 위한 2차 작업 및 광고 비용을 절감하는 효과도 있다.

4 강력한 콘텐츠 관리 기능

워드프레스는 콘텐츠를 이용하여 다양한 메뉴를 손쉽게 만들 수 있는 유연한 구조로 설계되어 있으며, 카테고리와 태그로 콘텐츠를 체계적으로 분류하고 관리하기가 수월하다.

하나의 콘텐츠가 분류법에 의해 다양한 목록에 포함된다면 새로운 의미의 콘텐츠로 다시 생산될 수 있다. 예를 들어 맛집, 여행지, 영화관이라는 카테고리에 각각의 글을 입력했을 때 지역명이나 함께 동행한 사람을 태깅하면 태그의 글 목록에서 새로운 의미의 콘텐츠로 활용할 수 있다.

워드프레스는 글, 페이지, 미디어와 같이 각각의 콘텐츠를 구분하여 정리할 수도 있지만 새로운 콘텐츠 타입을 추가하여 관리할 수도 있다. 디자이너는 포트폴리오라는 콘텐츠 타입을 추가할 수 있고, 사진작가는 갤러리라는 콘텐츠 타입을 추가할 수 있다. 동호회라면 회원들의 정보를 새로운 콘텐츠 타입으로 추가할 수 있는데, 이를 위해서는 워드프레스 개발자의 도움을 받거나, 필요한 콘텐츠 타입을 포함하고 있는 테마나 플러그인을 설치함으로써 확장이 가능하다.

5 보안 및 업데이트

워드프레스는 오픈 소스이므로 보안에 취약할 수 있지만 이를 해결하기 위해 다양한 유료·무료 플러그인이 제공되고 있다. 또한 워드프레스의 기여자들이 보안 업데이트를 자주 확인하기 때문에, 제작 후 수년간 방치하여 해킹과 보안 이슈에 능동적으로 대처하지 못하는 불상사가 발생하지 않는다. 게다가 구간 암호화와 세션 관리 등을 지원하는 플러그인이 최신 이슈에 대응하고, 무료로 제공되는 스팸 필터인 A.kis.met을 비롯해 다양한 스팸 방지 플러그인을 지원하고 있다.

> **Tip 워드프레스의 분류 체계 카테고리와 태그**
>
> 분류 체계를 정의하는 용어로 택소노미(taxonomy)와 폭소노미(folksonomy)가 있는데, 택소노미는 도서관의 십진분류법과 같은 분류학적인 기준을 의미하며 워드프레스의 카테고리가 이에 해당한다. 그리고 폭소노미는 대중이 자유롭게 분류하는 것을 의미하며 워드프레스의 태그가 이에 해당한다.

2. 단점

워드프레스의 장점이 강력한 반면에 단점도 존재하므로 제작하려는 웹사이트의 요구 사항을 수용할 수 있는지 상세하게 확인해야 한다. 한편 게시판 형태의 한국형 커뮤니티를 구성하는 것은 기존의 워드프레스 플러그인만으로는 어렵지만 추가 기능을 개발하여 구현하는 방법도 있기 때문에 이는 단점이라 할 수 없다. 해결할 수 있는 범위 안에 문제가 있기 때문이다. 단점은 해결하기가 매우 어렵거나 그 업무량이 직접 개발하는 것보다 더 많은 경우로 제한해야 한다.

1 오픈 소스 환경

오픈 소스라는 점은 워드프레스의 가장 강력한 장점인 동시에 가장 큰 단점이 되기도 한다. 오픈 소스 소프트웨어는 누구나 이용 가능한 반면에, 클로즈드 소스를 표방하는 기업형 소프트웨어는 강력한 기능과 지원 체계를 구현할 수 있다. 예를 들어 워드프레스가 채택한 MySQL의 경우 백업, 보안, 로드 밸런싱, 스위칭과 같은 고급 환경을 지원하는 부가 소프트웨어가 흔치 않아 시스템을 구성하는 데 제한적인 환경이 될 수밖에 없다.

오픈 소스 환경으로 인해 보안 및 업데이트에 대한 부분도 문제가 될 수 있다. 오픈 소스는 모든 소스가 공개되기 때문에 소스코드를 통한 해킹의 위험이 있다. 워드프레스는 보안 패치로 이를 해결하는데, 소수점 두 자릿수 이하 업데이트는 운영상 문제가 없지만 소수점 한 자릿수 업데이트의 경우 설치된 테마와 플러그인에도 영향을 줄 수 있으므로 업데이트를 하기 전에 충분한 테스트가 필요하다. 만약 이 과정에서 테마나 플러그인이 업데이트를 지원하지 않을 때는 테마나 플러그인을 대체하거나, 새롭게 개발 또는 수정해야 하는 경우도 발생할 수 있다.

2 퍼포먼스

일반적으로 워드프레스는 퍼포먼스가 떨어진다고 하는데, 이는 페이지 로딩을 하는 데 걸리는 시간이 다른 CMS나 웹사이트에 비해 상대적으로 오래 걸리기 때문이다. 워드프레스는 PHP로 만들어진 CMS이다. 웹브라우저에서는 PHP를 그대로 보여주지 않고 HTML로 변환하여 보여주는데, 워드프레스는 이 과정에서 많은 시간을 소요하게 된다. 그래서 이를 해결하기 위한 다양한 방법이 있는데, 캐시플러그인으로 미리 페이지를 HTML로 생성해두는 방법을 주로 활용한다.

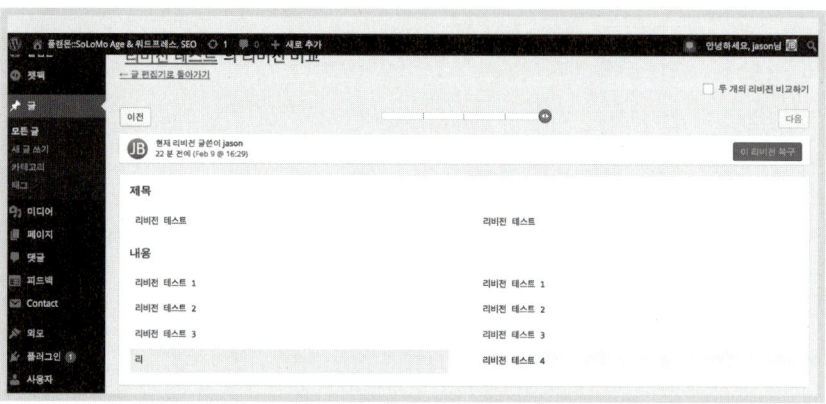

● 리비전 관리

워드프레스는 콘텐츠 관리의 측면에서 리비전을 저장한다. 워드프레스 리비전은 이전 정보를 저장해뒀다가 수정 이후에도 원상 복귀할 수 있도록 지원한다. 수정 사항이 발생할 때마다 새로운 리비전이 저장되는데, 리비전 저장에 제한이 없기 때문에 DB의 성능이 저하될 수 있으므로 의미 없는 리비전을 주기적으로 정리해야 한다.

3 언어 지원

각국의 기여자들이 자국어로 번역하여 제공한 덕분에 워드프레스는 전 세계인이 사용할 수 있도록 거의 모든 언어를 지원하고 있다. 워드프레스와 기본 테마, Jetpack, WooCommerce 등의 주요 플러그인은 한국어를 지원하지만 그 외의 테마나 플러그인은 영어, 프랑스어, 독일어, 스페인어, 일본어 등 주요 언어만을 지원하기 때문에 외국어에 능통하지 않은 사용자가 활용하기 어렵다. 각 테마와 플러그인은 기능 설정의 항목이 다양하여 워드프레스의 구조를 이해한다고 해도 세부 기능을 파악하기 어려울 수 있으므로 최대한 정보를 확인하고 적용해야 한다.

4 개발자의 접근성

워드프레스는 PHP로 만들어진 CMS이지만 테마나 플러그인의 기능 개발을 위해 독자적인 함수를 사용하기 때문에 웹사이트 개발을 위한 프레임워크framework[7]에 가깝다. 워드프레스는 콘텐츠를 관리하기 위한 기본적인 기능이 구현되어 있고, 목적과 필요에 따라 추가 기능이나 템플릿을 개발하여 추가할 수 있다. 그러므로 워드프레스를 개발하려면 PHP에 대한 지식뿐만 아니라 워드프레스의 개발에 대한 지식도 필요하다.

   워드프레스 공식 웹사이트에서는 개발을 위한 코드 정보를 모아둔 코덱스를 제공하고 최근에는 개발자를 위한 공식 개발자 사이트 developer.wordpress.org도 오픈했다. 공식 개발자 사이트는 테마 개발 가이드(준비 중)와 플러그인 개발 가이드를 제공하고 코드를 직접 확인할 수 있도록 코드 레퍼런스도 제

---

[7] 프로그램 개발에 자주 사용되는 기능을 미리 만들어 제공하고, 사용하면서 필요한 기능을 추가할 수 있도록 뼈대를 제공하는 형태를 의미한다.

공하지만, 한글화가 거의 이뤄지지 않아 우리나라 개발자가 학습하는 데 어려움을 겪을 수 있다. 많은 개발자가 PHP 개발 능력을 기반으로 워드프레스 개발에 접근하지만 실제 서비스를 위한 개발에는 더 많은 학습이 필요하므로 일정과 업무량을 신중하게 판단해야 한다.

Part **04**

워드프레스 웹사이트 제작 준비하기

워드프레스로 웹사이트를 구축하기로 결정했다면 이제 본격적으로 프로젝트를 준비해보자. 일단 어떤 웹사이트를 구축할 것인지 정한 다음 사이트맵(IA)를 확정하고 웹사이트에 필요한 기능이 무엇인지 정리해둬야 한다. 기본적인 콘텐츠와 구조, 기능을 정한 뒤 웹사이트의 성격 및 콘셉트와 가장 유사한 워드프레스 테마를 구입하면 디자인 작업을 단축할 수 있으며, 필요한 기능에 따라 워드프레스에서 제공하는 플러그인을 찾아낼 수 있다면 웹사이트 구축이 보다 현실적이 될 것이다. 필요한 기능에 딱 맞는 플러그인이 없다면 유사한 플러그인으로 대체하는 것이 좋다. 유료 테마의 경우 테마에서 제공되는 템플릿과 샘플 페이지를 최대한 활용하면 별도의 디자인과 퍼블리싱 작업을 하지 않아도 되기 때문에 작업 기간과 비용을 줄일 수 있다.

CHAPTER 01
웹사이트 제작 프로젝트란?

1. 신규와 개편(재구축)의 차이

웹사이트 구축 프로젝트는 크게 신규 구축과 기존 사이트를 활용한 개편[1]으로 나눌 수 있다. 신규 구축의 경우 구축에 필요한 요소인 콘텐츠, 이미지, 기능, 정책 등의 기준이 없어서 진행 시 난항을 겪을 수 있으므로 웹사이트 구축 경험자가 프로젝트를 진행하는 것이 좋다.

신규로 구축할 때는 발생할 수 있는 문제를 치밀한 기획을 통해 미리 파악하고 해결해야 한다. 웹사이트 기획 시 준비가 미흡하면 진행이 지연되거나 심각한 문제를 해결하지 못해 중간에 포기하는 경우도 발생하게 된다. 도메인을 확보했는지, 호스팅은 워드프레스의 환경을 지원해주는지, 사용할 이미지나 글꼴은 저작권에 문제가 없는지, 웹사이트의 IA는 정리되어 있는지, 웹사이트에서 사용할 텍스트, 이미지, 동영상 등의 콘텐츠가 준비되었는지, 전체적으로 어느 정도 분량으로 구성할 것인지 등을 고려해야 한다.

워드프레스로 구축하기 전에 디자인과 레이아웃(구조)은 워드프레스 테마를 통해 미리 정할 수 있다. 워드프레스에는 무료 테마를 비롯해 막강한 기능과 함께 디자인을 해결해주는 유료 테마가 많으니 워드프레스 테마 전문 사

---

[1] 재구축, 리뉴얼, 리노베이션이라고도 하며, 기존의 웹사이트에서 필요한 부분은 재활용하거나 수용하고 수정·보완하여 웹사이트를 만드는 것을 말한다.

이트에서 필요한 테마를 구입하는 것도 좋은 방법이다.

웹사이트가 이미 갖춰진 경우에는 웹사이트에 대한 기준이 어느 정도 잡혀 있기 때문에 개편(리뉴얼)하는 방식을 선택하게 된다. 이때 기존 웹사이트에 있는 텍스트, 이미지, 동영상 등을 재활용할 수 있고 사이트맵도 있기 때문에 약간의 수정으로 개편이 가능하다. 개편 프로젝트의 경우 기존 웹사이트에서 유지해야 하는 요소는 재활용하고, 필요한 기능을 수용하고, 디자인을 변경하고, 문제점을 보완하여 새로운 웹사이트를 만든다.

워드프레스를 통해 개편한다면 기존의 이미지, 동영상 등의 콘텐츠를 미디어 라이브러리 기능으로 홈페이지에 쉽게 올릴 수 있으며, 미디어 라이브러리에 등록된 콘텐츠는 CMS의 막강한 기능을 이용하여 워드프레스 웹사이트 안에서 얼마든지 활용할 수 있다. 반면에 워드프레스가 아닌 웹사이트를 워드프레스로 변경하는 경우에는 기존에 사용하던 콘텐츠나 기능을 모두 수용할 수 없다는 것이 문제이다. 워드프레스에는 한국형 웹사이트의 특성이 반영되지 않았기 때문에 회원, 게시판에 대한 기능과 개념이 달라 기존 웹사이트의 회원, 게시판 데이터를 가져오기 어렵다. 데이터 이관 작업은 전문 개발자나 데이터베이스 전문가의 영역이며 기존 데이터를 이관하려면 용역 비용이 발생할 수 있다. 최악의 경우 데이터 이관이 불가능하면 워드프레스로 전환하기 어려울 수도 있다.

한편 데이터의 이관을 개발자에게만 맡길 필요는 없다. 데이터의 수가 적다면 수작업으로 이관하는 것이 훨씬 수월하다. 대부분의 웹사이트는 관리자만 두고 회원 가입을 아예 받지 않거나, 회원이 있더라도 그 수가 적은 경우가 많다. 이럴 때는 회원 데이터를 이관하는 것보다 워드프레스 관리자에서 직접 등록하는 편이 쉬울 수 있다.

게시판을 옮기는 일이 크게 어려운 것은 아니다. 게시판 제목과 내용의 텍스트는 대부분 Copy가 가능하므로 워드프레스 게시판에서 Paste를 통해 붙여넣기 하여 등록하면 된다. 이미지가 있다면 미디어 라이브러리에 미리 등록하고 게시판 글쓰기를 할 때 이미지를 불러오기만 하면 된다.

기존 웹사이트에서 폼메일이나 SNS 연동 기능을 사용하고 있었다면 워드프레스의 플러그인 검색을 통해 거의 동일하거나 기능이 강화된 플러그인을 찾아 해결할 수 있다. 만약 기존 웹사이트에서 사용하던 기능을 개편 시에 동일하게 사용해야 한다면 정말 필요한 핵심 기능은 개발자에게 의뢰하여 플러그인이나 테마를 제작해야 하는데 이때는 많은 비용이 들어갈 수 있다. 따라서 워드프레스의 플러그인이나 테마에 유사한 기능이 있는지 검색해보거나, 아니면 다른 기능으로 대체할 것을 권한다. 워드프레스로 변경하는 이유가 이전 웹사이트를 그대로 옮겨오기 위한 것인지, 아니면 좀 더 나은 서비스를 제공하기 위한 것인지를 잘 판단하여 선택하기 바란다. 워드프레스의 플러그인과 테마 검색 방법은 뒤에서 설명할 것이다.

2. 웹사이트의 용도 정하기

워드프레스로 제작하기 가장 쉬운 종류는 회사 웹사이트, 뉴스형 웹사이트, 제품 및 브랜드 홍보 웹사이트, 블로그 성향의 웹사이트이다. 워드프레스에는 WooCommerce라는 막강한 쇼핑몰 플러그인이 있는데, 이를 우리나라에서도 사용할 수 있도록 다양한 WooCommerce 지원 플러그인[2]이 개

---

[2] 플래닛8(www.planet8.co/plugin-shop)의 Woopay 결제 시리즈가 있고, 단비스토어(danbistore.com/plugins/ecommerce)에서 다양한 한국형 WooCommerce 지원 플러그인을 제공한다. 쇼핑몰에 대한 내용은 Part 6에서 자세히 다룰 것이다.

발되어 있다.

1 뉴스미디어 : 블로터

대표적인 인터넷 뉴스미디어인 블로터는 워드프레스를 이용하여 PC용 웹사이트와 모바일용 웹사이트를 제공하고 있다. 뉴스미디어의 특성상 텍스트로 된 기사에 여러 이미지를 포함하고 있으며, 적절한 위치에 콘텐츠를 게시하는 것이 중요하다.

● 블로터(www.bloter.net)

워드프레스에서는 글쓴이와 게시 담당자를 구분하며 콘텐츠 게시 기능, 임시 글 기능, 게시 권한을 설정하는 기능을 활용할 수 있다. 다음과 같이 워드프레스에는 기본적인 회원 등급으로 구독자, 기여자, 글쓴이, 편집자, 관리자가 있다.

- **구독자** 준회원에 해당하며 글, 댓글, 뉴스레터 등을 읽을 수 있지만 대개 사이트 콘텐츠를 생성할 수 없다.
- **참여자** 일반 회원에 해당하며 글을 쓰거나 관리할 수 있지만 글을 발행[3]하거나 미디어 파일을 업로드할 수 없다.
- **글쓴이** 정회원에 해당하며 자신의 글을 발행 및 관리하고 파일을 업로드할 수 있다.
- **편집자** 중간 관리자에 해당하며 글을 발행 및 관리하고 다른 사람들의 글도 관리할 수 있다.
- **관리자** 최종 관리자(슈퍼 관리자)에 해당하며 모든 관리 기능에 접근할 수 있다.

2 커뮤니티 : 한국 워드프레스 사용자 모임

한국 워드프레스 사용자 모임에서는 워드프레스에 대한 소개, 최신 뉴스, 강좌, Q&A, FAQ, 포럼 등을 제공하며, 정기적으로 워드프레스 미트업이라는 오프라인 모임을 여는 등 워드프레스의 홍보와 저변 확대에 힘쓰고 있다.

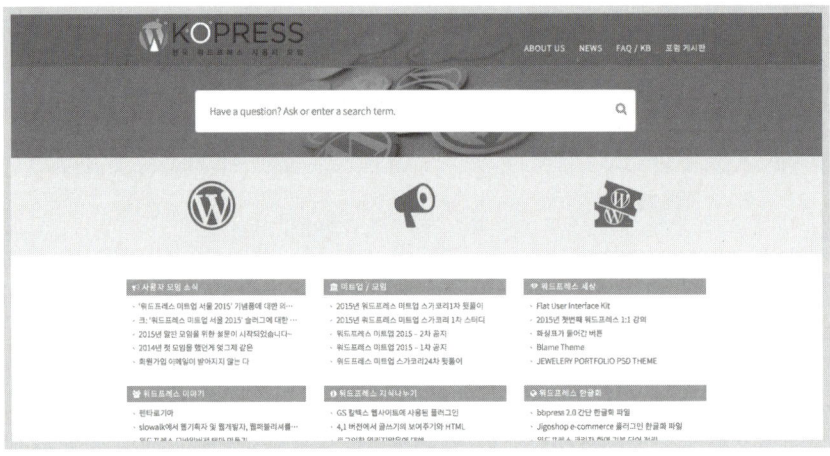

● 한국 워드프레스 사용자 모임(www.kopress.kr)

---

[3] 워드프레스에서는 발행 개념과 글쓰기 개념이 구분되어 있다. 글쓰기를 하면 웹사이트에 글이 저장되지만 외부에서 볼 수 없는 상태이고, 발행으로 상태를 바꿔야만 비로소 외부에서 볼 수 있는 상태가 된다. 발행이란 뉴스 등의 미디어에서 여러 사람이 써놓은 글을 가지고 편집자가 글의 공개, 배치 등을 관리하고자 할 때 사용하는 기능이다.

한국 워드프레스 사용자 모임 웹사이트는 정보 공유 및 커뮤니티의 성격을 띠며, 워드프레스의 고유한 기능을 잘 활용하여 운영되고 있다.

❸ 교육 분야 : 부산대학교 도서관

부산대학교 도서관 웹사이트는 워드프레스로 만들어졌지만 다양한 실험을 통해 워드프레스의 확장을 실현했다. 대학 중앙도서관의 역할에 충실하게 도서관 LAS와 연동하고, 도서관의 회원 DB와 신착 도서, 주제별 가이드의 정보를 CMS에서 활용할 수 있도록 플러그인을 개발했다.

● 부산대학교 도서관(lib.pusan.ac.kr)

또한 멀티사이트 기능을 통해 중앙도서관 홈페이지 외에 기증·기부 웹사이트, 블로그 웹사이트를 워드프레스로 동시에 운영하고 있다.

4 블로그 : GS칼텍스 블로그

GS칼텍스의 블로그인 Insight of GS Caltex는 기업의 홍보용 블로그 사이트이다. GS칼텍스의 홍보 콘텐츠 이외에 석유화학 및 에너지에 대한 유용한 정보, IT 트렌드, 인문·문화 정보, 소셜 특강 등 다양한 정보를 제공하고 있다.

● GS칼텍스 블로그(www.insightofgscaltex.com)

이러한 정보를 소셜 공유 플러그인을 통해 페이스북, 트위터, 유튜브, 구글플러스, 핀터레스트 등에 쉽게 공유할 수 있다.

5 회사 홍보 : 플랜온

국내에서는 블로그와 기업 웹사이트용으로 워드프레스를 많이 채택하고 있다. 워드프레스의 유료·무료 테마를 구매하면 최신 유행 스타일의 디자인으로 쉽게 제작할 수 있으며, 정적인 콘텐츠는 워드프레스의 페이지로, 새로운 글이 지속적으로 업데이트되는 경우는 포스트(글) 형태로 등록하면 된다.

● 플랜온(www.planon.kr)

플랜온은 유료 테마를 이용하여 메인 페이지를 패럴럭스 스크롤링parallax scrolling[4] 스타일로 구현했으며, 텍스트를 이미지로 만들지 않고 CSS만으로 텍스트의 입체 효과를 냈다.

6 쇼핑몰 : 스텔라앤마마

쇼핑몰의 경우, WooCommerce 플러그인과 국내에서 개발된 결제 플러그인을 활용하여 PC와 모바일에서도 결제가 가능하다.

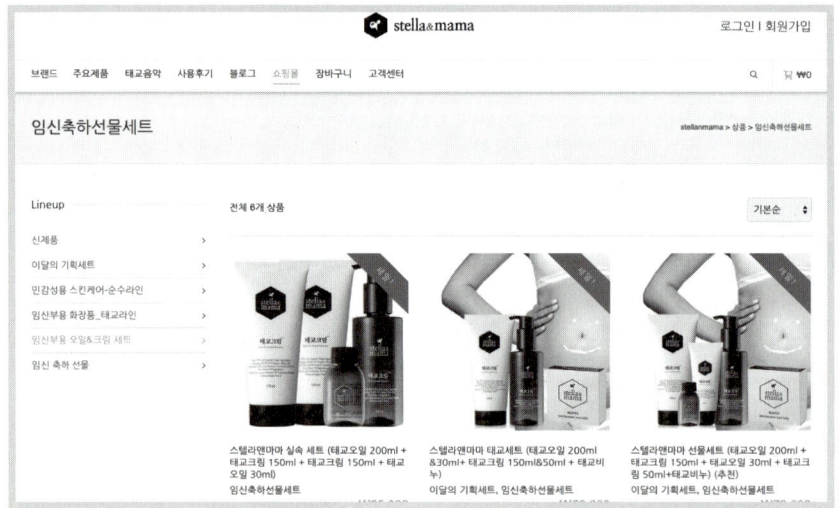

- 스텔라앤마마(stellanmama.com)

임신부 등을 위한 스킨케어 브랜드 스텔라앤마마 웹사이트는 브랜드 웹사이트, 쇼핑몰, 블로그까지 워드프레스 하나로 구현했는데, 소셜 공유 기능을 통해 블로그 글쓰기를 하면 페이스북에 자동으로 게시되도록 했다.

---

[4] 웹브라우저에서 스크롤하면 콘텐츠와 배경이 시차를 두고 스크롤되는 방식으로 일반적인 스크롤 페이지에 비해 역동적으로 보인다.

3. 벤치마킹 및 사이트 분석

지피지기면 백전불패라고 했다. 상대와 나의 약점, 강점을 충분히 알고 준비하면 위태롭지 않듯이, 웹사이트 제작에 들어가기에 앞서 벤치마킹을 통해 경쟁사의 장단점을 분석함으로써 앞으로 제작할 웹사이트의 단점을 개선하거나 배제하고 장점은 최대한 반영해야 한다. 우선 벤치마킹 대상을 선정해야 하는데, 이때 4-4-4 법칙을 기억해뒀다가 상황에 따라 변형하여 벤치마킹을 하기 바란다.

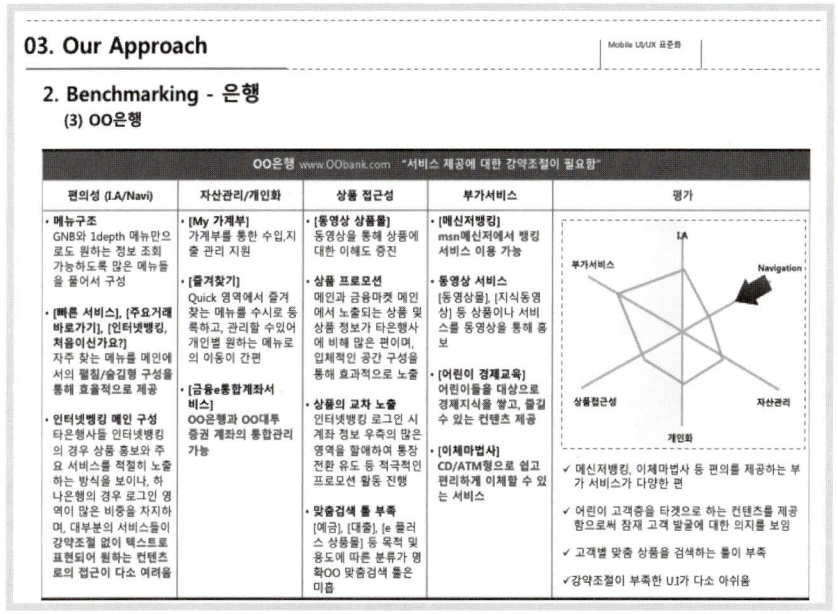

● 벤치마킹 다이어그램 분석

벤치마킹은 웹사이트 구축 시 큰 방향을 잡기 위한 기초가 되며, 대상 선정이 올바르지 않으면 구축 방향이 어긋날 수 있다. 벤치마킹을 할 때는 오피스 프로그램를 활용하여 벤치마킹에서 사용할 문서의 포맷을 만들고, 가능하면 표준화된 포맷 내에서 비교할 수 있도록 분석 데이터를 수집하는 것이 좋다. 그리고 사이트 제목, URL, 캡처 이미지(메인 화면과 주요 특징적인 화면), 사이트의 목적과 목표, 사이트의 타깃층, 디자인, 구성, 메뉴IA, 비즈니스 적합 여부, 주요 장점 및 단점 등을 기술하면 된다. 벤치마킹 시 점검 항목은 정해진 것이 아니라 상황에 따라 얼마든지 변경할 수 있다.

● DBCUT(www.dbcut.co.kr)

국내 최신 웹사이트의 오픈 리뉴얼 카테고리 사이트인 DBCUT은 업종별 카테고리를 최신 순으로 제공하고 있다. 경쟁 업체 및 유사 업종에서 최근에 오픈한 사이트의 목록을 통해 벤치마킹 대상을 선정할 수 있다. DBCUT과 유사한 사이트로는 5데이 www.5day.co.kr 가 있다.

국내 사이트를 검색할 때 네이버나 다음에서 카테고리를 찾거나, 랭키닷컴 www.rankey.com 에서도 업종별 카테고리와 트래픽 순위(접속 수에 따른 순위) 서비스를 제공하므로 이와 같은 다양한 경로를 활용하여 국내 사이트를 업종별로 검색할 수 있다.

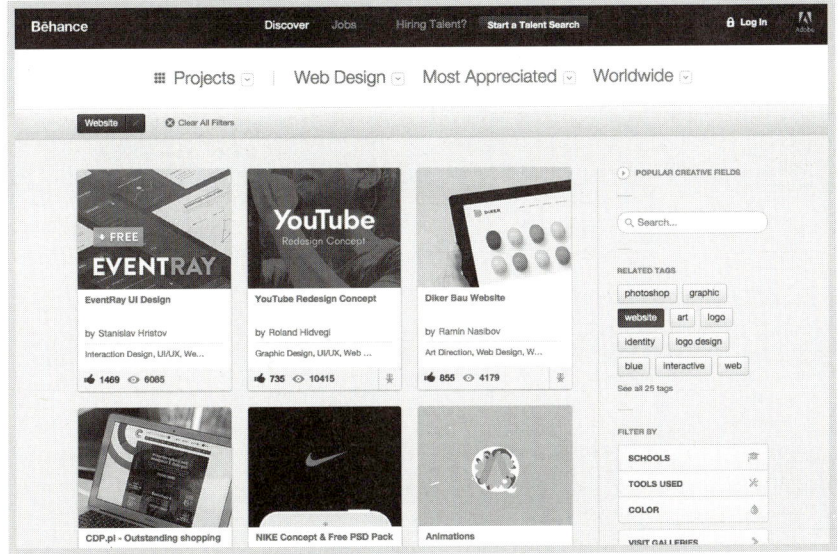

● Behance(www.behance.net)

외국 사이트를 벤치마킹하려면 조금 다르게 접근해야 한다. 기본적으로 구글에서 사이트를 찾거나 구글 글로벌 사이트에서 영문으로 키워드 검색을 하는 방법이 있다. Behance는 웹디자이너들 사이에 많이 알려진 사이트로 웹디자인뿐만 아니라 디자인과 관련된 다양한 정보를 제공하며, 핀터레스트 www.pinterest.com 나 전통적인 FWA www.thefwa.com 등에서도 최신 트렌드를 파악할 수 있다.

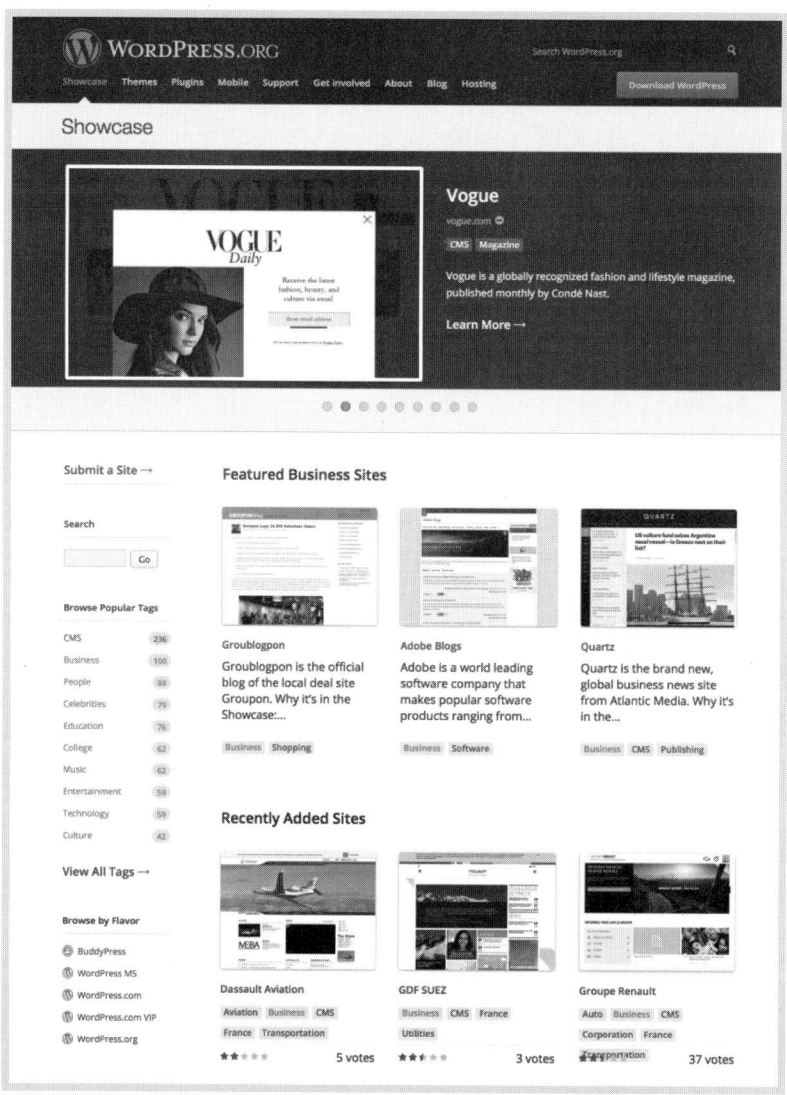

● 워드프레스 쇼케이스(www.wordpress.org/showcace)

　워드프레스로 만들어진 사이트 중에서 벤치마킹 대상을 검색하고 싶다면 워드프레스 쇼케이스에서 찾아볼 수 있다. 여기서도 카테고리와 순위 정보를 제공한다.

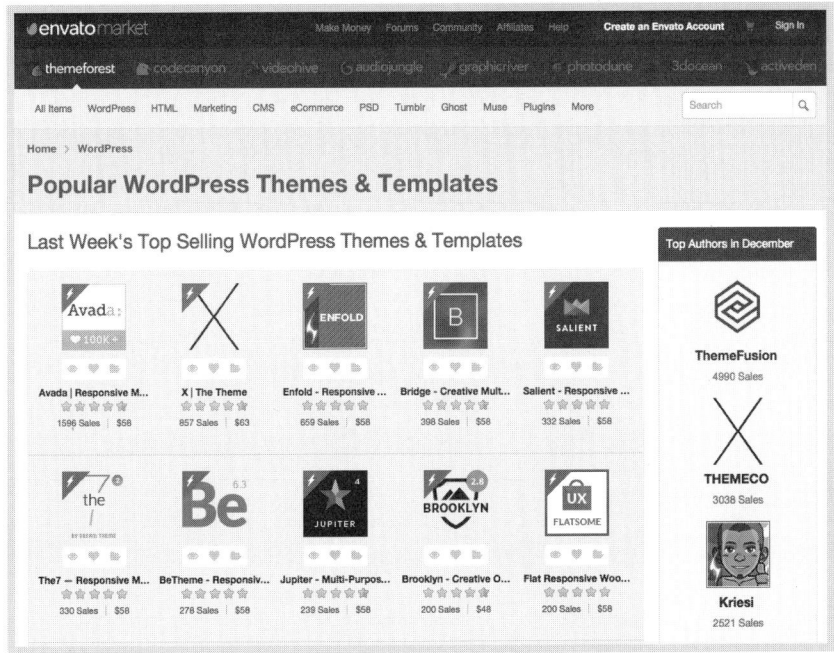

● 테마포레스트(www.themeforest.net)

　워드프레스의 유료 테마를 판매하는 테마포레스트에서 찾아보는 것도 좋은 방법이다. 테마 선정은 벤치마킹 이후 단계에 하는 것이 맞지만, 유료 테마 안내 페이지에 들어가면 Live Preview에서 데모 사이트를 볼 수 있고 Screenshot에서 사이트 샘플 이미지를 찾아볼 수 있다. 테마포레스트는 카테고리와 특징별로 테마가 잘 분류되어 있고 데모 사이트도 잘 반영되어 있어 벤치마킹 시 고려할 만하다.

　특히 테마를 선택하고 구매까지 했다면 실제 사이트를 구축할 때 설치만 하면 되기 때문에 구현 가능성이 훨씬 높다는 장점이 있다. 테마 선택에 대해서는 Chapter 2 '워드프레스 설치하기'에서 살펴볼 것이다.

4. 사이트맵(IA) 적용하기

프로젝트 시작 전부터 사이트맵IA의 필요성과 유용성에 대해 여러 번 이야기했지만 사이트 구축 단계에는 사이트맵이 반드시 준비되어 있어야 한다. 워드프레스로 구축하는 경우에는 '관리자 > 외모 > 메뉴'에서 사이트맵을 반영할 수 있다.

워드프레스에서는 GNB(메인메뉴)를 Primary Menu라고 부른다.

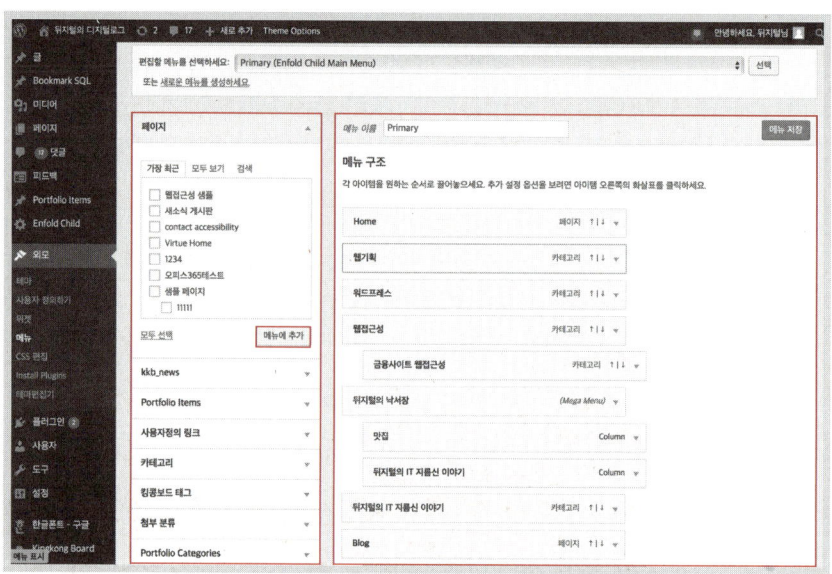

● 관리자 > 외모 > 메뉴

왼쪽의 '페이지', '링크', '카테고리' 등에서 필요한 항목을 선택한 다음 [메뉴에 추가]를 클릭하면 오른쪽의 '메뉴 구조'에서 메뉴 아이템을 추가할 수 있다. '메뉴 구조'에서는 마우스를 이동하여 순서 및 상하 관계를 수정할 수 있다.

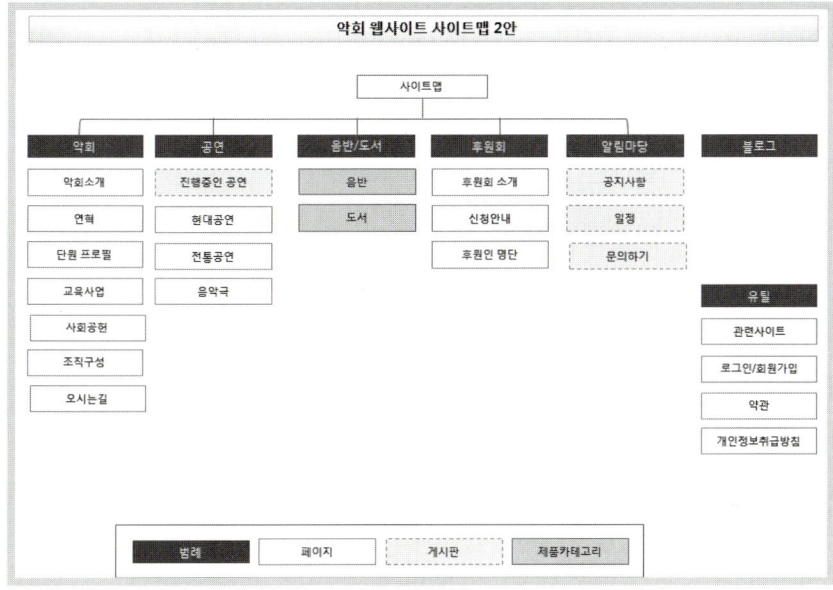

● 악회 > IA

　사이트맵을 만들 때 메뉴의 성격을 미리 지정해두는 것이 좋다. 일반적으로 한 번 올리고 수정이 없는 경우에는 페이지page로 분류하고 공지 사항, 문의·답변 등은 게시판board 등으로 분류한다. 상품 목록처럼 추가 등록이 빈번할 때는 카테고리category로 분류하고 상품 상세 내용은 워드프레스의 글post로 등록하는 것이 일반적이다.

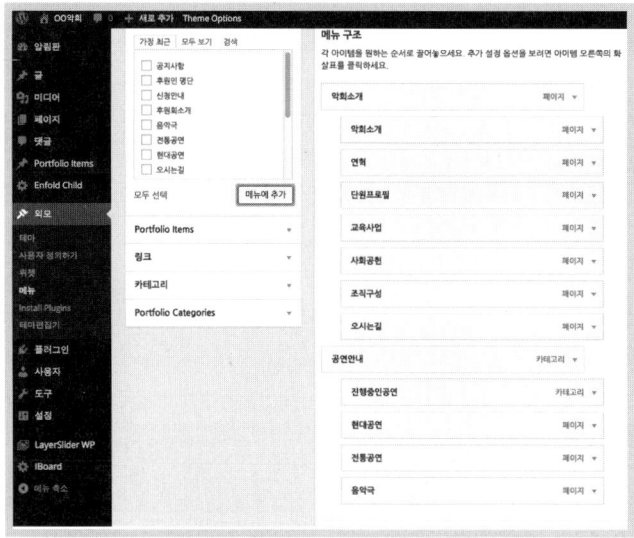

● 관리자 > 외모 > 메뉴 > 메뉴에 추가

　정해진 메뉴의 성격에 따라 '페이지', '카테고리', '링크'에서 선택한 후 '메뉴 구조'에서 순서 및 단계를 설정한다.

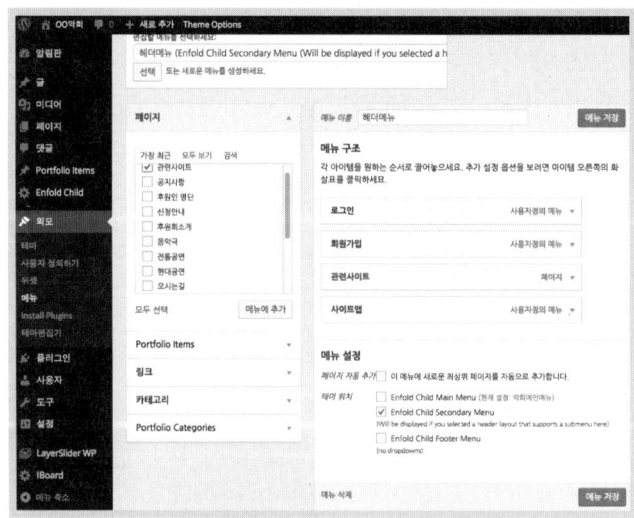

● 관리자 > 외모 > 메뉴 > 메뉴 저장

메인메뉴GNB 외에 필요에 따라 미리 헤더메뉴나 푸터메뉴[5]를 생성하여 추가하는 것이 좋다. 워드프레스는 테마에 따라 여러 종류의 메뉴를 등록하거나 수정할 수 있다.

5. 필요한 기능 정의하기

Part 1의 Chapter 4 '필요한 기능 정의하기'에서 보편적인 기능에 대해 정의했다면 여기서는 워드프레스에 적합한 기능을 정의해보자. 필요한 기능은 대부분 테마나 플러그인을 통해 해결이 가능하다.

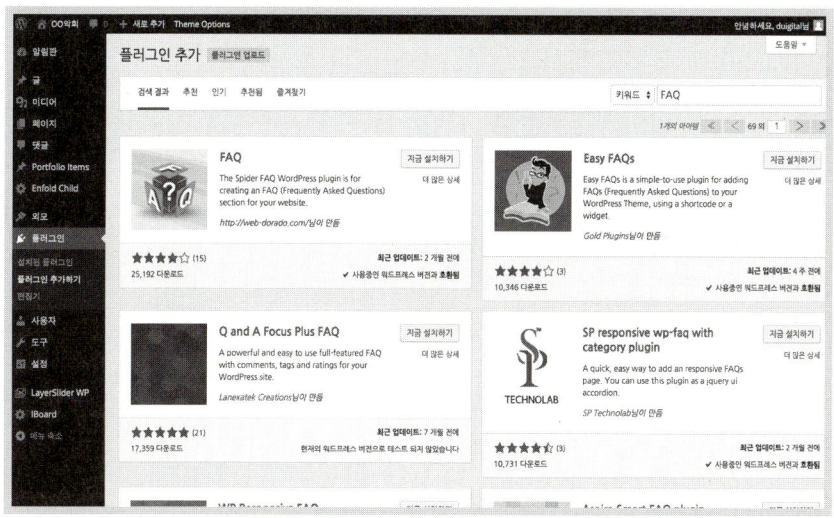

● 관리자 > 플러그인 > 플러그인 추가

---

[5] 메인메뉴 외에 별도로 추가되는 메뉴로, 메인메뉴보다 상단에 위치하는 헤더메뉴와 페이지 하단에 위치하는 푸터메뉴가 있다. 일반적으로 헤더에서는 로그인, 회원 가입, 사이트맵 등의 메뉴로 연결되고, 푸터에서는 회사 소개나 개인 정보, 약관 관련 메뉴로 연결된다.

'관리자 > 플러그인 > 플러그인 추가' 메뉴에서 관련 키워드를 입력하면 다양한 플러그인을 검색할 수 있다. 상단에 있는 '추천, 인기, 추천됨'의 플러그인은 많은 사람들이 권장하는 것이므로 유심히 봐뒀다가 플러그인을 선택할 때 참고하기 바란다.

> **Tip 플러그인 선택 시 확인 방법**
>
> 별점이 높고, 많이 다운로드했으며, 최근에 업데이트된 플러그인을 선택하되 현재 워드프레스 버전과 호환되는지를 살펴본다. 플러그인을 선택하면 상세 정보를 볼 수 있는데 설명, 스크린샷(캡처 화면) 등을 살펴보면 좀 더 유용한 플러그인을 선택할 수 있다.

게시판

워드프레스의 게시판을 사용하려면 우선 게시판 플러그인을 설치한 후 게시판 관리 메뉴에서 게시판을 생성해야 한다. 게시판이 생성되면 게시판의 아이디가 별도로 만들어지는데, 게시판 아이디는 쇼트코드나 Iframe 형태로 페이지에 코드를 삽입하여 사용한다. 공지 사항용과 Q&A용은 같은 게시판 플러그인을 사용하지만 글쓰기, 보기 등의 권한을 설정하여 일반 게시판과 공지 사항형 게시판으로 각각 사용할 수 있다.

• **추천하는 게시판 플러그인** Kingkong Board, Kboard, iBoard

게시판 플러그인에 대한 내용은 Part 5의 Chatper 1을 참조하기 바란다.

- 참고 URL http://smartsmart.kr/wiki/워드프레스-게시판-플러그인/

2 자주 묻는 질문(FAQ)

플러그인 검색에서 다양한 종류의 FAQ 플러그인이 검색되는데, 일반적인 게시판 플러그인으로도 구현이 가능하다.

- 추천하는 FAQ 플러그인 WP Responsive FAQ, SP responsive wp-faq with category plugin

3 이메일 문의

웹사이트에서 문의 글을 간단히 입력하여 등록하면 관리자가 이메일로 받아볼 수 있는 기능이 있다. 해당 기능을 지원하는 플러그인을 설치하거나 유료 테마에서 제공하는 이메일 문의 위젯을 사용할 수도 있다.

- 추천하는 이메일 문의 플러그인 Contact Form 7, Jetpack by WordPress.com

이메일 문의 플러그인에 대한 내용은 Part 5의 Chatper 1을 참조하기 바란다.

- 참고 URL http://smartsmart.kr/wiki/워드프레스-이메일-문의-플러그인

4 회원 가입

워드프레스를 우리나라에서 사용하는 데 부족한 부분이 게시판, 회원 가입, 쇼핑몰이다. 현재 한국형 회원 가입 플러그인이 많이 개발되고 있으며, SNS를 지원하는 로그인 회원 가입 플러그인도 다양하다.

- **추천하는 회원 가입 플러그인** WP-Members, One Stop Social Login(유료, 단비스토어), 단비멤버스(유료, 단비스토어)

회원 가입 플러그인에 대한 내용은 Part 5의 Chatper 1를 참조하기 바란다.

- **참고 URL** http://smartsmart.kr/wiki/워드프레스-회원가입-플러그인/

6. 화면 설계서 작성

웹사이트 준비 과정을 거쳐 사이트맵, 기능 정의, 벤치마킹, 디자인 등 기본적인 기획 방향이 정해졌다면 화면 설계서를 작성하여 상세 화면을 기획하는 단계에 돌입한다. 파워포인트나 키노트 등의 오피스 프로그램을 사용하여 문서를 작성하며, 주요 항목은 화면 요약 정보(화면명, 메뉴 경로, 화면 개요), 화면 구성, 화면 및 기능 설명(description)으로 나눌 수 있다.

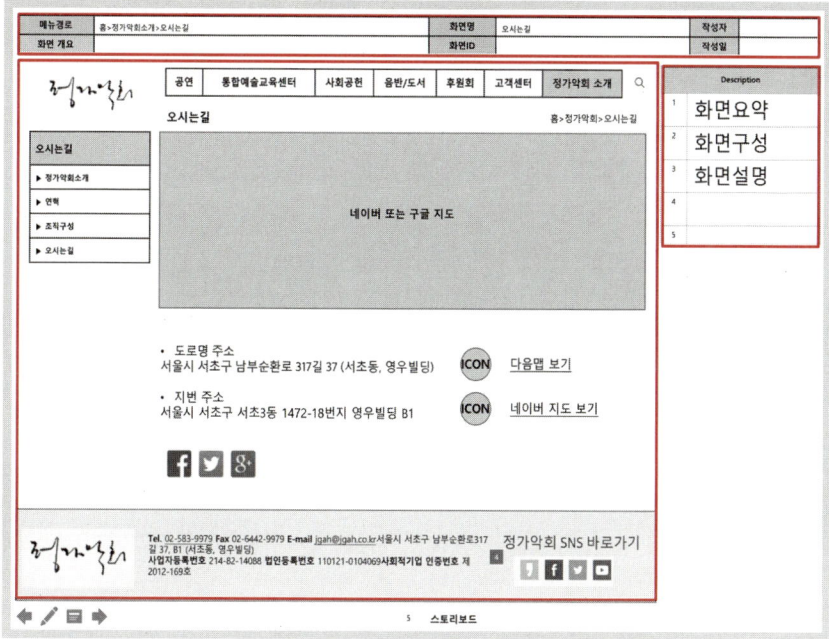

● 화면 설계서의 예

워드프레스 프로젝트에서 화면 설계서를 작성할 때 워드프레스의 특성을 잘 살려서 화면을 기획하면 디자이너나 퍼블리셔가 작업하기 편리하며, 때에 따라 디자인과 퍼블리싱 작업을 거치지 않고 바로 화면 반영이 가능할 수도 있다.

예를 들어 워드프레스 테마에는 다양한 템플릿이 존재하는데 가장 대표되는 index.php 외에 home.php, page.php, single.php, archive.php 등이 기본으로 있다. 워드프레스 테마의 기본 레이아웃 구조로는 header.php, footer.php, sidebar.php 등을 사용하고 알맹이 콘텐츠 영역loop 부분만 바뀐다.

파워포인트와 같은 오피스 프로그램으로 작업할 때는 헤더, 사이드바Local Navigation Bar, LNB, 서브메뉴바, 푸터 등은 파워포인트의 마스터 영역에 넣어 고정으로 사용하고 콘텐츠 영역을 위주로 화면 설계를 해도 좋다.

● 워드프레스의 테마 구조

- **header.php** 주로 제목과 로고, 메인메뉴 등을 모아둔 곳이다. 헤더는 웹사이트 내에서 공통으로 사용하는 요소로 페이지를 변경해도 계속 유지된다.
- **sidebar.php** 블로그에서는 주로 위젯이 들어가는 영역을 사이드바 영역이라고 부른다. 사이드바는 페이지별로 선택적으로 사용하거나 감출 수 있으며, 우리나라에서는 주로 서브메뉴 영역으로 사용하는 경우가 많다.
- **footer.php** 헤더와 마찬가지로 푸터도 공통으로 사용하는 요소이다. 주로 copyright나 연락처, 주소, 보조 링크 정보가 들어간다.
- **콘텐츠 영역** 콘텐츠 영역은 루프(loop, 반복 사용한다는 의미)라고 부른다. 일반적으로 헤더, 사이드바, 푸터는 변경되지 않고 공통적인 요소로 사용된다면 이 영역은 패턴이 동일하고 알맹이 요소인 콘텐츠만 바뀌며 디자인 구성이 반복적이다.

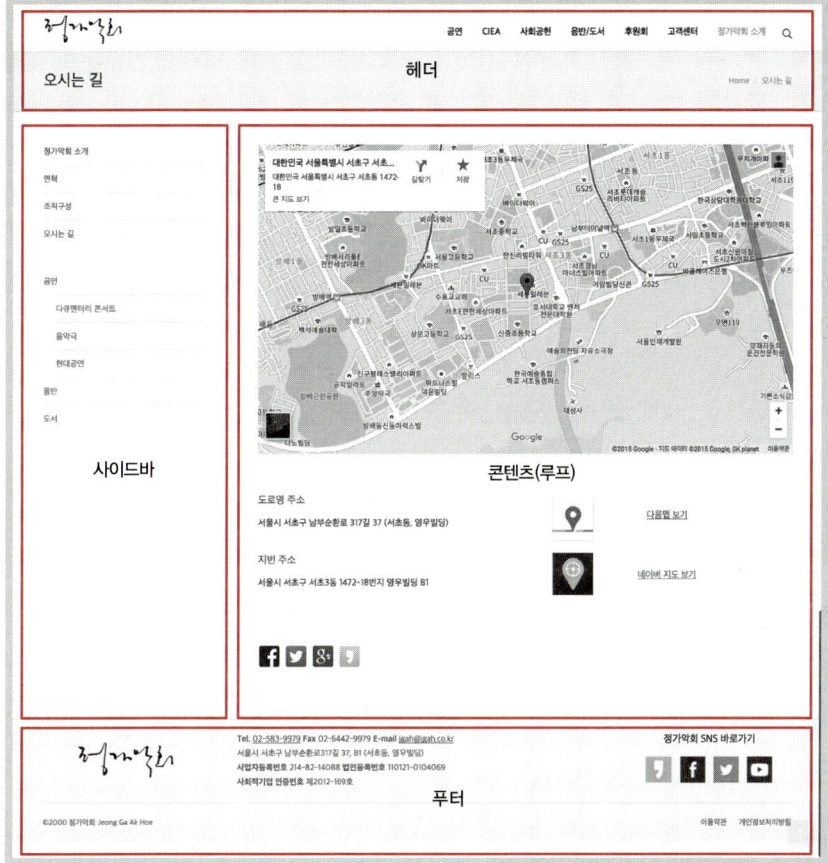

● 테마 레이아웃의 예

일반적인 웹사이트는 다음과 같이 헤더, 푸터, 사이드바, 콘텐츠 영역으로 구성된 경우가 많다. 위 그림의 테마 레이아웃에 대한 화면 설계서는 실제로 다음과 같이 작성할 수 있다.

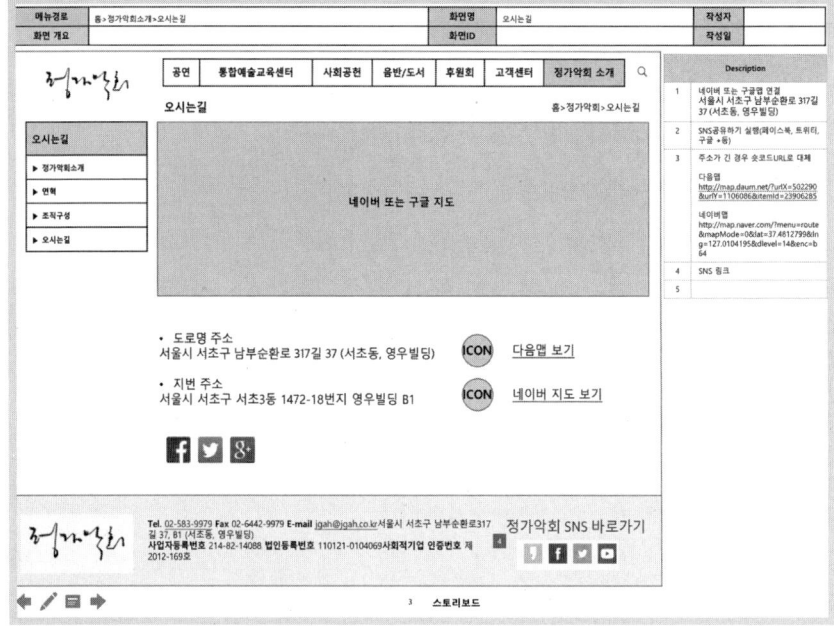

● 화면 설계서의 예

    화면 설계서에는 화면 요약 정보, 전반적인 구성(레이아웃), 콘텐츠 내용, 화면 설명(링크 정보, 필요한 기능) 등을 기술한다. 반복되는 영역에는 슬라이드 마스터를 사용하기 때문에 콘텐츠 영역(루프)과 화면 설명만 작성하면 여러 개의 화면을 만들 수 있다.

    유료 테마를 사용하는 경우 메인 화면, 서브 화면, 추가 화면 등은 테마의 템플릿에 대한 설명을 추가하는 것이 좋다.

워드프레스 프로젝트의 화면 설계서 작성

워드프레스 프로젝트에서 화면 설계서를 작성할 때의 요령은 다음과 같다.
- 헤더, 내비게이션, 콘텐츠, 푸터 영역 등을 구별한다.
- 헤더, 사이드바, 푸터 영역은 슬라이드마스터로 처리하고 콘텐츠 영역(루프)만 그린다.
- 제목(헤딩), 텍스트, 이미지, 목록 등을 구별한다.
- 메뉴 등의 내비게이션은 테마에 맞춘다.
- 박스와 버튼, 링크를 구별한다.
- 화면 설명은 번호를 붙이는 것이 좋다.

7. 유료 테마의 페이지 빌더 사용

워드프레스의 유료 테마에는 페이지 빌더 플러그인이 포함된 경우가 많다. 페이지 빌더를 통해 기본 에디터인 TinyMCE보다 훨씬 더 다양한 구성과 기능을 사용할 수 있으며, 페이지 빌더의 기본 요소와 기능을 파악해두면 화면 설계 시에 참고할 수 있다.

대부분의 페이지 빌더는 상단에 요소를 아이콘 형태로 제공하며, 요소를 페이지 안에 추가하는 방식을 사용한다. 각각의 요소마다 다양한 옵션을 변경할 수 있기 때문에 화면 설계서에 미리 요소와 그 속성을 지정하면 훨씬 더 수월하게 작업을 진행할 수 있다. 만약 페이지 빌더에 익숙하다면 화면 설계 단계를 거치지 않고 페이지 빌더에서 바로 작업할 수도 있을 것이다.

1 레이아웃(단) 요소

페이지 빌더의 레이아웃을 이용하면 칼럼(column, 열) 단위로 콘텐츠를 배치할 수 있다.

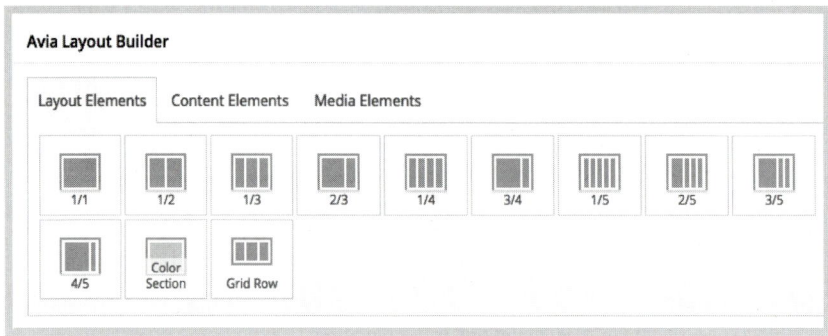

● 페이지 빌더의 레이아웃 요소

블록 단위의 한 행에서 칼럼을 구분하여 1단, 2단(1/2 + 1/2, 2/3 + 1/3, 1/3 + 2/3), 3단(1/3 + 1/3 + 1/3) 등으로 분리하고, 단 안에서 이미지나 텍스트 등의 콘텐츠를 배치하도록 되어 있다.

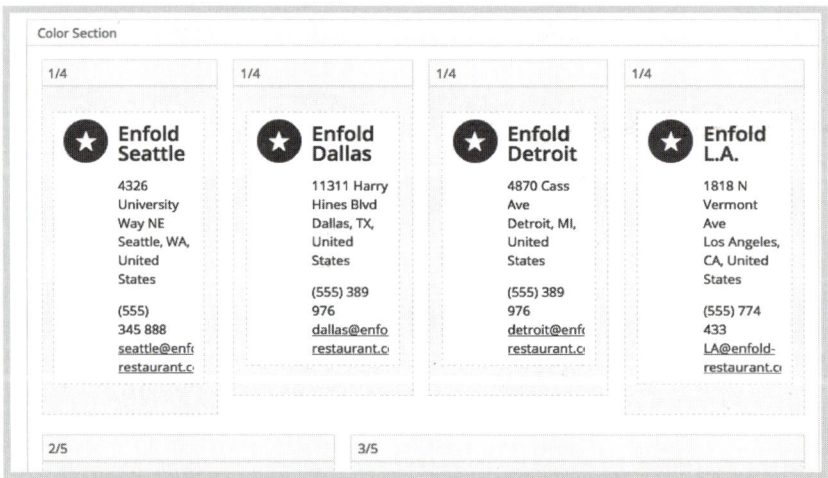

● 페이지 빌더의 수정 중인 화면

블록 단위의 레이아웃을 사용할 때 단(칼럼)의 합이 1이 되도록 하면 전체 화면에 자동으로 맞춰진다.

2 콘텐츠 요소

페이지 빌더에서는 콘텐츠라는 이미지와 동영상, 테이블, 텍스트를 좀 더 세분화하여 사용한다.

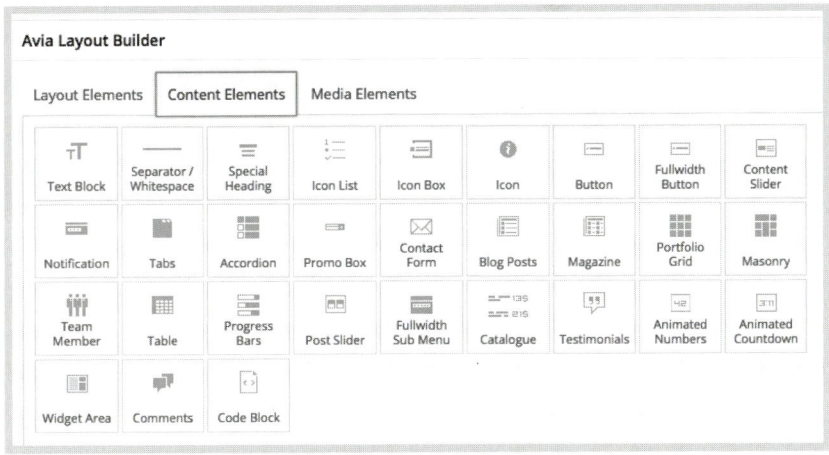

● 페이지 빌더의 콘텐츠 요소

　텍스트나 구분선, 헤딩 요소, 아이콘 리스트, 버튼, 아코디언 목록, 위젯, 갤러리 등을 페이지 빌더에 추가할 수 있다.

3 헤딩 요소

워드프레스에서는 웹 표준과 SEO, 웹 접근성을 지키기 위해 체계적인 제목을 사용할 것을 권장하며, 기본 에디터의 헤딩 기능 외에 페이지 빌더에서는 좀 더 다양한 헤딩을 사용할 수 있다.

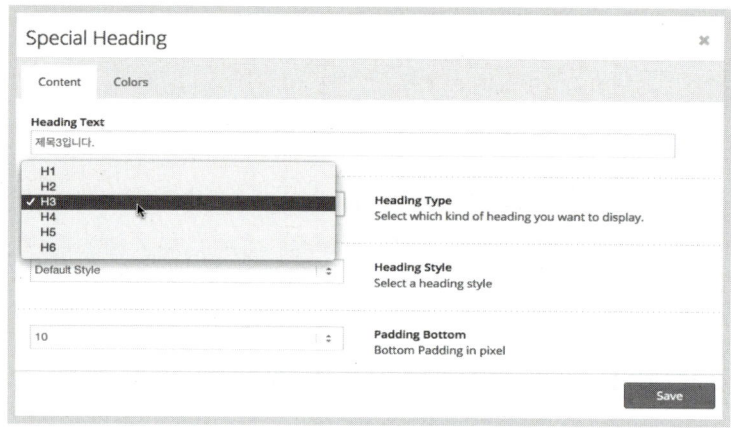

● 페이지 빌더의 제목 요소

　HTML에서는 제목heading을 총 6단계(h1~h6)로 사용하는데, 신문이나 잡지, 책에도 제목의 체계가 있듯이 콘텐츠의 성격, 상하 구조에 따라 제목을 규칙적으로 정리한다.

4 미디어 요소

페이지 빌더에서는 이미지와 동영상을 좀 더 세분화하여 다양한 기능을 제공한다. 기본 슬라이드 배너, 전체 화면을 사용하는 슬라이더, 여러 가지 형태의 갤러리 등을 추가할 수 있다.

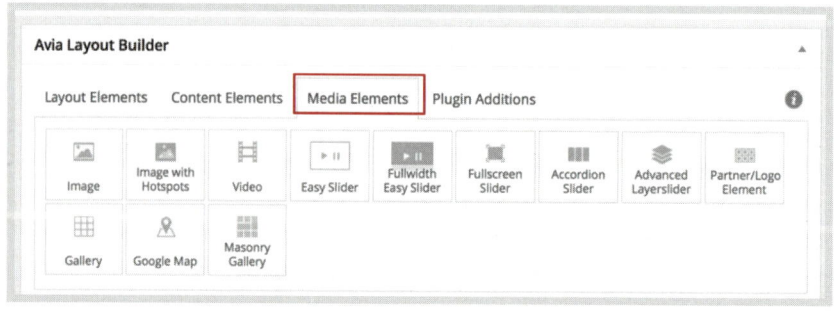

● 페이지 빌더의 미디어 요소

CHAPTER 02
워드프레스 설치하기

워드프레스를 사용하려면 워드프레스를 보유하고 있는 서버나 임대하고 있는 호스팅 계정에 워드프레스를 설치해야 한다. 호스팅 계정을 미리 준비하고 FTP 도구를 PC에 설치하는데, 워드프레스 설치에 대한 정보는 'www.smartsmart.kr/wiki/워드프레스-설치/'에서 확인할 수 있다.

1. 워드프레스 다운로드하기

설치를 위한 워드프레스 파일은 워드프레스 공식 사이트에서 내려받는다.

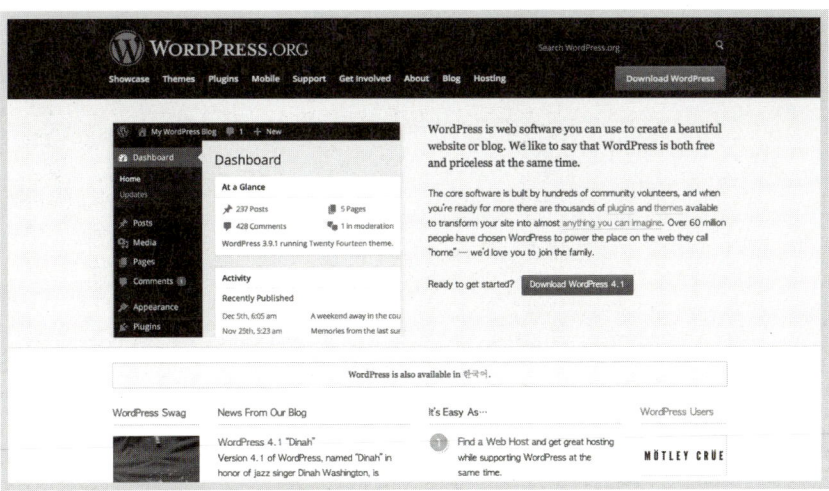

● 워드프레스 파일 다운로드

예전에는 한국어 워드프레스 파일을 직접 내려받아야 했는데, 4.1 버전부터는 설치 과정에서 사용 언어를 선택할 수 있는 기능을 지원하므로 반드시 한국판 워드프레스 파일을 내려받을 필요는 없다.

2. 워드프레스 설치하기

워드프레스의 설치 과정은 워드프레스가 운영되는 호스팅 환경에 따라 달라진다. 서버호스팅을 운영하거나 이용하는 경우에는 FTP를 통해 워드프레스 파일을 직접 업로드해야 한다. 카페24나 단비스토어와 같이 워드프레스를 지원하는 웹호스팅 업체 중에는 워드프레스 자동 설치 서비스를 제공하는 곳도 있기 때문에 FTP를 활용할 줄 몰라도 설치 및 세팅을 쉽게 해결할 수 있다.

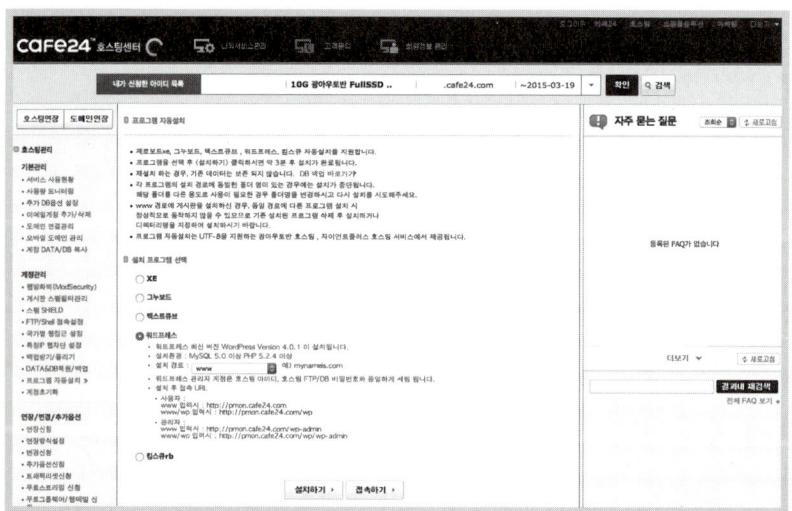

● 카페24의 워드프레스 자동 설치

워드프레스가 자동 설치되면 바로 로그인하여 사용할 수 있으며, 직접 설치의 경우 워드프레스를 DB와 연결하기 위한 환경 설정config을 등록해야 한다.

● 워드프레스 설치-언어 선택

워드프레스 파일을 업로드하고 해당 URL을 브라우저에 입력하면 언어 선택 화면이 나타나는데, 여기서 언어를 선택하고 [계속]을 클릭하여 다음으로 넘어간다.

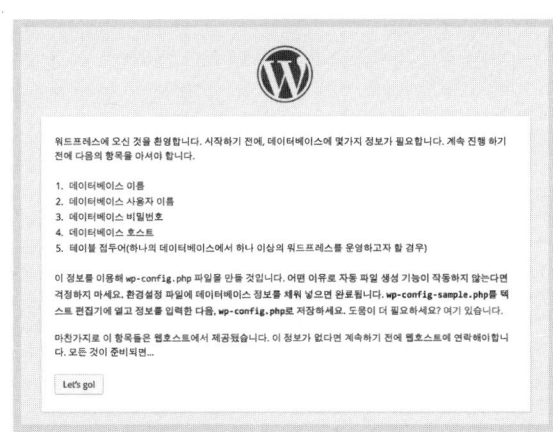

● 워드프레스 설치-환경 설정 1

04 워드프레스 웹사이트 제작 준비하기   177

환경 설정을 위해 미리 확인할 정보를 안내하는 페이지가 나타난다. 호스팅 계정 정보에서 확인하거나 서버 관리자를 통해 데이터베이스 이름, 데이터베이스 사용자 이름, 데이터베이스 비밀번호, 데이터베이스 호스트를 확인해야 한다. 만약 이를 확인하기 어려우면 해당 작업을 요청한다.

● 워드프레스 설치-환경 설정 2

다음 단계로 넘어가면 미리 확인해둔 데이터베이스 정보를 입력하는 화면이 나타난다. 확인한 정보를 해당 칸에 정확히 입력한다.

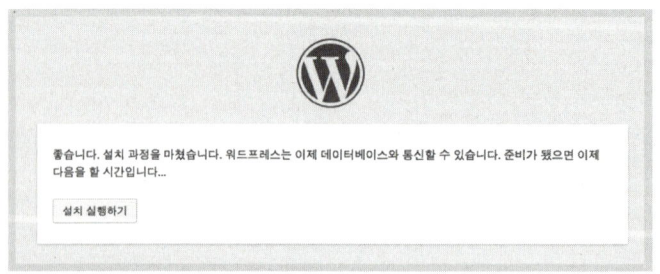

● 워드프레스 설치-환경 설정 3

다음 단계로 넘어가면 환경 설정 완료 메시지가 나타나고, 앞으로 운영할 사이트를 설치하는 화면으로 넘어갈 수 있다.

● 워드프레스 설치 – 사이트 정보

환경 설정이 완료되었으면 워드프레스 사이트를 생성해야 한다. 사이트 이름과 사용자명(아이디), 비밀번호, 워드프레스의 사이트에 관련된 사항을 받아볼 수 있는 이메일 주소를 입력한다. 검색엔진에 노출되도록 하기 싫을 때는 '프라이버시' 기능을 선택하고, [워드프레스 설치하기]를 실행하면 설치가 완료된다.

● 워드프레스 설치 완료

　설치가 완료되면 워드프레스를 사용하기 위한 모든 준비가 된 것이다. 이제 로그인하여 워드프레스를 시작할 수 있다.

3. 설정

워드프레스를 운영하려면 필요한 옵션을 설정해야 한다. 고유주소, 회원 가입 등 주요 옵션의 설정에 대해 살펴보자.

1 일반 설정
'일반 설정'에서는 워드프레스의 기본 정보를 입력하고 설정할 수 있다.

● 워드프레스의 일반 설정

　사이트 기본 정보와 관련해서는 '사이트 제목', '워드프레스 주소(URL)' 등을 입력할 수 있으며, 회원 정책과 관련해서는 '멤버쉽', '새 사용자를 위한 기본 규칙' 등이 있고, 시간 정보와 관련해서는 '시간대', '날짜 표시 형식', '시작요일' 등이 있으며, 언어와 관련해서는 '사이트 언어'가 있다.

사이트 기본 정보

- **사이트 제목** 워드프레스의 사이트 제목으로 일부 무료 테마와 유료 테마에서 로고로 대체된다.
- **워드프레스 주소(URL)** 워드프레스의 주소로, 일반적으로 사이트 주소와 동일하게 하지만 보안을 위해 워드프레스의 설치 경로를 사이트 주소와 다르게 적용할 수도 있다.
- **사이트 주소(URL)** 웹사이트의 주소를 넣는다.
- **이메일 주소** 업데이트 소식, 회원 가입 등의 알림을 받을 수 있는 관리자 이메일 주소를 넣는다.

회원 정책

- **멤버쉽** 회원 가입 허용 여부를 나타낸다.
- **새 사용자를 위한 기본 규칙** 회원 가입 시의 회원 등급을 나타낸다.

시간 정보

- **시간대** 워드프레스에 표시되는 현재 표준 시간이다.
- **날짜 표시 형식** 날짜가 표시되는 형식으로 예를 들면 '2015년 3월 22일', '2015-3-22' 등으로 나타낸다.
- **시간 표시 형식** 시간이 표시되는 형식으로 예를 들면 '3:35 오후', '15:39' 등으로 나타낸다.
- **시작요일** 한 주의 시작요일을 설정한다.

언어

- **사이트 언어** 워드프레스에서 사용하는 언어를 설정한다.

2 읽기(읽기 설정)

'읽기 설정'에서는 워드프레스의 홈페이지 및 글 목록에 전시되는 글의 수와 RSS에서 제공되는 피드의 수를 설정할 수 있다.

전면 페이지 표시 워드프레스 사이트에 접속했을 때 보이는 최근 글 목록 또는 페이지를 설정한다.
- **최근 글** 워드프레스 홈페이지에 최신 글 목록이 전시되도록 설정하는 경우로 블로그 운영에 적합하다.
- **정적 페이지** 특정 페이지를 홈페이지로 설정하는 경우로 웹사이트에 적합하다.
  – **전면 페이지** 홈페이지로 보일 페이지를 선택한다.
  – **글 페이지** 최신 글이 나타날 페이지를 선택한다.

페이지당 보여줄 글의 수 글 목록에 표시될 글의 수로, 글의 수를 넘어가면 페이지 표시가 추가된다.

보여줄 가장 최근의 신디케이션 피드 수 RSS 피드에 표시할 피드의 수를 나타낸다.

피드 글의 보기 옵션
- **전체 텍스트** 글의 전체 텍스트를 제공하며 트래픽 증가의 원인이 될 수 있다.
- **요약** 전체 글이 아닌 일부 텍스트만 제공하며, 전체 텍스트를 제공하는 것보다 트래픽을 줄일 수 있다.

검색엔진 접근 여부 검색엔진에 의한 정보 수집 및 검색엔진으로 인한 트래픽 차단. 검색엔진의 접근 차단을 설정해도 검색엔진이 강제적으로 수집할 수 있다.

3 고유주소 설정

'고유주소 설정'에서는 워드프레스의 글_{post} 또는 페이지에 표시할 주소의 형식을 설정할 수 있다. 워드프레스의 고유주소는 기본적으로 물음표와 숫자로 되어 있지만 필요에 따라 날짜나 글 이름 등을 지정할 수 있다. '고유주소 설정'에서 글 이름을 사용하면 글의 제목을 주소로 사용할 수 있다. 이렇게 하면 URL 주소에 글 이름이 들어가고 검색엔진이 웹페이지를 색인_{indexing}할 때 도움이 된다.

● 워드프레스의 고유주소 설정

4. 워드프레스 테마 선택하기

워드프레스를 설치했으면 워드프레스의 외형을 원하는 스타일로 적용하기 위해 테마를 골라 적용해야 하는데, 어떤 테마를 선택할지 기준이 없으면 난감할 것이다. 테마는 워드프레스 공식 사이트에서 제공하는 무료 테마를 비롯해 개인 또는 기업이 제공하는 다양한 무료 테마가 있으며 Envato, WooThemes 등에서 제공하는 유료 테마도 있다.

　테마는 디자인뿐만 아니라 기능을 포함하며 쇼핑몰, 포트폴리오, 지역 정보 등 콘텐츠의 특성마다 필요한 템플릿과 플러그인을 함께 제공한다. 테마를 선택할 때 콘텐츠에 필요한 템플릿과 플러그인의 지원 여부를 반드시 살펴봐야 한다. 필요한 테마가 없을 경우에는 직접 테마를 개발하여 적용할 수도 있지만 제작 비용과 기간이 크게 증가한다.

1 테마 선택 시 점검 사항

워드프레스의 테마를 선택할 때 다음과 같은 항목을 점검하면 테마를 잘못 선택하는 오류를 줄일 수 있다.

- **테마 다운로드 수** 많이 다운로드했다는 것은 대중적으로 검증된 테마라는 의미로 받아들여도 무방하다. 사람들이 많이 이용한 테마는 문제가 없을 가능성이 높다.
- **테마 추천 점수/추천 수** 사용자 추천 점수가 높은 테마도 사용상 큰 문제가 없는 테마일 가능성이 높다. 추천 점수와 추천 수가 모두 높은 테마는 많은 사람들에게 검증받은 테마라고 볼 수 있다.
- **테마 제작일/최종 업데이트일** 테마는 워드프레스와 별개로 개인 및 기업이 제작하기 때문에 업데이트를 지원하지 않아 사용하지 못하는 경우도 많다. 제작일이 오래되고 최종 업데이트일이 최근이라면 일정 기간 이상 사용되고 검증받았다는 의미이고, 워드프레스와의 호환성에도 문제가 없다고 판단할 수 있다.
- **레이아웃 지원** 무료 테마나 제작일이 오래된 테마는 데스크톱 PC 레이아웃만을 지원하는 경우가 있다. 워드프레스의 테마는 당연히 반응형 웹디자인을 지원할 것이라는 선입견으로 가볍게 넘어가지 말고 반드시 확인해야 한다.
- **지원 브라우저** 우리나라에서는 크로스 브라우징이라고 일컫는데 브라우저 호환성이 정확한 표현이다. 모바일 사용이 증가하면서 스마트폰에서 지원하는 브라우저가 다양해졌으며, 애플의 맥에서 지원하는 사파리나 구글의 크롬, 모질라재단의 파이어폭스 사용자가 증가하고 있어 브라우저 호환성도 체크해야 한다. 웹 표준을 준수한다면 브라우저 호환성에는 큰 문제가 없을 것이다. 다만 우리나라의 데스크톱 PC에서 사용하는 브라우저의 30%는 인터넷익스플로러8을 사용하는데 인터넷익스플로러8에서는 반응형 웹을 구현하기 위한 환경을 지원하지 않기 때문에 사이트 방문자 가운데 인

터넷익스플로러8을 이용하는 비율이 높다면 테마에서 지원하는 브라우저 호환성을 반드시 확인해야 한다.

- **워드프레스 지원 버전** 워드프레스는 다양한 이유로 1년에 수차례 업데이트를 하는데, 테마가 현재 버전의 워드프레스를 지원하는지 혹은 예전 버전을 어디까지 지원하는지 확인할 필요도 있다. 테마의 업데이트가 오래되었다면 워드프레스의 현재 버전을 지원하는지 반드시 확인해야 한다.
- **사용 설명서 제공 여부** 테마의 설정과 옵션 등을 사용 설명서 없이 학습하기는 매우 어렵다. 게다가 대부분의 테마가 영어로 제작되어 기능과 옵션을 이해하기 어려울 수도 있으므로 사용 설명서와 데모 콘텐츠를 담은 더미 데이터를 제공하는지 확인해야 한다.
- **구성 파일 목록** 테마를 선택할 때 테마의 구성 파일을 확인할 수 있는 경우가 있는데, 일부 테마는 디자인 변경이 수월하도록 포토샵(PSD) 파일을 제공하기도 한다. 워드프레스의 테마는 테마를 구성하는 PHP, 스크립트, HTML, CSS 파일을 제공한다.

2 무료 테마

워드프레스 공식 사이트에는 약 3천 개의 무료 테마가 등록되어 있고, 대부분의 테마는 누구나 내려받아 설치하여 사용할 수 있는 GPL 라이선스를 지원한다. Twenty Fifteen, Twenty Fourteen 등 워드프레스의 기본 테마를 비롯해 다양한 형태의 무료 테마가 있는데, 무료 테마는 대부분 개인이 제작하기 때문에 업데이트가 지속적으로 이뤄지지 않아 현재 워드프레스 버전에서는 사용할 수 없는 것도 많다.

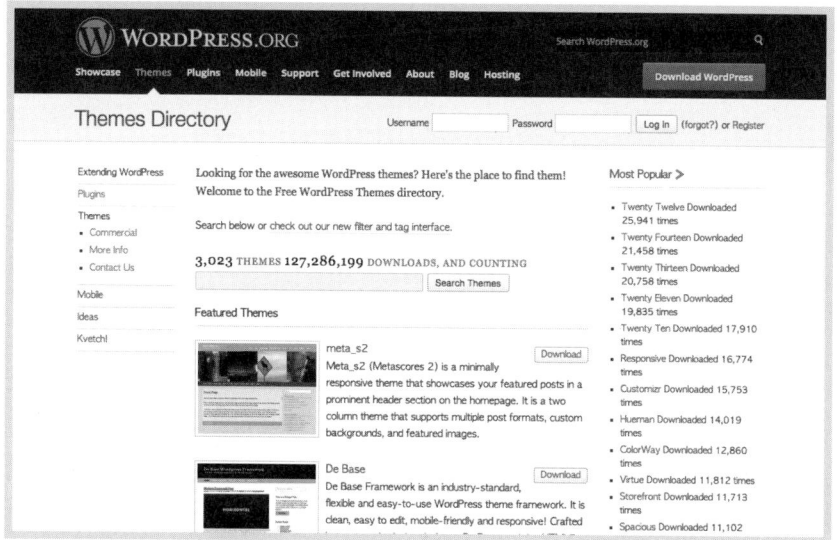

● 워드프레스 공식 사이트 - 무료 테마

　유료 테마를 제작하는 기업이나 판매하는 사이트에서도 무료 테마를 다양하게 지원한다. 무료 테마 가운데에는 더 많은 기능을 사용할 수 있도록 상업적인 지원이 가능한 부분 유료 테마도 상당수 포함되어 있다. 기업이 지원하는 무료 테마는 부분 유료인 경우가 많다.

　무료 테마는 비용을 내지 않고 내려받아 설치할 수 있다는 장점이 있으나 사이트를 제작하기 위해 플러그인으로 기능을 추가하여 최적화하기엔 무리가 따르므로 대체로 개인 블로그 운영에 사용한다. 또한 무료 테마의 상당수는 데스크톱 PC 레이아웃만을 지원하므로 반응형 웹디자인을 지원하는 테마를 원할 경우에는 이를 확인해야 한다.

워드프레스의 무료 테마 제공 사이트

- 워드프레스 공식 사이트 wordpress.org/themes
- FabThemes fabthemes.com
- WooThemes www.woothemes.com/product-category/themes/free-themes
- WPExplorer www.wpexplorer.com/top-free-themes
- DesignWall www.designwall.com/wordpress/themes

3 유료 테마

워드프레스 유료 테마의 특징은 '디자인+기능'으로 요약할 수 있다. 유료 테마는 전자상거래, 블로그, 매거진, 기업 사이트, 부동산, 교육, 웨딩 등 사이트의 용도에 따른 디자인과 기능을 포함하며 이에 맞는 다양한 샘플 데이터도 제공한다.

최근 제공되는 워드프레스 유료 테마의 특징은 첫째, 반응형 웹디자인을 지원하고, 둘째, 페이지를 쉽게 구성할 수 있는 위지윅 방식의 페이지 빌더를 제공하며, 셋째, 다양한 유형의 데모 콘텐츠를 담은 더미 데이터를 제공한다는 것이다.

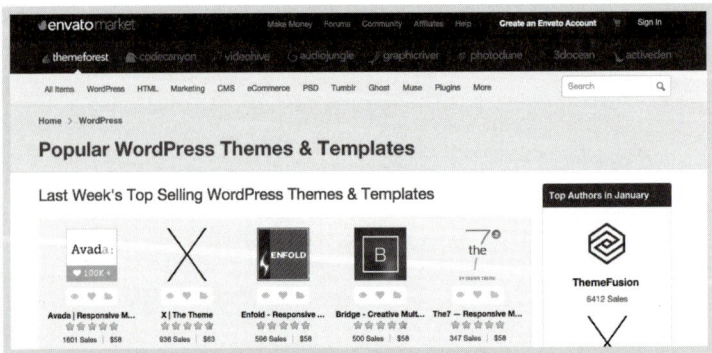
● 워드프레스의 테마를 판매하는 테마포레스트

워드프레스의 테마를 전문적으로 판매하는 사이트는 30여 개 정도이고 작은 기업과 개인이 판매하는 사이트는 헤아릴 수 없을 정도이다. 세계적으로 가장 많은 워드프레스 테마를 판매하는 테마포레스트에서는 약 5천 개의 테마를 판매하고 있다.

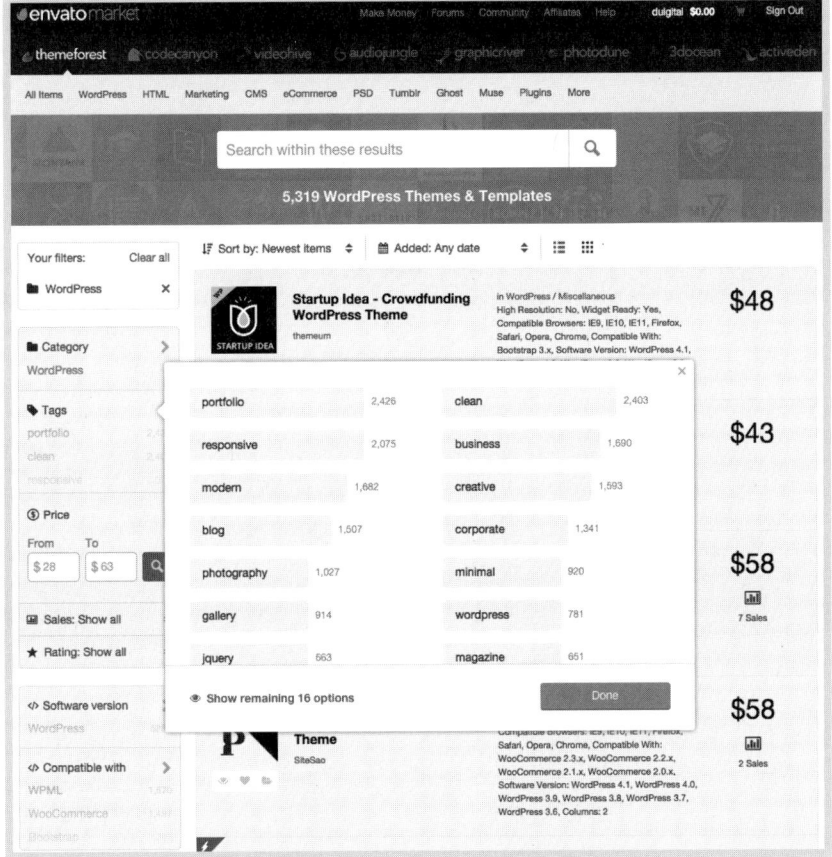

● 테마포레스트의 테마 검색

테마포레스트에서는 테마를 카테고리별, 태그별로 제공하며, 다양한 검색 옵션을 통해 콘셉트에 맞는 테마를 찾아서 구입할 수 있다.

Tip 워드프레스의 유료 테마 제공 사이트

- Themeforest themeforest.net/category/wordpress
- WooThemes www.woothemes.com
- Themefuse themefuse.com
- Elegant Themes www.elegantthemes.com
- DesignWall www.designwall.com
- 단비스토어 danbistore.com

4 테마 제작하기

무료·유료 테마를 검토했으나 요구하는 사항에 적합한 테마가 없다면 자체적으로 테마를 제작해야 한다. 테마를 제작할 때는 워드프레스의 함수를 기반으로 해야 워드프레스의 기능과 연동이 가능하므로 개발자는 테마 개발에 필요한 제반 정보를 파악하고 있어야 한다.

테마를 제작하는 방법은 크게 세 가지이다. 첫째, 완전히 새로운 테마를 직접 개발하는 것, 둘째, 워드프레스의 기본 테마를 기반으로 개발하는 것, 셋째, 요구 사항에 가장 근접한 테마를 선택하여 그 테마의 기능을 기반으로 디자인과 일부 기능을 추가·변경하는 자식 테마child theme를 제작 및 활용하는 것이다.

워드프레스는 글 목록에서 제목을 클릭하면 글 상세 화면으로 연결되는 것처럼 테마가 동작하기 위한 템플릿 간의 계층 구조hierarchy가 존재하고, 이를 개발자가 쉽게 활용할 수 있도록 미리 프로그래밍하여 단순화한 함수를 제공한다. 따라서 직접 테마를 제작하려면 개발자와 설계자가 워드프레스 함수 관련 정보를 숙지하고 있어야 한다.

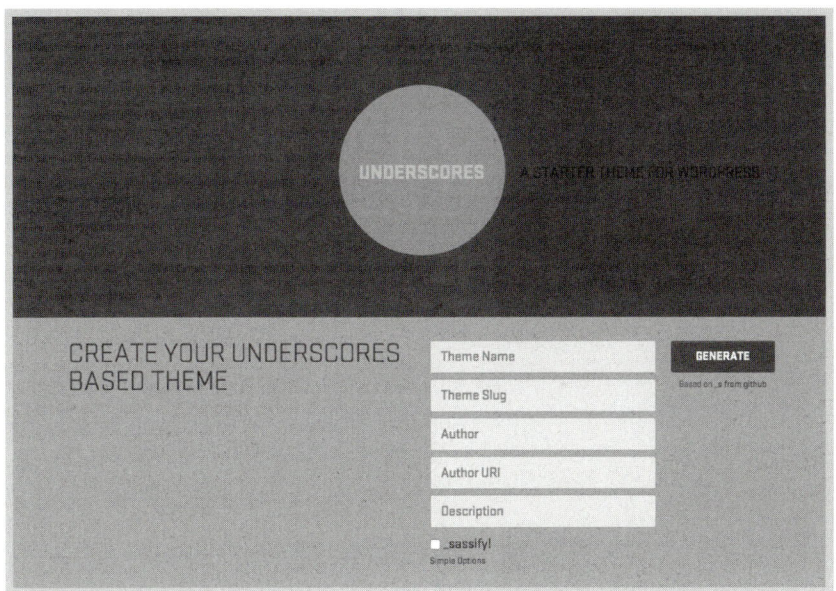

● Underscores(underscores.me)

한편 이에 대한 지식이 없는 경우에는 워드프레스의 코덱스codex.wordpress.org를 참고하거나, 기본 테마를 분석하여 함수에 대해 학습해야 한다. 그러나 상당한 학습 시간이 소요되므로 이 과정을 줄이기 위해 워드프레스 테마의 구조만을 제공하는 사이트인 Underscores에서 구조만 가지고 있는 테마를 내려받아 HTML과 CSS, 자바스크립트 등을 적용하여 원하는 형태의 테마를 제작하는 방법도 있다.

워드프레스는 버전을 업데이트할 때마다 공식 테마를 발표한다. 이 공식 테마는 가장 기본적인 구성의 테마이기 때문에 이를 기반으로 테마를 변경하여 제작하는 것도 한 방법이다.

● 자식 테마

워드프레스에서는 자식 테마를 제작하여 활용할 수 있다. 자식 테마는 테마의 전체적인 구성과 기능, 디자인은 부모 테마의 것을 활용하고, 디자인 또는 기능의 일부 수정된 내용만 가지고 있는 테마를 의미한다. 빗대어 설명하자면 자식 테마는 휴대전화의 필름, 부모 테마는 휴대전화의 역할을 한다고 할 수 있다.

자식 테마는 목적에 부합하는 테마를 선택하여 기능과 레이아웃 등을 활용하고, 디자인 또는 기능의 일부만 변경하여 사용할 수 있다는 것이 장점이다. 뿐만 아니라 워드프레스의 업데이트로 인해 테마의 업데이트가 필요할 때 사이트의 운영에 영향을 미치지 않고 부모 테마의 업데이트가 가능하다. 자식 테마는 부모 테마와 달리 업데이트를 지원하지 않기 때문에 테마의 변경 사항이 유지된다. 대부분의 유료 테마는 자식 테마를 제공하며, 워드프레스의 코덱스codex.wordpress.org/ko:Child_Themes를 참고하여 제작할 수도 있다.

부모 테마와 자식 테마

워드프레스에는 자식 테마라는 개념이 있는데, 자식 테마는 부모 테마의 기능을 그대로 활용하지만 변화된 부분을 저장하고 있는 테마이다. 자식 테마를 사용하는 이유는 부모 테마의 업데이트에 영향을 받지 않는다는 장점이 있기 때문이다. 워드프레스는 다양한 이유로 업데이트를 진행하며, 테마도 이 업데이트의 영향을 받을 수 있다. 그런데 자식 테마를 사용하지 않으면 테마 업데이트 시 파일을 덮어쓰기 때문에 부모 테마에서 수정한 부분이 삭제되는 문제가 발생한다. 반면에 자식 테마는 업데이트를 지원하지 않기 때문에 수정한 부분이 삭제되지 않는다.

자식 테마를 구성하는 파일은 단순하여 테마의 수정한 기능을 저장하는 functions.php와 수정한 스타일을 저장하는 style.css로 이뤄져 있다. 워드프레스 웹사이트에 설치된 일반 테마는 자식 테마를 설치하면 자식 테마와 공존하게 되므로 그때부터 편의상 부모 테마라고 부른다.

자식 테마를 제공하지 않는 테마도 있는데, 자식 테마를 구성하는 것이 어렵지 않으므로 codex.wordpress.org/ko:Child_Themes의 문서를 참고하여 작성하도록 개발자에게 요청하면 된다. 자식 테마는 일반 테마 설치와 같은 방법으로 설치할 수 있다. 자식 테마가 활성화되면 부모 테마에서 테마의 기능만 넘겨받고 테마 옵션 설정 값은 넘어오지 않기 때문에 테마 옵션을 새로 설정해야 한다.

5 테마 구매하기

테마를 구매하려면 우선 요구 사항에 부합하는 테마를 선택하고 해당 사이트에서 회원 가입을 해야 한다. 테마를 구입할 때 주의할 사항은 다음과 같다.

첫째, 라이선스를 확인한다. 사이트당 1개의 라이선스를 구매하기도 하지만 유료 테마 중 일부는 매월 또는 매년 비용을 지불해야 하는 경우도 있으니 반드시 이를 확인해야 한다. 둘째, 고객의 문의에 성실하게 답변하는지 확인한다. 워드프레스의 유료 테마는 개인 및 기업이 제작하여 판매하기 때문에 제작자 또는 제작사에 따라 고객 지원 수준이 다를 수 있다. 따라서 가급적이면 문의에 대응하는 시간과 응답하는 내용을 확인하는 것이 좋다. 셋째, 전체 누적 판매량을 확인한다. 테마 판매량은 대중의 검증을 받았는지를 나타내므로, 판매량이 많은 테마는 고객 지원이 원활하고 웹 문서 검색으로 관련된 팁이나 동영상을 쉽게 찾을 수 있다. 요구 사항을 충족하는 테마가 여러 개라면 판매량이 많은 테마를 고르는 것이 좋다.

대부분의 테마 판매 사이트는 해외 사업자가 운영하기 때문에 비자, 마스터와 같이 해외 결제가 가능한 신용카드가 필요하다. 좀 더 안전한 결제를 원한다면 페이팔PayPal 계정을 만들어 사용하기 바란다.

Part

워드프레스 웹사이트 제작하기

웹사이트를 구축할 때 필요한 기능을 충족하기 위해서는 개발자가 필요하지만 워드프레스는 다양한 플러그인으로 이를 해결할 수 있다. 워드프레스로 만든 웹사이트가 워낙 다양하기 때문에 개발자들이 만들어놓은 플러그인 또한 매우 많다. 워드프레스 공식 사이트에는 3만 7천 개 이상의 무료 플러그인이 등록되어 있으며, Envato market의 Codecanyon과 같은 유료 플러그인 마켓에서도 다양하고 유용한 플러그인을 구매하여 사용할 수 있다.

워드프레스로 웹사이트를 구축할 때 플러그인과 테마만 잘 선택해도 훌륭한 웹사이트를 만들 수 있으며 소요되는 시간과 비용도 절약할 수 있다. 그러므로 Part 5에서는 워드프레스의 유용한 플러그인과 테마를 소개하고 콘텐츠를 제작하는 방법을 살펴보겠다.

CHAPTER 01 플러그인

1. 회원 관리

워드프레스의 회원 등급은 구독자, 기여자, 글쓴이, 편집자, 관리자로 구분되며, 회원 가입 시 이메일 주소, 사용자명ID 등만 수집하고 주민등록번호 등 개인을 식별할 수 있는 정보는 제외된다. 따라서 워드프레스를 활용하여 웹사이트를 제작할 때 회원으로부터 추가 정보를 수집할 수 없어 운영상 어려움을 겪을 수 있다. 실제로 웹사이트를 운영하다 보면 회원 등급의 추가가 필요할 수도 있고, 회원의 개인 정보를 수집해야 하는 경우도 발생할 수 있기 때문이다.

　워드프레스는 플러그인을 통해 간단한 설정만으로도 회원 가입 시 기본 정보 외에 필요한 회원 정보를 추가로 수집할 수 있다. 또한 회원 등급을 추가하고 각 회원 등급에 따른 접근 권한을 조정할 수도 있다.

1 WP-Members

WP-Members는 워드프레스의 회원 프로필 항목을 추가할 수 있는 기능을 지원한다. 회원 가입 시 필요한 수집 정보 항목을 설정 화면에서 추가할 수 있고, 로그인 페이지, 회원 가입 페이지, 프로필 페이지 등을 생성할 수 있는 쇼트코드를 지원한다.

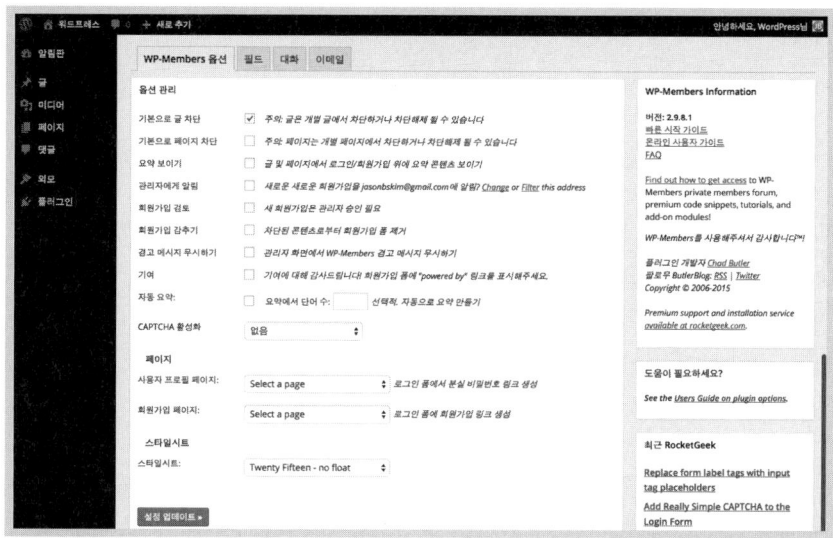

● WP-Members의 옵션 설정

● WP-Members의 회원 정보 필드 설정

WP-Members는 한글을 완벽하게 지원하여 다른 유사 플러그인보다 기능을 파악하고 활용하는 데 훨씬 수월하다는 것이 장점이다. 그리고 회원 관리 기능의 플러그인 가운데 가장 널리 사용되는 플러그인으로서 안정성이 검증되었으며 업데이트가 꾸준히 이뤄지고 있다.

2 User Role Editor

User Role Editor는 워드프레스 회원 등급을 추가하고, 회원 등급에 따라 페이지나 콘텐츠 타입[1]에 대한 접근 권한을 설정할 수 있는 기능을 제공한다. 기업이나 관공서의 경우, 일반 회원은 물론이고 웹사이트를 운영하는 업무 담당자들이 모든 권한에 접근할 필요가 없기 때문에 회원의 권한을 제어하는 것이 중요하다.

웹사이트는 다양한 형태로 협업이 가능하기 때문에 콘텐츠를 작성하고 미디어를 업로드하는 담당자의 권한과 작성된 콘텐츠를 공개하는 발행자의 권한을 명확히 구분해야 한다. 웹사이트에 공개되는 정보는 공식적인 것이므로 누구나 콘텐츠를 작성하고 발행할 수 있다면 문제가 발생할 가능성이 있기 때문이다. 그러므로 업무 단계나 담당자의 권한을 구분하면 제품의 가격이나 사양, 행사 일정 및 내용이 잘못 입력된 콘텐츠가 웹사이트에 공개되는 것을 미연에 방지할 수 있다.

---

1 포스트, 페이지 등과 같은 워드프레스의 콘텐츠 형식을 말한다.

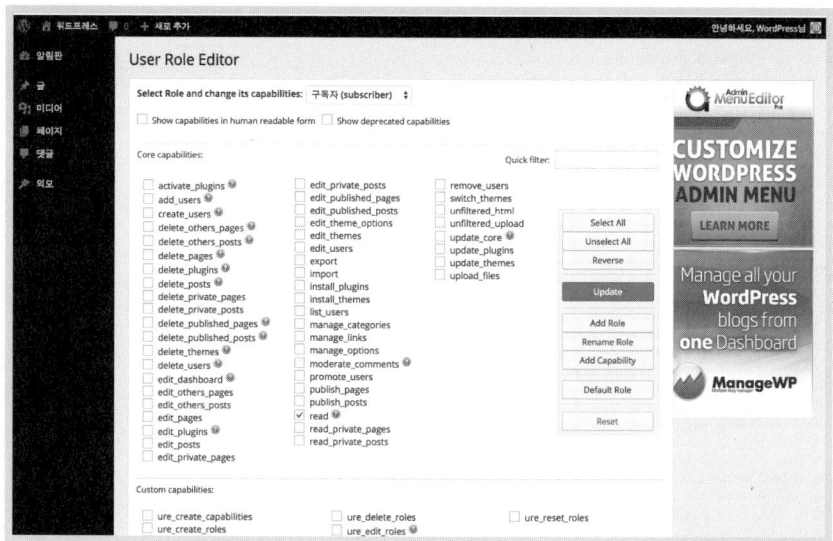

● User Role Editor의 회원 권한 설정

　워드프레스에서는 관리자 등급만이 플러그인, 테마 등의 워드프레스 설정 기능과 회원 관리 기능에 접근할 수 있다. 만약 회원 담당자를 두어 회원 관리를 전담시키려 한다면 회원 등록 및 관리 권한에 접근할 수 있도록 User Role Editor를 통해 회원 담당자의 등급을 추가하고, 업무에 필요한 권한을 간단한 편집으로 부여한다.

　특히 워드프레스의 다목적multi-purpose 테마와 플러그인 설치 시 좌측 메뉴의 탭이 증가하는데, 특정 운영자에게 필요하지 않은 메뉴에도 접근할 수 있으므로 User Role Editor에서 불필요한 메뉴로의 접근 권한을 편집한다.

2. 소셜 로그인

웹사이트를 운영하는 담당자라면 회원 가입과 로그인의 장벽을 줄이기 위해 다양한 노력을 할 것이다. 하지만 회원 가입 시 수집 정보를 최소화하거나, 혜택을 준다거나, 이벤트를 진행해도 회원 가입과 로그인을 유도하기가 쉽지 않다. 스마트폰이 등장한 이후 소셜미디어의 사용자가 엄청나게 성장하고 누구나 소셜미디어의 계정을 가지고 있을 정도로 활발하게 이용하고 있다. 이에 따라 소셜미디어의 계정을 통해 회원 가입을 간소화하거나 아예 회원 가입을 하지 않고도 웹사이트에 로그인할 수 있는 소셜 로그인이 해법으로 등장했다.

1 Social Login

oneall.com을 통해 다양한 소셜미디어의 아이디로 로그인을 할 수 있도록 지원하는 플러그인으로 워드프레스 소셜 로그인 가운데 가장 많은 사용자를 확보하고 있다. oneall.com의 계정을 생성하고 API 키를 받아 설정하면 아마존, 블로거, 디스커스, 페이스북 등 20개가 넘는 소셜미디어의 아이디를 활용하여 로그인할 수 있으며 사용이 안정적이다. 무려 25만 개의 웹사이트에서 이를 활용하고 있다.

2 WordPress Social Login

WordPress Social Login은 소셜미디어의 앱을 생성해서 연결하는 형식의 플러그인이다.

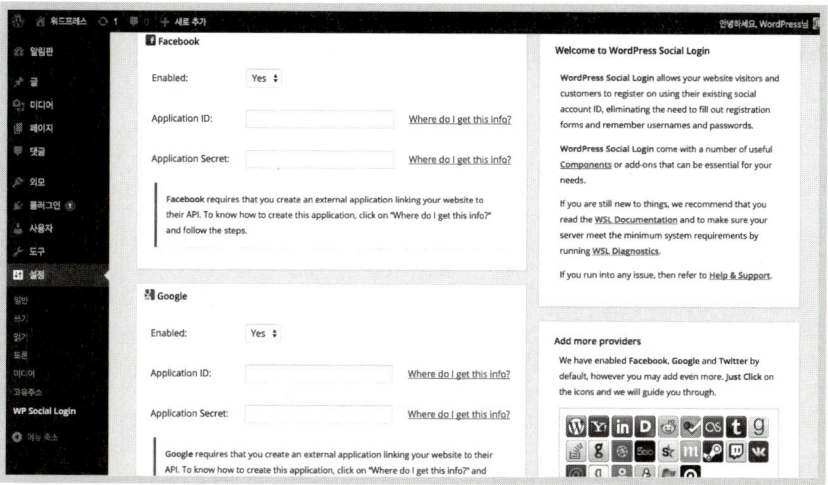

● WordPress Social Login의 소셜 로그인

초보자에게는 조금 어려운 방식이지만 다양한 소셜미디어와의 연동을 제공한다. 또한 전체 기능을 완전 무료로 사용할 수 있다는 것이 장점이다.

3. 게시판

한국형 웹사이트에서 가장 중요한 콘텐츠와 필요한 기능은 무엇일까? 첫 번째로 꼽을 수 있는 것이 바로 게시판이다. 우리나라의 거의 모든 웹사이트는 이 기능과 콘텐츠를 가지고 있을 것이다. 공지 사항, 자료실, 질문·답변 게시판, 자유 게시판 등 대부분의 웹사이트는 평균 하나 이상의 게시판을 운영하고 있다.

한편 워드프레스는 포럼형 게시판인 'BB Press'가 대표적인 게시판이지만 우리가 아는 개념의 게시판과 차이가 있어 활용되지 못하고 있다. 어쩌면 그동안 우리나라에서 워드프레스가 자리 잡지 못했던 이유가 한국형 게시판 지원이 부족했기 때문이라고 볼 수 있지만, 지금은 다양한 게시판이 존재하고 지원도 활발하여 워드프레스가 성장하는 데 큰 영향을 미쳤다고 볼 수 있다. 게시판을 지원하지 않는 워드프레스는 기업 또는 관공서에서 활용할 수 없다고 판단하는 경우도 많았다. 하지만 최근에 우리나라 개발자들이 공개한 게시판 플러그인이 증가함으로써 워드프레스를 좀 더 쉽게 사용할 수 있는 계기가 마련되었다.

1 Kingkong Board

Kingkong Board는 국내 워드프레스 개발 업체인 슈퍼로켓에서 무료로 공개한 한국형 게시판 플러그인이다. 워드프레스의 글post을 사용하기 때문에 다른 형태로의 전환이 용이하고 다른 플러그인이나 테마와의 호환성이 높은 장점이 있다. 심플한 게시판 디자인에 다양한 유료 익스텐션을 추가하면 Kingkong Board만으로도 다양한 시도가 가능하다.

● Kingkong Board의 설정

Kingkong Board는 메뉴가 단순화되어 있지만 필요한 모든 기능을 갖추고 있는 게시판 플러그인이다. 또한 UI가 직관적이고, 한국의 일반 게시판 설정과 유사한 기능을 많이 포함하고 있어 처음 사용하는 사람도 쉽게 설정할 수 있다는 것이 특징이다. 또한 섬네일 노출 설정 등의 편의 기능을 비롯해 공지 글 기능, 관리자만 볼 수 있는 비밀 글 기능, 사용자 그룹별 권한 관리, 분류 설정, 최신 글 리스트, 게시판 스킨, 알림 설정, 댓글 설정 등을 지원한다.

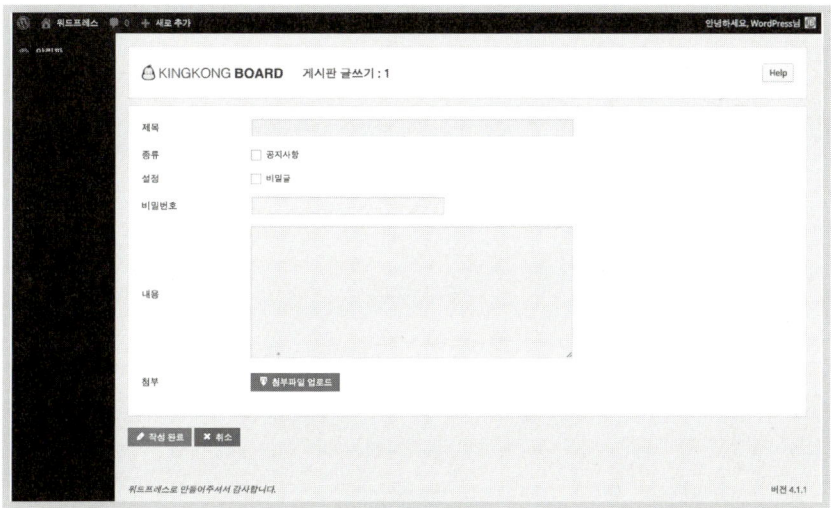

● Kingkong Board의 관리자 에디터

Kingkong Board는 최근 2.0대로 버전업이 되면서 확장성이 강화되었는데 쇼트코드로 Visual Composer와 같은 페이지 빌더에서도 게시판을 쉽게 추가할 수 있다. 게시판에서는 드물게 반응형 웹디자인도 지원하여 PC 화면뿐만 아니라 모바일 화면에도 최적화되어 있다. 또한 Kingkong Board는 웹 표준, 검색엔진 최적화SEO, 웹 접근성 등을 잘 준수하고 있다.

Kingkong Board는 게시판별 목록 보기 기능과 관리자 페이지에서 글쓰기 기능을 지원하여 관리자가 게시물을 관리하기 편리하게 제작되어 있다. 또한 워드프레스의 데이터 구조를 최대한 활용하여 관리자가 워드프레스의 미디어를 활용할 수 있도록 지원한다.

● Kingkong Board 익스텐션(superrocket.io/shop)

Kingkong Board는 기본 게시판 기능 외에 소셜 공유, 베스트 댓글 및 공감 & 비공감 버튼, WooCommerce와 연동 가능한 Q&A 문의형 게시판, 포토갤러리 등 다양한 유료 익스텐션으로 확장해서 사용할 수 있다.

❷ KBoard

KBoard는 우리나라에서 많은 사랑을 받고 있는 게시판 플러그인이다. 워드프레스에 사용할 수 있는 한국형 게시판 플러그인이 없을 무렵 공개된 완성도 높은 게시판 플러그인으로서 짧은 시간 안에 많은 사용자를 확보했다.

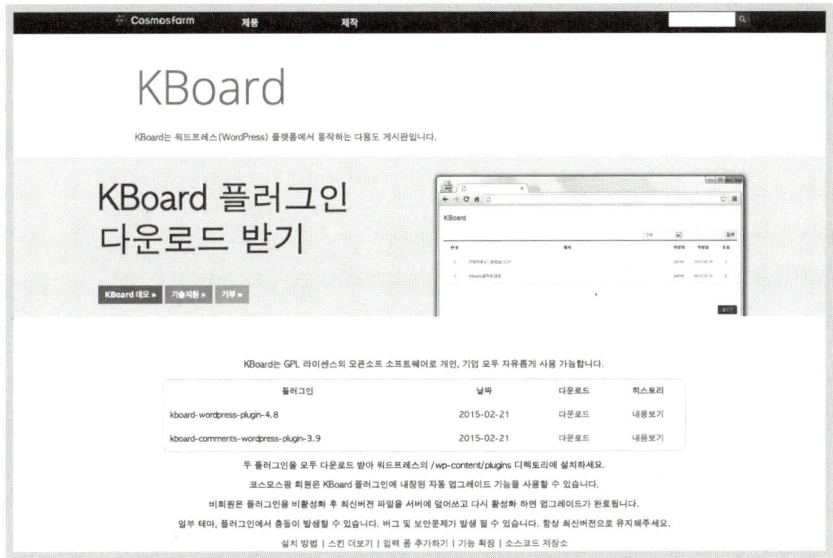

● KBoard 공식 사이트(www.cosmosfarm.com/products/kboard)

워드프레스의 특성상 어드민 화면에서 콘텐츠를 관리해야 하는데, KBoard는 어드민에 접근하지 않고 프론트엔드front-end, 사용자 화면에서도 콘텐츠를 관리할 수 있게 했다. 또한 유료 확장 익스텐션을 이용하여 갤러리, 자료실, FAQ 등 다양한 게시판을 활용할 수 있도록 스킨을 제공하고 있다.

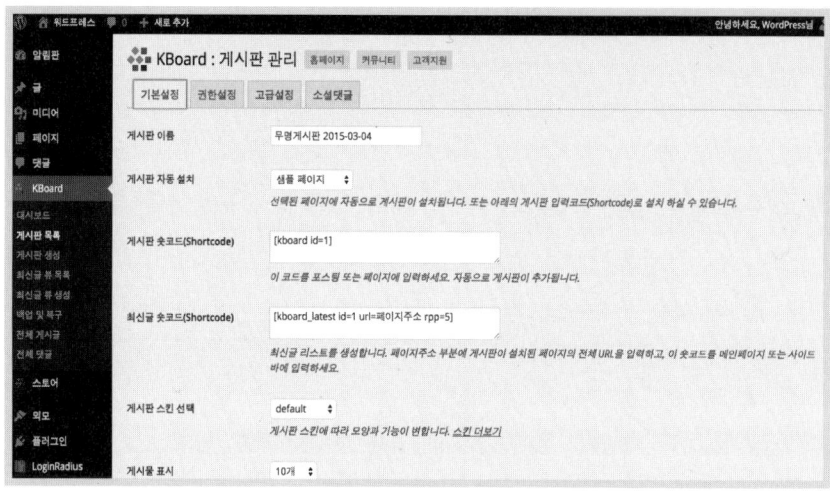

● KBoard의 게시판 설정

　KBoard는 게시판 자동 설치 등 설정이 간편하고 댓글, 답글, 카테고리, 작성자 권한, 사용자 권한을 쉽게 설정하여 사용할 수 있으며, 쇼트코드를 지원하여 최신 글 목록 등을 활용하기 편리하게 제작되어 있다. 또한 확장형 플러그인인 소셜 댓글 플러그인을 활용하면 소셜 로그인과 소셜 댓글을 함께 활용할 수 있으며 네이버, 카카오, 페이스북, 트위터 등의 소셜미디어를 지원한다. 그리고 전체 등록된 글과 댓글을 관리자가 확인할 수 있도록 전체 글 목록과 전체 댓글 목록을 지원하고, 스팸이나 부적절한 글이 올라왔을 때 관리자가 쉽게 관리할 수 있도록 편의성을 제공한다.

　KBoard는 워드프레스의 데이터 구조를 활용하지 않고 자체적인 데이터 구조를 활용하기 때문에 워드프레스의 미디어를 활용할 수 없어 미디어의 중복 업로드로 하드디스크의 용량이 증가하고 워드프레스의 일부 플러그인과 호환되지 않는다는 단점이 있다. 또한 워드프레스의 고유주소 기능을 활용할 수 없다.

4. 페이지 빌더

워드프레스가 디자이너, 기획자와 같은 비개발 인력들에게 사랑을 받게 된 결정적인 이유로 페이지 빌더를 빼놓을 수 없다. 페이지 빌더는 드래그앤 드드롭 방식으로 페이지의 모양을 구성할 수 있는 도구로, HTML을 몰라도 손쉽게 여러 개의 열로 나눌 수도 있고, 프로그램을 몰라도 테마에서 지원하는 페이지 빌더 요소를 선택하여 위치를 잡고 간단히 설정하는 것만으로도 다양한 화면 템플릿을 구성할 수 있다. 테마포레스트에서 판매되는 워드프레스 인기 테마는 대부분 어떤 형태로든 페이지 빌더를 제공하고 있다.

가장 많이 사용되고 있는 페이지 빌더는 Visual Composer, Fusion Page Builder(Avada 테마), Avia Layout Builder(Enfold 테마) 등이다. Fusion Page Builder와 Avia Layout Builder는 특정 회사용으로만 사용되고 있지만, Visual Composer는 회사와 관계없이 여러 테마 제작사에서 사용하기 때문에 테마 간의 호환성이 좋은 편이다.

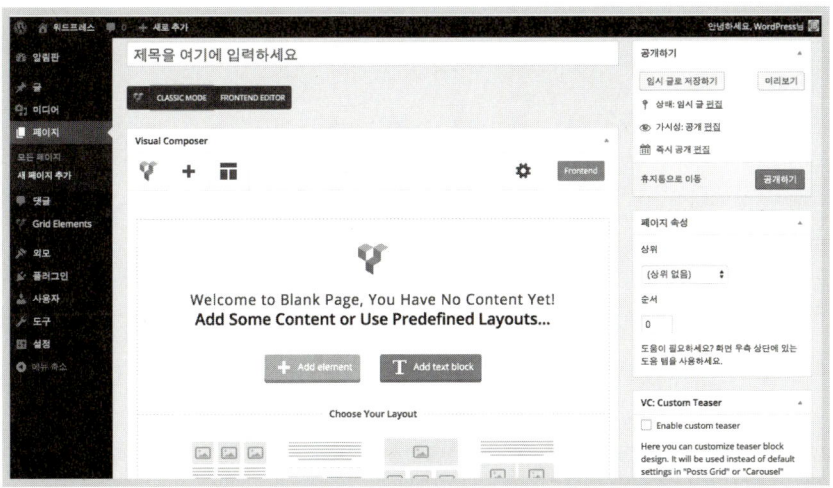

● Visual Composer

Visual Composer는 가장 많이 사용되는 페이지 빌더이다. 유료이지만 개발 문서와 사용 문서 등이 공개되어 있어 테마 제작자들이 가장 많이 활용하고 있다.

Visual Composer의 가장 큰 특징은 어떤 테마에서도 활용이 가능하다는 것이다. Avada, Enfold와 같은 테마는 자체 제작한 페이지 빌더를 제공하기 때문에 확장성이 용이하지 않고 다른 테마에서 페이지 빌더를 활용할 수 없는 데 반해, Visual Composer는 어떤 테마에서도 사용할 수 있도록 테마의 위젯을 빌더에서 활용하게 지원해준다. 또한 설정에서 페이지 빌더를 적용할 콘텐츠 타입을 정의할 수 있기 때문에 페이지뿐만 아니라 테마에서 제공하는 다양한 포스트 타입에도 적용할 수 있다.

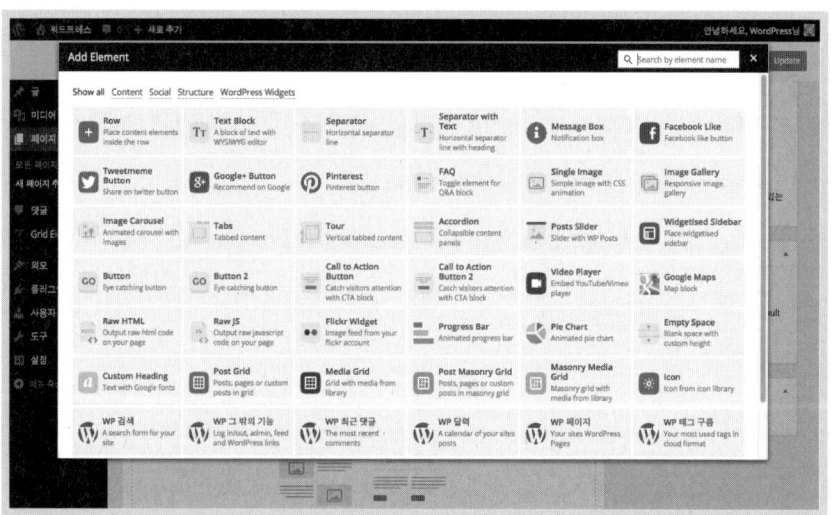

● Visual Composer의 요소

Visual Composer는 페이지 구성 요소를 아이콘화하고 간단한 설명을 보여주기 때문에 간단한 학습을 통해 쉽게 사용할 수 있어 페이지의 템플릿을 구성하기가 수월하다. 또한 제작한 템플릿을 저장하여 운영자가 페이지 제작

시 쉽게 활용할 수 있는데, 지금까지 개발자가 페이지 템플릿을 제작해주지 않으면 확장하기 어려웠던 반면에 Visual Composer는 누구나 페이지 템플릿을 제작할 수 있다는 점에서 가히 획기적인 기능이라 할 수 있다.

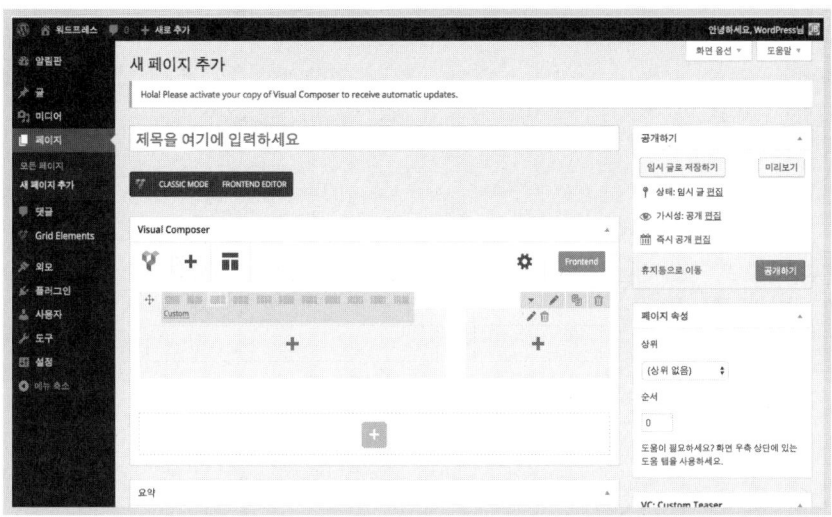

● Visual Composer의 행과 열

또한 HTML과 CSS를 모르더라도 페이지의 템플릿을 구성하는 데 아무런 어려움이 없다. 설정을 통해 여백, 마진, 색상을 설정할 수 있기 때문에 운영자의 숙련도가 향상될수록 콘텐츠를 웹페이지로 제작하는 과정도 단축될 수 있다.

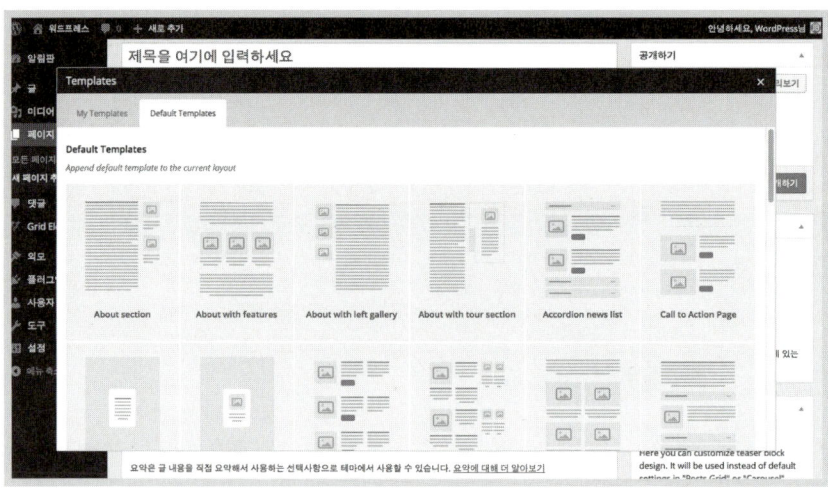

● Visual Composer의 템플릿

워드프레스 테마가 반응형을 지원할 경우 Visual Composer도 반응형 템플릿을 지원할 수 있어 모바일 대응이 훨씬 신속해진다. 페이지 빌더를 활용하여 템플릿을 구성하면 간단한 설정만으로도 해상도에 따라 각 페이지 빌더 요소의 폭이나 위치를 조정할 수 있다.

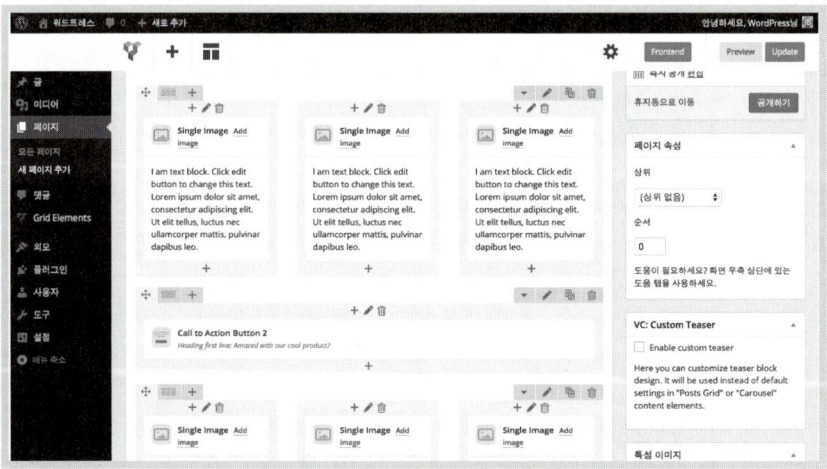

● Visual Composer의 템플릿 적용

210

Tip. Visual Composer의 인터넷익스플로러8 호환성 문제

Visual Composer를 지원하는 테마들은 인터넷익스플로러8(IE8)을 지원하지 않기 때문에 IE8에서는 화면이 깨지거나 화면이 아예 보이지 않기도 한다. 이는 Visual Composer에서 사용하는 제이쿼리라는 자바스크립트를 IE8에서 읽어들이지 못하기 때문이다. 그러므로 Visual Composer를 사용하려면 IE8보다 상위 버전이나 크롬, 사파리와 같은 브라우저를 사용하는 것이 좋다. 만약 IE8 사용자도 볼 수 있는 웹사이트를 만들어야 한다면 Visual Composer를 사용하는 테마를 선택하지 말고 IE8을 지원하는 다른 테마를 선택해야 한다. 이 점만 유념한다면 Visual Composer는 매우 편리한 도구로서 워드프레스 사이트 운영의 많은 부분을 감당할 수 있을 것이다.

5. 웹에디터 기능 확장

워드프레스에서는 TinyMCE라는 오픈 소스 웹에디터를 기본으로 사용하고 있지만 이는 간단한 텍스트나 문단 처리만 가능하다. 이처럼 TinyMCE만으로는 다양한 콘텐츠를 표현할 수 없기 때문에 에디터 플러그인을 추가할 수 있는데, 가장 대표적인 것이 TinyMCE Advanced와 WP Edit 플러그인이다.

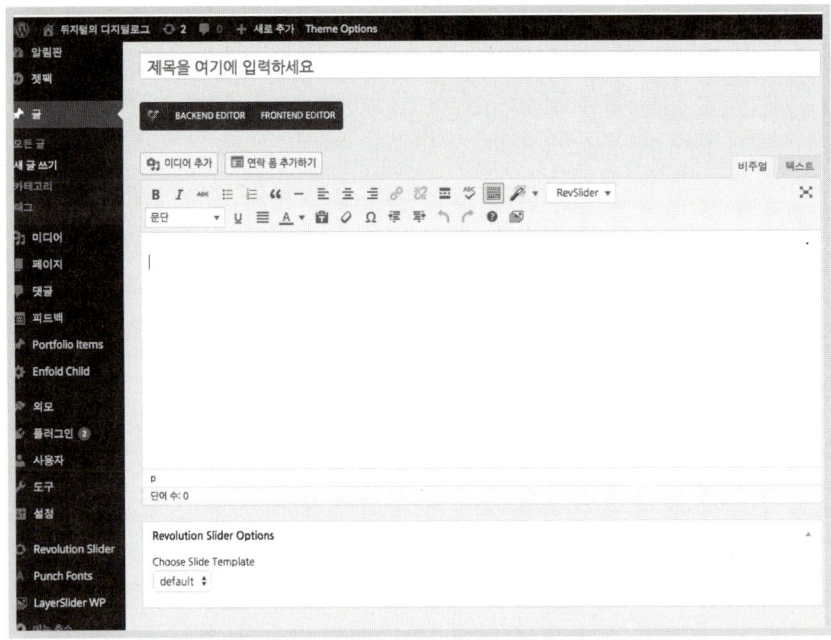

● TinyMCE

TinyMCE에서는 다음과 같은 기능을 기본적으로 사용할 수 있다.

- **글자 강조** 강한 강조(strong, 굵게 보임), 일반 강조(em, 이탤릭으로 보임), 밑줄
- **문단** 블릿 목록, 숫자 목록
- **문단 정렬** 가로, 중앙, 오른쪽
- 하이퍼링크
- 제목 설정(h1~h6)
- 폰트 색상 변경
- 들여쓰기
- 되돌리기/다시 하기

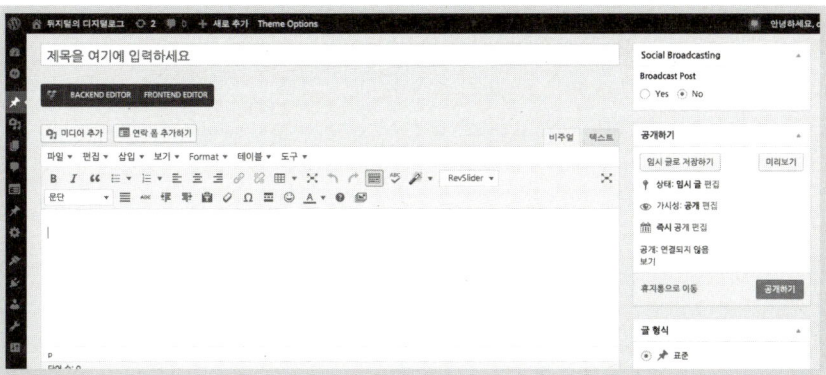

● TinyMCE Advanced

    TinyMCE Advanced를 설치하면 에디터 상단에 메뉴바가 새로 추가되고 좀 더 다양한 기능을 사용할 수 있다.

- 좀 더 다양한 목록(리스트) 옵션
- 찾기 및 교체
- 스타일 지정, 표(table) 기능
- 블록 보이기
- 페이지 나누기
- 이모티콘 등의 추가 사용

6. 스팸 관리

    웹사이트를 운영하면서 가장 큰 골칫거리는 스팸 게시물일 것이다. 거의 모든 사이트는 묻고 답하기 등의 게시판을 가지고 있는데, 웹사이트를 항상 관리하지 않으면 언제 갑자기 스팸 광고로 채워질지 모른다. 스팸 게시물이 올라오는지 웹사이트를 항상 체크해야 하지만 24시간 그러기는 불가능하고, 게시판의 보안 취약점을 찾아 개선하려면 전문 프로그래머의 손길이 필요하다.

워드프레스는 세계적으로 많이 사용되는 CMS이기 때문에 스패머[2]의 공격을 당할 수밖에 없다. 워드프레스도 적극적인 업데이트를 통해 스팸에 대한 방어를 하고 있으며, 이런 막강한 플러그인으로 워드프레스를 제작한 오토매틱Automattic 사에서 만든 Akismet이 있다.

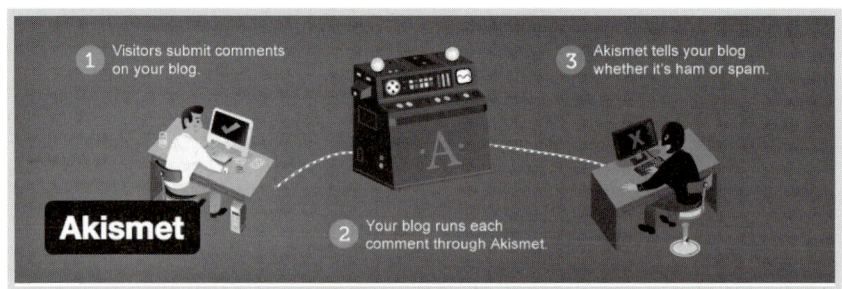

● Akismet

Akismet을 설치하려면 API 키를 등록해야 한다. 먼저 플러그인 활성화Activate를 누르고 Akismet 웹사이트 akismet.com/wordpress/에서 회원 가입을 한 후 API 키를 발급받아 Akismet 설정 페이지에서 이 API 키를 입력하고 변경 사항을 저장하면 된다.

Akismet의 주요 기능은 다음과 같다.

- 자동으로 등록된 댓글을 Akismet이 체크하여 스팸인지 판단한다.
- 등록된 글에서 URL을 체크하여 스팸 여부를 확인한다.
- 공격성이 높은 악성 스팸은 숨김 처리한다.
- 최근 스팸 차단 횟수를 알려준다.
- 일정 기간(15일)이 되면 저장된 스팸을 삭제한다.
- 스팸 글을 '댓글 > 스팸' 탭에서 확인할 수 있다.

---

[2] 스팸을 작성하는 사람이나 기계를 말한다.

7. 문의 메일(메일 폼)

워드프레스에서 가장 많이 사용되는 플러그인은 문의 메일을 받을 수 있는 메일 폼 빌더이다. 워드프레스는 다양한 메일 폼 빌더를 제공하는데, 그중에서 가장 많이 사용되는 Contact Form 7은 비교적 설정이 간단하고 HTML을 사용할 줄 알면 구성을 변경할 수 있다는 것이 장점이다.

원활한 메일 수신을 위해 추가적으로 활용할 플러그인은 Configure SMTP로 구글 메일서버를 통해 관리자에게 문의 메일을 발송하는 기능을 제공한다. 워드프레스를 설치하고 운영하는 일반적인 웹호스팅이 메일 전송을 위한 SMTP_{Simple Mail Transfer Protocol, 전자우편 전송 프로토콜}를 제공하지 않는 경우도 있기 때문에 필요하다면 Configure SMTP로 쉽게 해결할 수 있다.

메일을 보내려면 해당 서버에 메일서버가 설치되어 있어야 하는데, 이와 관련된 사항은 호스팅 업체나 서버 관리 업체에 문의하여 확인해야 한다.

1 Contact Form 7

Contact Form 7은 메일을 통해 정보를 받기 위한 폼을 제작하는 도구이다. 이름, 소속, 연락처, 이메일 주소, 제목, 내용, 첨부 파일 등의 항목을 만들어 문의하는 내용을 명확히 입력할 수 있도록 지원한다.

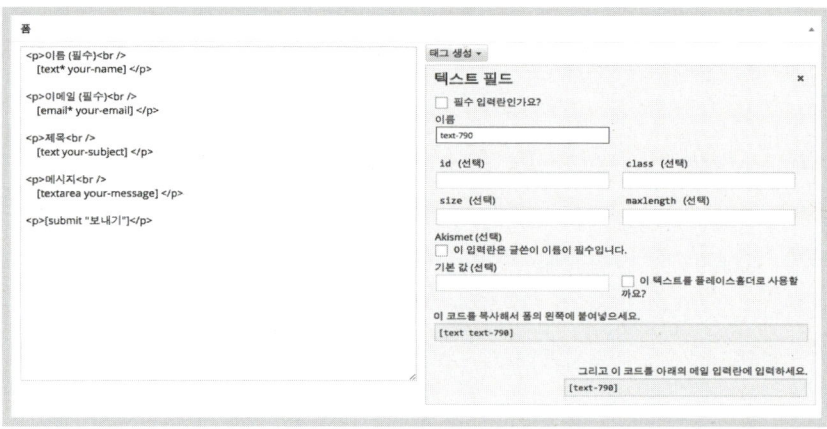

● Contact Form 7의 입력 폼 설정

위 그림처럼 쇼트코드를 이용하여 폼을 만드는데 이는 초보자에게 조금 어려울 수 있다.

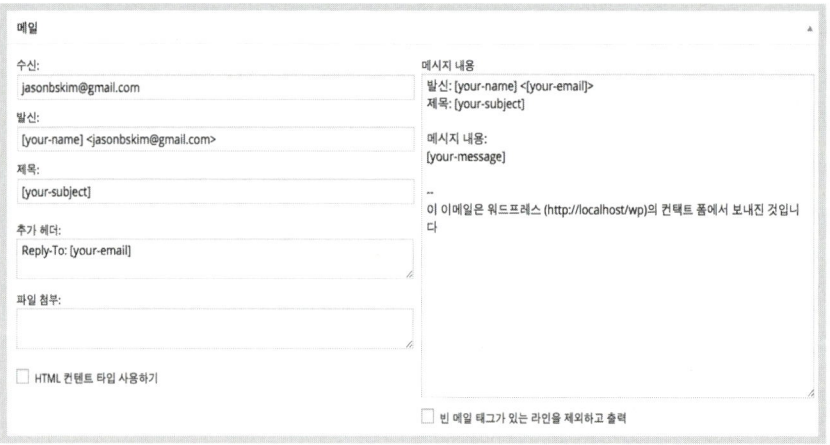

● Contact Form 7의 메일 폼 설정

HTML에서는 입력 폼을 〈input〉이라는 태그로 규정하는데 〈input〉에 입력하는 정보에 따라 타입이 다양하다. 이름, 소속과 같이 한 줄로 된 텍스트를 입력받는 항목은 텍스트 필드text field를 비롯해 이메일, URL, 전화번호 등 다양하다. 이것을 Contact Form 7의 태그 기능을 통해 입력하면 이메일을 받을 때 정보를 구분하여 받아볼 수 있다.

● Contact Form 7의 쇼트코드

Contact Form 7에서 입력 폼과 메일 폼을 설정하면 페이지에 삽입할 쇼트코드가 생성된다.

● Contact Form 7의 메일 폼 화면

이 쇼트코드를 페이지에 삽입하면 페이지에 입력 폼이 나타난다.

2 Configure SMTP

웹에서 이메일을 보내려면 SMTP가 지원되어야 한다. 기업에서는 주로 그룹웨어나 아웃룩을 이용하여 메일을 전송하는데 이는 SMTP를 지원하기 때문에 가능한 것이다. 간혹 Contact Form 7을 설정하여 입력 폼을 만들어서 사이트에 적용했지만 운영자에게 문의 메일이 수신되지 않는 경우가 발생하는데, 이는 호스팅에서 SMTP를 지원하지 않거나 설정을 하지 않았기 때문이다. 이럴 때 외부 메일의 SMTP를 이용하여 운영자에게 메일을 전송할 수 있는 것이 바로 Configure SMTP 플러그인이다.

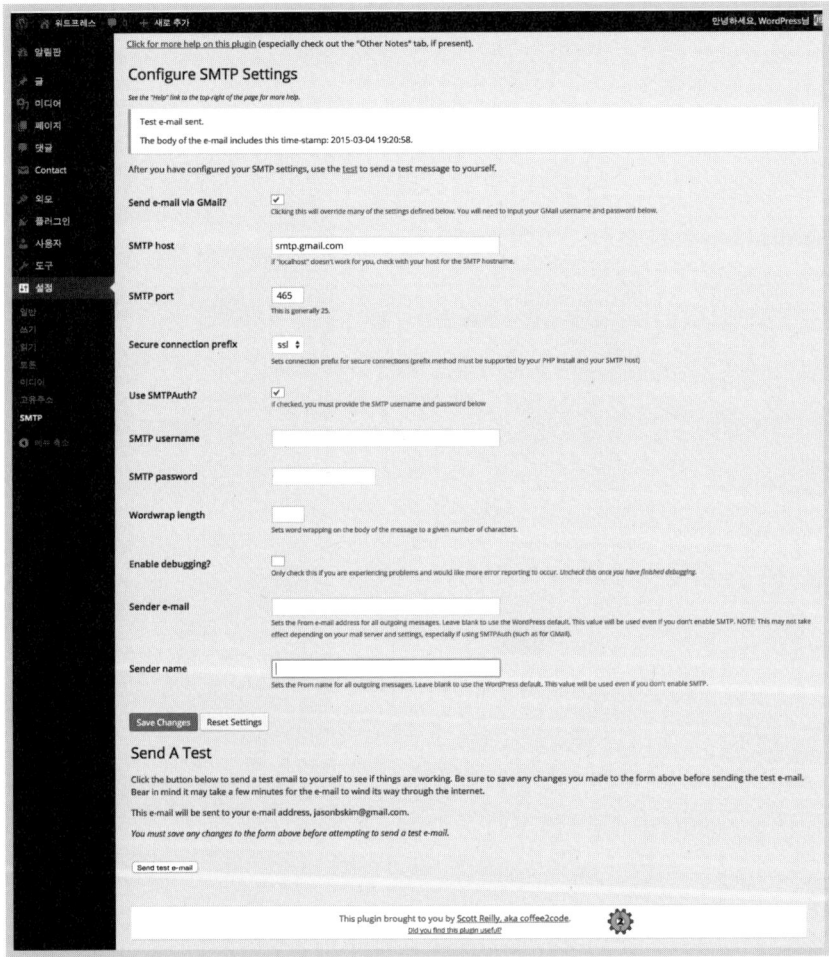

● Configure SMTP의 설정 화면

Configure SMTP는 구글의 메일 SMTP를 이용하여 메일을 전송하는데, 최근에는 대부분의 사람들이 스마트폰을 사용하기 위해 구글 계정을 가지고 있으므로 본인의 메일 계정으로 연동하여 전송할 수 있다. 설정 화면에서 SMTP 사용을 활성화한 다음 연결할 계정의 이메일 주소와 비밀번호를 입력하고, 이메일 전송 시 표시될 이메일과 계정명을 입력하여 저장하면 Configure SMTP의 사용이 가능해진다. 구글 계정을 이중 보안으로 설정했을 경우 인증을 받아야 하는 번거로움이 있으니 전송용 계정을 새로 생성하는 것이 수월하다.

8. 이벤트

워드프레스는 일정 관리 및 이벤트 관리 플러그인을 다수 제공하며 대표적인 것이 Event Calendar, Event Manager, All in One Event Calendar 등이다. 기업이나 관공서의 경우 주최하는 행사가 많고 기간별로 진행하는 캠페인이 다양하기 때문에 일정 관리를 지원하는 콘텐츠 관리 기능이 필요한데, 워드프레스의 플러그인을 통해 이 기능을 활용할 수 있다.

이벤트를 구성하는 콘텐츠는 육하원칙(5W1H, 언제, 어디서, 누가, 무엇을, 어떻게, 왜)에 대한 정보를 입력받을 수 있도록 구성되었으며 기간을 설정할 수 있다. 대부분의 이벤트 플러그인은 캘린더 페이지를 제공하여 일정을 쉽게 확인할 수 있고, 또한 구글 캘린더의 데이터를 가져오는 기능도 제공한다. 대체로 기능의 차이가 크지 않기 때문에 플러그인을 테스트해보고 사용하기 편리한 것을 활용하면 된다.

1 Event Calendar

Event Calendar는 누적 다운로드 수가 가장 많은 이벤트 플러그인으로 이벤트, 이벤트 카테고리, 이벤트 태그, 개최지, 조직 등 이벤트의 정보를 세부적으로 관리할 수 있도록 구분한 것이 특징이다. 개최지와 조직 정보를 입력해두면 이벤트마다 입력하지 않아도 되기 때문에 정기적인 행사 정보를 관리하기 편리하도록 운영자 환경을 만들었다. 또한 WooCommerce를 이용하여 이벤트 티켓을 판매하는 것도 가능하다.

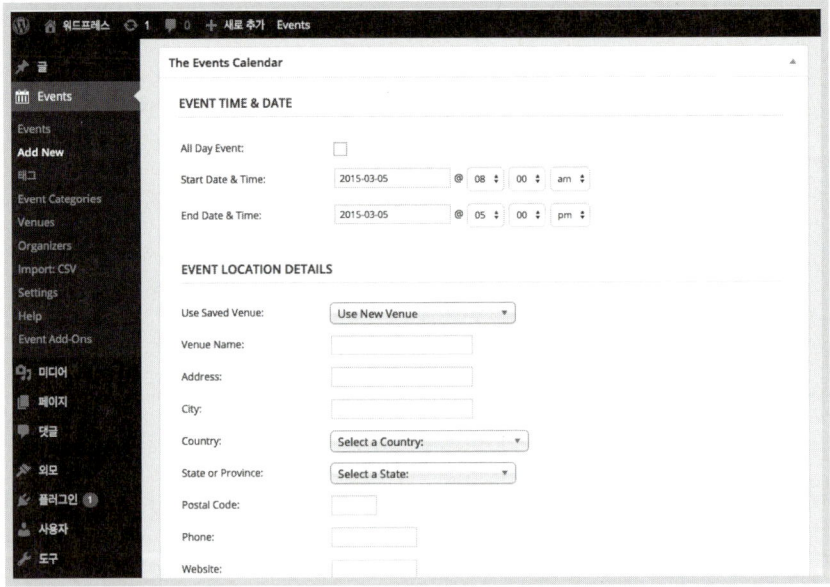

• Event Calendar

2 Event Manager

Event Manager도 많이 사용하는 이벤트 플러그인으로 예약 설정을 손쉽게 할 수 있다는 것이 특징이다. 매우 상세한 설정 기능을 지원하여 이벤트에 대한 등급별 권한user role 설정 기능을 포함하고 있으므로 운영자와 회원의 권한을 관리할 수 있다. 반복되는 이벤트 관리 기능이 있기 때문에 주기적인 행사나 캠페인이 있는 기업 및 관공서에서 이용하기에 편리하다.

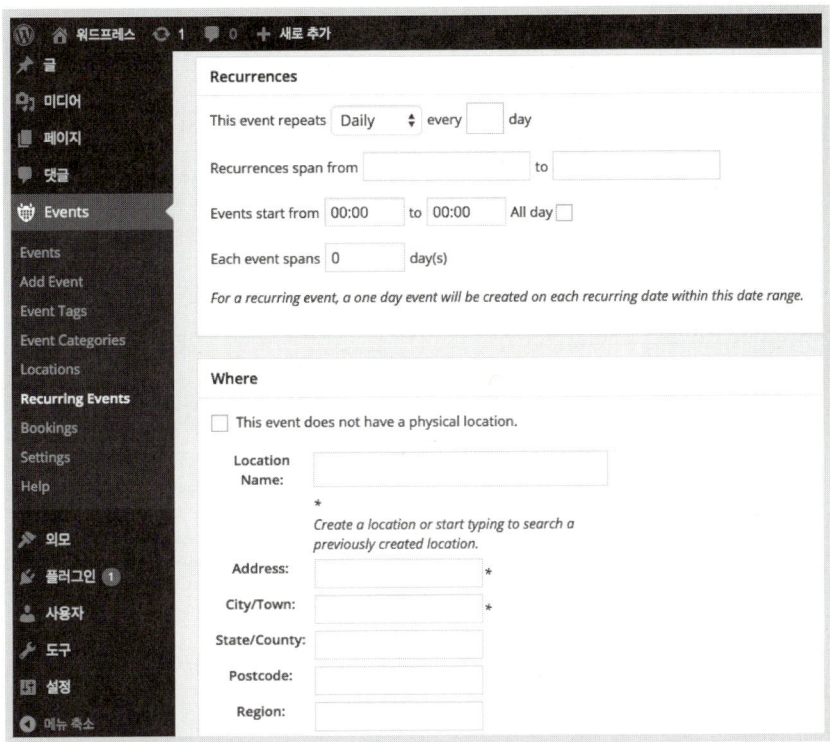

● Event Manager

❸ All-in-One Event Calendar

All-in-One Event Calendar는 추천하는 이벤트 플러그인 가운데 설정 및 사용이 비교적 쉬운 플러그인이다.

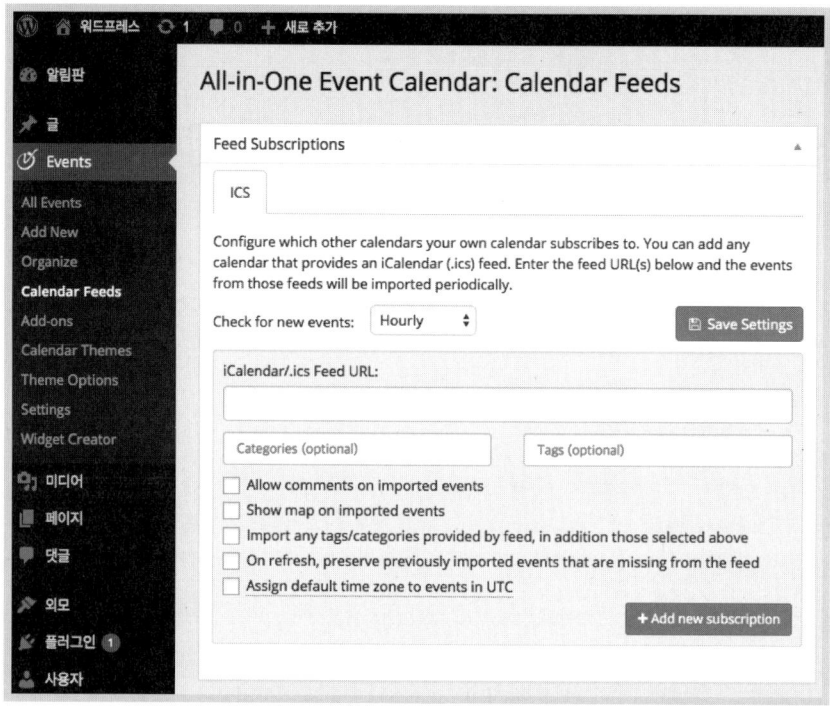

● All-in-One Event Calendar

캘린더 테마를 지원하며, 개인 사용자의 노력으로 한글화가 많이 진행되었다. 그러나 한글 파일을 별도로 설치해야 하는데 이는 구글 검색에서 쉽게 찾을 수 있다. 다른 캘린더의 일정을 간편하게 공유할 수 있도록 캘린더 피드 Calendar Feeds 기능을 지원한다.

9. 검색

워드프레스는 훌륭한 도구이기는 하지만 모든 기능을 완벽하게 지원하지는 않는다. 이 중 가장 대표적인 것이 검색으로 워드프레스는 포털 검색 서비스와 같은 기능을 제공하지 않는다.

세 가지 단점을 설명하자면 첫째, 구글이나 네이버처럼 유사도 기반이 아닌 날짜 순 기반의 출력이다. 워드프레스는 단순히 단어의 매칭을 통해 데이터를 찾아 최신 순으로 보여주는 기능만을 제공한다. 둘째, 워드프레스의 모든 데이터가 아닌 포스트와 페이지만을 검색할 수 있다. 즉 태그, 사용자 정의 필드 등 유용한 정보에 대한 기본적인 검색을 지원하지 않는다. 마지막으로 검색한 단어에 대한 하이라이팅 기능을 제공하지 않기 때문에 찾은 단어가 문서 어디에 포함되어 있는지 알기 어렵다. 따라서 이런 기능을 보완하기 위해 다양한 플러그인이 존재하는데 대표적인 두 가지를 살펴보자.

1 Search Everything

워드프레스에서 템플릿 페이지의 수정 없이 검색 기능을 향상할 수 있는 플러그인이다. 기본적인 필드 외에 댓글comments, 드래프트, 첨부 파일(첨부 파일 내용이 아님), 사용자 정의 필드custom field, metadata, 카테고리 등을 검색할 수 있다. 또한 암호로 보호되는 포스트는 검색에서 제외하며, 하이라이팅 기능에서 사용자가 어떤 태그로 하이라이팅을 할지 스타일에 대한 설정도 가능하다.

Search Everything options (current version 8.0)

Search Everything is the most reliable and efficient search plugin for WordPress. It improves the search results for your readers and comes with the Research Everything compose-screen widget to help you write better. On this page you can customize each of these two features.

Research Everything compose-screen widget

Enable research tool on compose screen ☑

Enable search results from the web on compose screen ☑ ⇐ Try me. ;)
(This will help you research similar posts. Learn more.)

Zemanta api key
(Autogenerated. You will need this if you are using the external results and something goes wrong and you need to contact our support.)

[Save Changes]

Search Everything Basic Configuration

We've selected some smart defaults, if in doubt leave as is.

- Search every tag name: ☐
- Search custom taxonomies: ☐
- Search every category name and description: ☐
- Search every comment: ☐
  - Search comment authors: ☐
  - Search approved comments only: ☐
- Search every excerpt: ☐
- Search every draft: ☐
- Search every attachment: ☐
  (post type = attachment)
- Search every custom field: ☐
  (metadata)
- Search every author: ☐

● Search Everything(wordpress.org/PLUGINS/SEARCH-EVERYTHING)

2 Relevanssi-A Better Search

Relevanssi는 다양한 기능과 설정 가능한 옵션을 갖춘 향상된 워드프레스 검색엔진이다. 기본적으로 무료로 제공되지만 멀티사이트 지원을 하는 기능 등을 추가로 사용하려면 프리미엄 버전을 이용해야 된다.

● Relevanssi(wordpress.org/plugins/relevanssi)

Relevanssi의 주요 특징은 다음과 같다.

- 검색 결과가 날짜 순이 아니라 검색어 연관성이 높은 결과 순으로 정렬된다.
- 모든 단어가 일치되지 않는 경우 부분 단어로 매칭하는 퍼지 매칭을 사용한다.
- 두 단어로 검색할 때 한 단어만 포함하여 검색하는 OR 검색뿐만 아니라 모든 단어가 포함된 경우만 검색하는 AND 검색을 지원한다.
- 큰따옴표(" ")를 이용하여 검색할 수 있다.
- 검색된 결과에서 검색어의 위치를 보여주는 하이라이팅 기능을 지원한다.
- 상세 페이지를 클릭했을 때 검색어가 표시되는 하이라이팅을 할 수 있다.
- 댓글, 태그, 카테고리, 사용자 정의 필드 등을 검색할 수 있다.
- 제목, 태그, 댓글 등 필드별 가중치를 조정할 수 있다.

10. Jetpack

워드프레스 개발사 오토매틱의 공식 플러그인 중 하나인 Jetpack은 한 가지 기능을 가진 일반 플러그인과 달리 다양한 기능의 플러그인들을 모아 놓은 통합 플러그인이다. Jetpack을 사용하기 위해서는 워드프레스닷컴 www.wordpress.com 계정이 필요하다. Jetpack을 설치한 다음 Jetpack 플러그인을 실행하면 바로 기능을 사용할 수 없으며, 워드프레스닷컴 계정 생성과 Jetpack 플러그인과의 연동 절차를 거쳐야 한다.

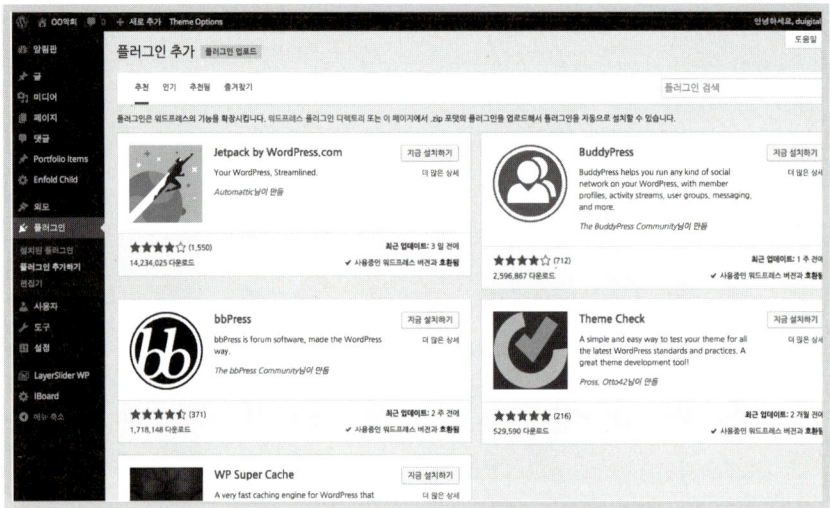

● 워드프레스 추천 플러그인

Jetpack은 '설정 > 플러그인 > 플러그인 추가하기 > 추천 또는 인기' 메뉴로 이동하면 가장 먼저 나올 정도로 유명하고 인기 있는 통합 플러그인이다.

● Jetpack

먼저 Jetpack 플러그인을 검색하여 설치한다.

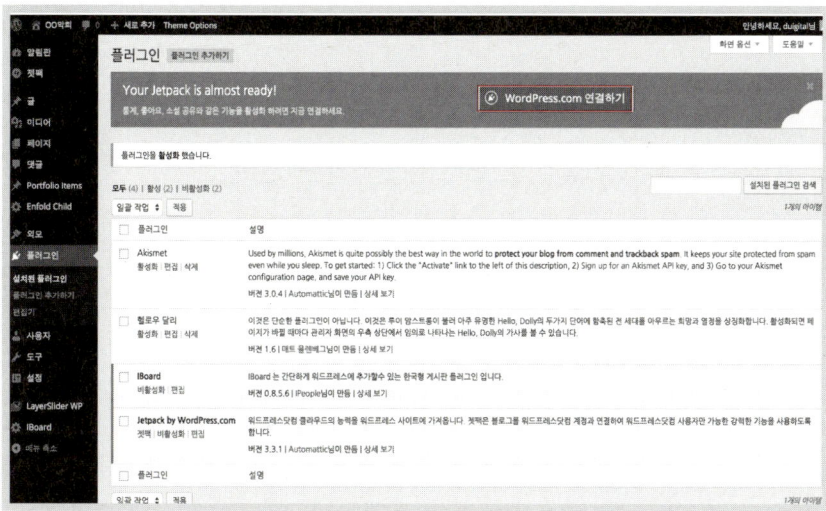

● Jetpack 플러그인 설치 1

Jetpack 플러그인을 설치하면 워드프레스닷컴과 계정 연결이 필요하다는 내용이 나타나는데 여기서 [WordPress.com 연결하기]를 클릭한다.

• Jetpack 플러그인 설치 2

워드프레스닷컴으로 이동하여 워드프레스 계정을 만들어야 하므로 [계정이 필요하세요?]를 클릭한다(워드프레스 계정이 있다면 사용자 이름과 비밀번호를 입력한다).

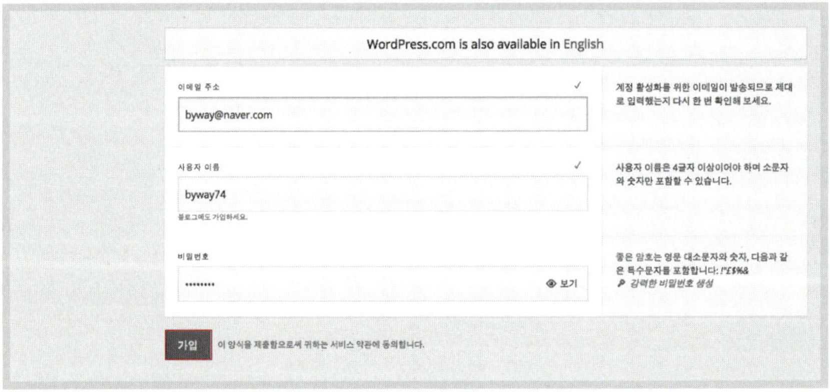

• Jetpack 플러그인 설치 3

워드프레스 계정 신청을 완료하고 [가입]을 클릭하면 해당 계정으로 인증 메일이 발송된다. 인증 메일이 바로 오지 않거나 스팸메일함으로 들어갈 수 있으니 주의하자. 인증 메일을 확인해야 워드프레스닷컴 계정이 활성화된다.

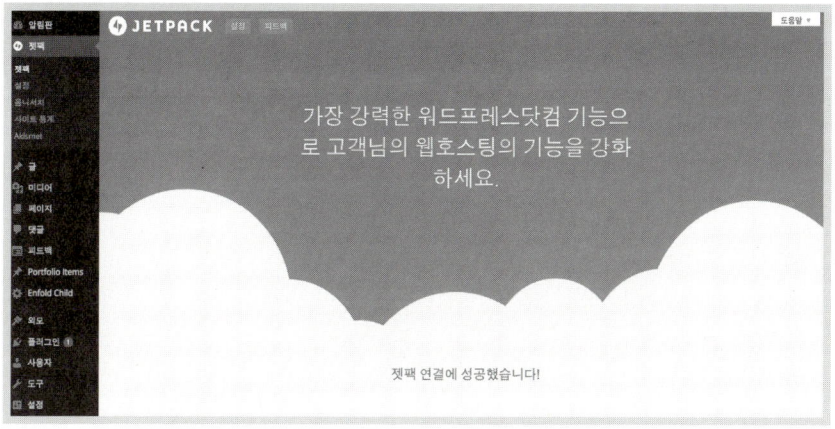

● Jetpack 플러그인 설치 4

　Jetpack에 포함된 플러그인은 3.4.1 버전 기준으로 총 36가지나 된다. 모든 기능을 사용할 필요는 없겠지만 유용한 플러그인이 많으니 잘 살펴보기 바란다. 단, 유사한 기능의 다른 플러그인과 충돌되지 않도록 사용하는 것이 좋다.

1 연락 폼

Jetpack 플러그인의 연락 폼에서는 모든 페이지나 글_post_에 문의하기 등을 추가할 수 있다.

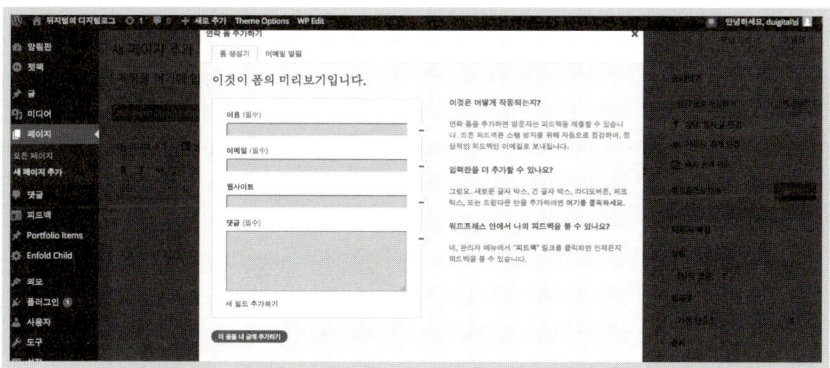

● Jetpack 플러그인의 연락 폼

05 워드프레스 웹사이트 제작하기　229

❷ 사용자 정의 CSS

사용자 정의 CSS 편집기는 관리자의 '외모 > CSS 편집' 메뉴에서 사용자 정의 CSS를 직접 입력하고 수정할 수 있다.

wp.me 짧은 링크

워드프레스는 페이지나 글은 도메인 주소를 포함해서 긴 URL로 된 고유주소를 사용한다. 'wp.me 짧은 링크 플러그인'을 활성화하고 원하는 페이지에서 [짧은 링크 가져오기]를 클릭하면 긴 고유주소 대신에 'wp.me'로 시작하는 짧은 링크가 만들어진다. 이 주소를 복사하여 트위터, 페이스북 등 원하는 곳에 붙여넣기 할 수 있다. 이 외에도 다음과 같은 다양한 플러그인이 있다.

WordPress.com 통계

워드프레스닷컴을 통해 제공되는 강력하고 유용한 통계 분석 플러그인이다. 일간 · 주간 · 월간 · 연간별 통계, 방문자 분석, 키워드 분석 등 다양한 로그 분석 통계 기능을 제공한다.

모바일 테마

아이폰, 안드로이드폰, 윈도우폰 등의 모바일 기기로 웹사이트를 방문하면 모바일 형태의 UI로 보여준다.

Extra Sidebar Widgets

Jetpack의 Extra Sidebar Widgets를 활성화하면 사이트바에 트위터의 최근 트윗, 페이스북의 좋아요 박스, 이미지, 갤러리 위젯, 최근 글 등을 추가로 보여줄 수 있다.

Photon

워드프레스에서 업로드하는 이미지를 워드프레스닷컴의 CDN을 통해 제공하면 워드프레스 사이트의 용량 및 트래픽 부담을 줄일 수 있다. 단, 이미지의 해상도를 강제로 낮추거나 한글로 된 파일이 간혹 보이지 않을 수 있기 때문에 사용에 주의가 필요하다.

쇼트코드 임베드

유튜브, 페이스북, 플리커, 구글맵, 슬라이드셰어, 비메오, 트위터 등의 미디어 사이트에서 해당 미디어나 페이지를 쉽게 붙여넣기(임베드) 할 수 있는 기능이다.

Subscriptions

사이드바에 Subscriptions 위젯을 추가한 경우, 방문자가 이메일 등록 Subscriptions을 하면 사이트에 글이 업데이트될 때마다 방문자의 이메일로 알림을 보내는 기능이다.

공개 Publicize

페이스북, 트위터, 텀블러, 패스, 구글플러스, 링크드인 등의 SNS에 연결 설정을 해놓으면 사이트에 등록된 글이 자동으로 SNS에도 공유되도록 하는 기능이다.

공유

사이트에 페이스북, 트위터, 구글플러스, 링크드인, 핀터레스트 등의 SNS 공유 버튼 외에 이메일 보내기, 인쇄 기능 버튼을 추가할 수 있다.

Monitor

이 기능을 활성화해두면 워드프레스 사이트가 작동하는지 5분마다 확인하고, 작동이 정지되었을 때 관리자의 이메일로 알림을 발송한다.

11. 캐시

워드프레스는 PHP라는 프로그래밍 언어로 개발되어 있다. PHP로 구성된 워드프레스가 웹브라우저에 보이도록 하려면 HTML 코드로 변환을 해야 한다. 이런 변환 작업을 위해 데이터베이스에 접근하기도 하고, 다른 PHP 프로그램 실행 등을 하기에 워드프레스의 내부 구성은 복잡하다. 따라서 HTML 코드로만 작성된 페이지보다 로딩 시간이 길어질 수 있다.

  일일 방문자가 많지 않은 소규모 웹사이트의 경우 속도 체감에 대한 문제가 없지만, 방문자 수가 많아서 트래픽이 많이 발생하면 속도 저하가 문제가 될 수 있다. 이런 속도 문제를 개선하기 위해 포털 서비스 등 대형 웹 서비스 업체는 캐시 cache 기능을 적용하고 있다. 캐시는 한 번 만들어진 페이지의 경우 생성된 정보를 저장하고 있다가, 해당 페이지가 요청될 때 서버에 접속하여 새로 생성하는 것이 아니라 저장된 정보를 이용하여 페이지에 보여주는 방식을 말한다. 워드프레스에도 이런 캐시 기능을 지원하는 플러그인이 있다.

워드프레스의 캐시 플러그인 기능은 PHP를 실행하여 HTML을 생성하고, 페이지를 요청할 때 미리 생성된 HTML을 보여주는 것을 말한다. 이런 캐시를 이용하여 앞서 지적한 속도 문제를 해결할 수 있다. 그러나 캐시의 특성상 일부 데이터에 문제가 발생하거나 페이지의 내용이 자주 수정되는 경우 오히려 서비스에 문제가 발생할 수 있다. 만약 포스트의 내용을 수시로 업데이트한다면 캐시를 적용하지 않는 편이 나을 수도 있다. 포스트의 구조가 본문 글과 댓글로 구성되는 경우, 댓글 부분은 캐시를 생성할 필요가 없으므로 본문만 캐시를 생성할 수 있는 기능을 가진 플러그인을 선택하는 것이 바람직하다. 따라서 운영 중인 웹사이트의 특성에 맞는 기능을 제공하는 플러그인을 잘 선택해야 한다.

워드프레스로 웹사이트를 구축할 때 캐시 기능을 위해 적용되는 대표 플러그인으로 WP Super Cache(wordpress.org/plugins/wp-super-cache)가 있다. WP Super Cache는 동적인 워드프레스 블로그로부터 정적인 HTML 파일을 생성하는 플러그인이다. HTML 파일을 웹서버에 생성한 후 PHP 스크립트를 실행하는 대신 생성한 HTML을 제공한다.

WP Super Cache는 워드프레스닷컴을 운영하는 오토매틱의 대표적인 플러그인으로 손꼽힌다. 캐시 적용 후 처음 접속 시 캐시를 적용하기 전보다 속도가 느려질 수 있다. HTML을 생성하여 저장까지의 과정을 수행하므로 일정 시간의 로딩 지연이 발생하기 때문이다. 그 이후의 접속 시에는 확실히 빨라진 속도를 느낄 수 있을 것이다.

WP Super Cache Settings

| Easy | Advanced | CDN | Contents | Preload | Plugins | Debug |

Caching
☑ Cache hits to this website for quick access. *(Recommended)*

○ Use mod_rewrite to serve cache files. *(Recommended)*
◉ Use PHP to serve cache files.
○ Legacy page caching.

Mod_rewrite is fastest, PHP is almost as fast and easier to get working, while legacy caching is slower again, but more flexible and also easy to get working. New users should use PHP caching.

Miscellaneous
☐ Compress pages so they're served more quickly to visitors. *(Recommended)*

Compression is disabled by default because some hosts have problems with compressed files. Switching it on and off clears the cache.

Need Help?
1. Use the debug system in the Debug tab above. It will tell you what the plugin is doing.
2. Installation Help
3. Frequently Asked Questions
4. Support Forum
5. Development Version

Rate This Plugin!
Please rate this plugin and tell me if it works for you or not. It really helps development.

● WP Super Cache

설정 메뉴 가운데 Advanced의 'Use mod_rewrite to serve cache files. *(Recom mended)*' 부분을 사용하려면 웹서버에서 mod_rewrite 모듈이 지원되는지 확인해야 한다. 지원 여부를 확인하는 가장 간단한 방법은 PHP에서 제공하는 기능을 이용하는 것이다. 에디터 프로그램을 실행하여 〈?php phpinfo(); ?〉를 입력한 후 새로운 파일로 저장하는데, 이때 파일의 확장자는 php로 해야 한다. 예를 들어 info라는 파일명으로 저장하려면 info.php로 하는 것이다.

이 파일을 웹서버에 직접 업로드하는데, 이때 FTP라는 프로그램을 이용해야 한다.

Apache Version	Mcrosoft-IIS/5.0
Apache API Version	20051115
Server Administrator	sys@anysecure.com
Hostname:Port	
User/Group	nobody(99)/99
Max Requests	Per Child: 4000 - Keep Alive: off - Max Per Connection: 100
Timeouts	Connection: 60 - Keep-Alive: 15
Virtual Server	Yes
Server Root	/etc/httpd
Loaded Modules	core prefork http_core mod_so mod_auth_basic mod_auth_digest mod_authn_file mod_authn_alias mod_authn_anon mod_authn_dbm mod_authn_default mod_authn_host mod_authz_user mod_authz_owner mod_authz_groupfile mod_authz_dbm mod_authz_default util_ldap mod_authnz_ldap mod_include mod_log_config mod_logio mod_env mod_ext_filter mod_mime_magic mod_expires mod_deflate mod_headers

● 아파치 mod_rewrite 설치 확인

워드프레스가 설치되어 있는 디렉터리에 위에서 만든 info.php를 FTP로 업로드했다면 웹사이트 접속을 위한 주소에 /info.php를 입력하면 확인할 수 있다. 예를 들어 www.smartsmart.kr가 주소라면 www.smartsmart.kr/info.php로 접속하면 된다. 정상적으로 실행되었다면 위 그림처럼 정보를 확인할 수 있을 것이다. 항목 중 'Loaded Modules'에 'mod_rewrite'가 표시된다면 적용할 수 있는 웹서버이다.

12. 데이터베이스 관리

워드프레스는 프로그래밍 언어로 PHP, 데이터베이스로 MySQL을 사용하고 있다. 그래서 데이터베이스 관리 프로그램으로 phpMyAdmin을 가장 많이 사용하는데, phpMyAdmin을 사용하려면 웹호스팅 업체 홈페이지에서 사용하거나 직접 설치해야만 한다. 워드프레스 데이터베이스 관리 플러그인으로 Planche-wp나 Adminer와 같이 워드프레스에서 직접 사용 가능한 플러그인이 있다.

Planche-wp(Planche for WordPress)는 오픈 소스 자바스크립트 기반의 MySQL GUI 툴인 Planche(플란체)를 한국 개발자인 정주원 님이 워드프레스 플러그인 버전으로 제작한 것이다. Planche-wp 플러그인을 설치하기만 하면 별도의 설정 없이 쉽게 데이터베이스에 접근하고 데이터를 컨트롤할 수 있다. 워드프레스를 사용하면서 phpMyAdmin을 따로 설치하고 설정하는 번거로움 없이 손쉽게 Planche를 설치하고 사용해볼 수 있다.

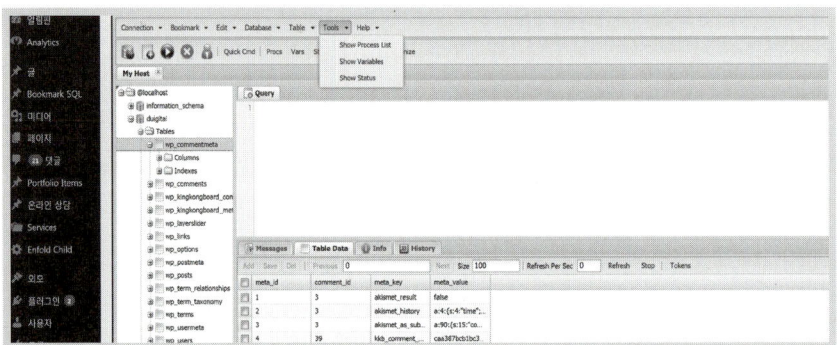

● Planche-wp 플러그인

또한 자바스크립트로 GUI를 적용했기 때문에 CSV를 다운로드하거나, 다른 워드프레스 사이트로 데이터베이스를 복사하거나, 인덱스를 수정하거나, 테이블을 수정하거나 할 때 기존의 설치형 SQL 프로그램(Workbench, SQLyog, SQLGate)과 유사한 인터페이스를 가지고 있다.

> **Planche-wp 다운로드**
>
> Planche-wp 소개 및 다운로드 주소는 plancheproject.github.io/planche_for_wordpress이다. 참고로 Planche는 처음부터 웹용 버전으로 제작되었는데 plancheproject.github.io에서 자세한 정보를 얻고 프로그램을 다운로드할 수 있다.

CHAPTER 02
테마

워드프레스를 판단할 때 가장 먼저 눈여겨보게 되는 것이 테마이다. 테마는 워드프레스의 디자인을 담당하지만, 워드프레스의 콘텐츠가 보이는 구성도 함께 가지고 있기 때문에 시각적으로 가장 먼저 눈에 들어온다. 테마는 제작자의 기준에 따라 구성이 달라 설정 및 관리 기능도 다르기 때문에 새로운 테마를 설치하고 설정하려면 애를 먹곤 한다. 하지만 테마도 워드프레스의 구조 안에 존재하기 때문에 워드프레스 테마의 구조 원리를 이해하면 좀 더 쉽게 테마를 설정하여 활용할 수 있다.

여기서는 실질적인 웹사이트 제작을 고려하여 유료 테마를 기준으로 설명할 것이다. 전문 인력이 아니고서는 무료 테마로 웹사이트를 제작하기가 어렵기 때문이다.

1. 테마의 구성

테마를 구성하는 파일은 테마 파일, 테마와 연동하는 플러그인 파일, 테마의 예제를 담은 더미dummy 파일, 테마의 설명서document 등이다. 일부 테마는 자식 테마child theme를 제공하기도 한다. 테마는 웹사이트를 구성할 수 있는 기능을 포함하고 그에 따른 콘텐츠 작성의 예도 함께 제공하기 때문에 테마를 이용하면 편리하게 웹사이트를 제작할 수 있다.

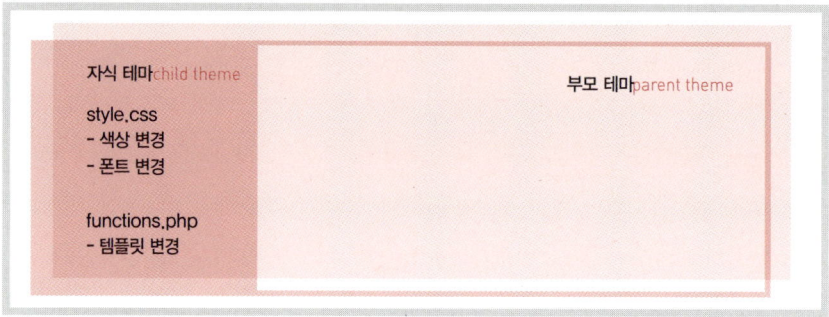

• 부모 테마와 자식 테마

테마를 구성하는 내용은 다음과 같다.

- **테마** 설치할 수 있는 테마 파일로 자식 테마가 있을 때는 부모 테마가 된다.
- **자식 테마** 부모 테마와 별개로 테마 설정을 관리해주는 테마
- **플러그인** 테마에 필요한 플러그인
- **테마 사용 설명서** 테마의 설치, 설정 등의 안내서
- **더미 데이터** 테마의 데모demo를 구성할 수 있는 예제 콘텐츠를 가지고 있는 파일
- **포토샵 파일(일부)** 테마의 디자인 파일

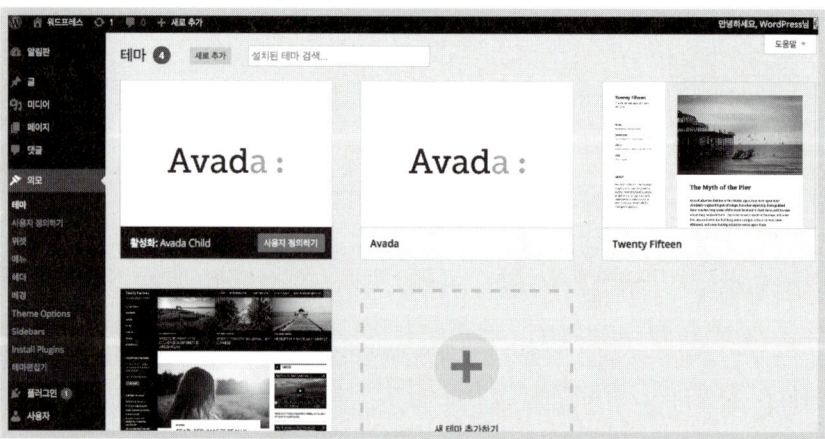

• Avada의 부모 테마와 자식 테마

2. 테마의 설정

테마의 설정 기능은 테마의 레이아웃 구조에 따라 나뉘는 것이 일반적이다. 웹사이트의 레이아웃이 헤더, 푸터, 사이트바, 콘텐츠 영역으로 분리되어 있고 각 영역의 설정이 가능하다고 이해하면 된다. 레이아웃의 변경이 가능한 경우도 있는데, 이런 경우는 사이드바 사용 여부, 사이드바 위치(좌 또는 우)를 설정하도록 지원하는 것이다.

워드프레스 관리자의 '외모 > 사용자 정의하기' 메뉴에서는 테마의 색상, 배경, 사이트 제목, 메뉴, 위젯 등 기본 설정을 미리 보기 상태에서 변경할 수 있다. 테마의 기본 설정은 모든 테마가 공통으로 지원한다. 별도의 설정 기능을 제공하는 경우는 아래의 구성에서 크게 벗어나지 않으니 참고하기 바란다. 테마의 설정은 'Theme Options'라는 이름을 사용하는 경우가 많으며, 메뉴는 '외모' 안에 있거나 설정 아래에 위치한다.

테마의 설정은 테마 제작자의 의도에 따라 조금씩 차이가 있다. 그러나 일반적인 구성에서 크게 벗어나지 않으니 테마에서 제공하는 사용 설명서를 참고하면 테마의 설정을 파악하는 데 도움이 될 것이다.

- **일반 설정** 레이아웃을 설정하는 기능을 포함하는 경우가 일반적인데, 간혹 레이아웃 설정을 별도로 구분한 테마도 있다. 일반 설정에서는 데스크톱 레이아웃과 반응형 웹 레이아웃 설정, 사이드바 사용 여부, 사이드바 위치를 설정할 수 있고, 웹로그 분석을 위한 추적 코드 삽입 및 기타 스크립트 삽입, 로고 입력 등 테마의 전체적인 부분에 영향을 주는 설정 항목으로 구성된다.
- **헤더 설정** 유료 테마의 경우 메뉴의 위치가 조금씩 다른 헤더 형태를 지원한다. 헤더 설정에서는 헤더의 형태를 선택할 수 있고 검색 기능 활성화 여부, 소셜미디어 링크 활성화 여부, 상단 정보 또는 배너 입력 기능을 지원한다.

- **푸터 설정** 워드프레스는 푸터의 내용을 위젯으로 채워넣는데, 푸터 설정에서는 푸터를 몇 열로 구성할지 설정하고 하단의 카피라이트를 입력할 수 있다.
- **콘텐츠 설정** 페이지, 블로그 등의 콘텐츠에 따른 목록 설정 및 상세 화면 설정 기능을 제공한다. 각 콘텐츠 화면별로 레이아웃을 설정할 수 있도록 지원하는 경우도 있지만 대체적으로 제목, 작성자, 카테고리, 날짜 등 항목의 화면 전시 여부를 설정할 수 있다.
- **사이드바 설정** 워드프레스의 유료 테마는 대부분 사용자 정의 사이드바custom sidebar를 지원한다. 기본 사이드바 외에 사용자가 필요에 따라 사이드바를 추가할 수 있으며 페이지나 포스트에서 사이드바를 선택할 수 있다. 이런 기능은 좌우 사이드바에 위치하는 서브메뉴Local Navigation Bar, LNB를 설정하는 데 편리하다.
- **폰트 설정** 워드프레스는 공개된 무료 폰트를 이용하여 테마를 디자인하는 것이 일반적인데, 이때 테마에서 기본적인 폰트 그룹을 설정할 수 있도록 지원하기도 하고, 구글에서 제공하는 웹 폰트를 활용하여 테마의 폰트를 변경할 수도 있다. 제목에 사용되는 h1~h6, 본문의 폰트와 크기, 메뉴의 폰트와 크기 및 폰트의 색상도 설정할 수 있다.
- **스타일 설정** 워드프레스의 디자인과 구성을 변경하려면 CSS 파일을 수정해야 하지만 프리미엄급 테마는 워드프레스 테마 관리자 설정 페이지에서 폰트의 크기, 색상, 배경 색, 배치와 간격 등을 쉽게 설정할 수 있는 기능을 지원하는 경우가 많다.

3. 추천 테마

유료 테마는 디자인이 화려하고 보기 좋으며 슬라이드와 같은 요소가 역동적인 테마를 선택하면 기대와 달리 사용하는 데 어려움을 겪는 경우가 많다. 워드프레스의 테마는 특성에 따라 카테고리를 나눴지만 다목적 테마가 대부분이다. 앞서 테마 선택 시 고려 사항을 설명했는데, 그 기준에 따라 몇 가지 테마를 추천하면 다음과 같다.

1 Avada

전 세계에서 가장 많이 판매된 워드프레스 다목적 테마이다. Avada의 특징은 인터넷익스플로러9와 반응형 웹 레이아웃도 지원한다는 것이다. 또한 워드프레스와 연계되는 WooCommerce, bbPress, Event Calendar와 같은 플러그인의 템플릿 스타일을 지원하며, 가장 폭넓은 워드프레스 버전을 지원하는 테마로서 워드프레스 V 3.5부터 최근 버전까지 지원한다. 그리고 데모의 예제가 매우 풍부하므로 더미 데이터를 설치하고 수정하여 손쉽게 웹사이트를 제작할 수 있으며, 자체 제작한 페이지 빌더가 탑재되어 페이지를 쉽고 풍성하게 구성할 수 있다.

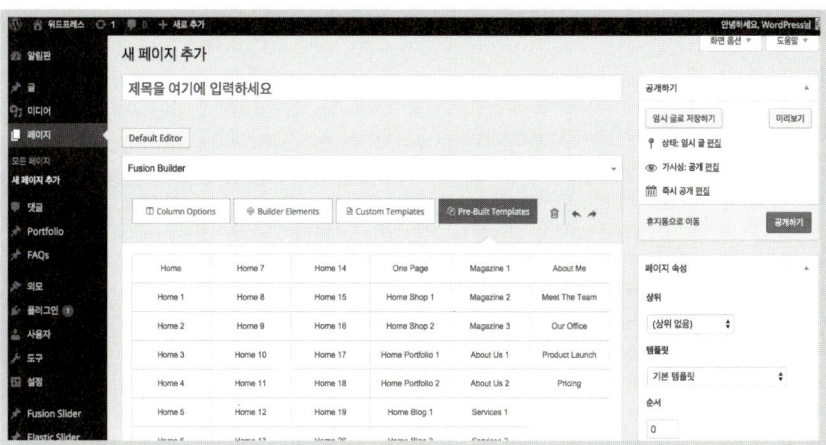

● Avada의 페이지 빌더

Avada는 테마 설정에서 버튼 클릭만으로 더미 데이터를 설치할 수 있고, 페이지 빌더에서도 더미 데이터를 쉽게 페이지에 적용할 수 있다.

2 Enfold

Enfold는 사용이 편리한 다목적 테마로 누적 판매 순위가 Avada에 이어 2위인 인기 테마이며, 다른 테마에 비해 설치가 비교적 간단하고 사용하기 쉽다. 특히 반응형 웹디자인을 지원하는 프리미엄급 테마 중에 인터넷익스플로러8과 가장 호환이 잘되는 특징이 있다.

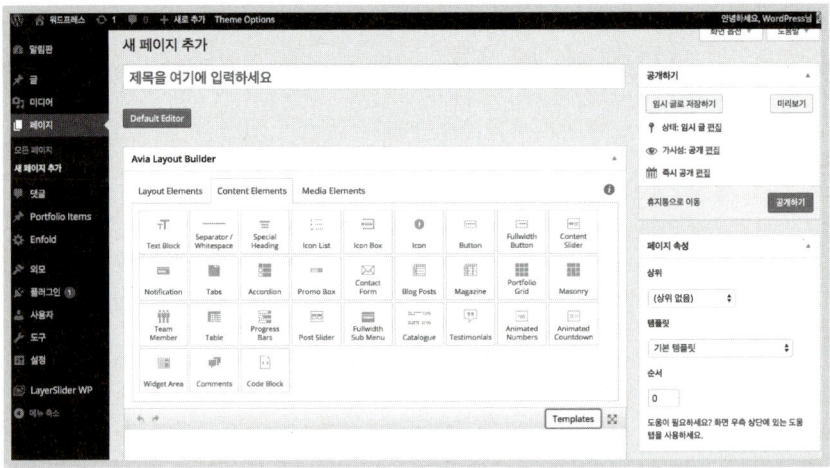

● Enfold의 페이지 빌더

Enfold 테마 역시 자체 페이지 빌더를 제공하고, 다른 테마에 비해 설정이 단순하고 직관적으로 구성되어 있으며, 테마 설정에서 버튼 클릭만으로 더미 데이터를 설치할 수 있다.

3 Canvas

Canvas는 워드프레스 전자상거래 플러그인 WooCommerce를 제작한 WooThemes.com에서 만든 테마로 전 세계적으로 많이 사용되고 있다. WooCommerce와의 호환성이 좋고 다양한 위젯을 지원하는 특징이 있다. Canvas는 워드프레스의 기본 테마인 Twenty Fifteen, Twenty Fourteen

의 구조와 유사하며, 워드프레스로 직접 테마를 제작할 때 베이스 테마로 활용하기에 좋다.

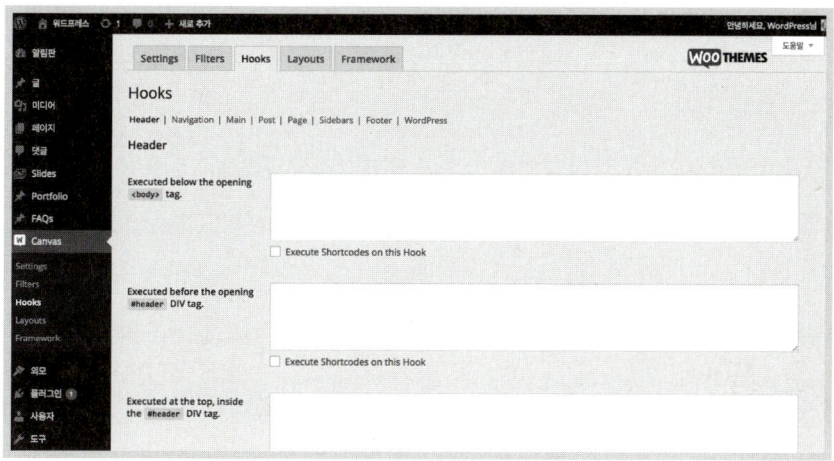

● Canvas의 Hooks

반면에 페이지 빌더를 지원하지 않고 쇼트코드만을 이용하여 페이지를 구성해야 하기 때문에 초보자가 활용하기에 어렵다. 하지만 워드프레스의 큰 장점인 훅Hook에서 액션Action과 필터Filter에 대한 설정 기능을 지원하기 때문에 개발자가 활용하기에는 편리한 테마이다. 훅이란 워드프레스의 기능이나 목록 등을 중간에서 바꾸거나 가로채는 명령으로 자식 테마의 functions.php에 저장된다. 이 방법을 이용하면 테마나 플러그인의 코드를 수정하지 않고도 기능을 추가하거나 제외할 수 있다. 자식 테마는 업데이트를 지원하지 않으므로 테마나 플러그인이 업데이트되더라도 추가한 기능과 목록이 영향을 받지 않는다.

CHAPTER 03
콘텐츠

워드프레스의 장점은 다양하지만 그 가운데 가장 강력한 것은 콘텐츠 관리 기능으로, 다른 콘텐츠 관리 시스템보다 확장된 관리 개념을 도입하여 적용했다. 기존의 CMS가 메뉴를 만들고 콘텐츠를 작성하는 것과 달리, 미리 작성된 콘텐츠를 선택하여 메뉴를 구성하는 기능은 워드프레스만의 특화된 장점이다. 또한 콘텐츠를 공유할 수 있는 가져오기와 내보내기 도구는 워드프레스의 장점을 더욱 극대화해준다.

1. 더미 데이터 불러오기

워드프레스의 콘텐츠 가져오기Import 도구는 워드프레스 간의 콘텐츠 교류를 원활하게 해주는 장점이 있다. 가져오기 도구로 워드프레스의 데이터뿐만 아니라 RSS 피드, 텀블러, 블로거 등의 콘텐츠를 워드프레스로 가져와 활용할 수 있다. 이처럼 강력한 지원으로 외부 콘텐츠를 워드프레스로 통합하기가 편리하기 때문에 워드프레스를 중심 사이트로 개편하는 사례가 증가하고 있다. 따라서 전 세계 웹사이트의 1/4이 워드프레스로 운영되는 이유를 꼽을 때 가져오기 도구를 빼놓을 수 없는 것이다.

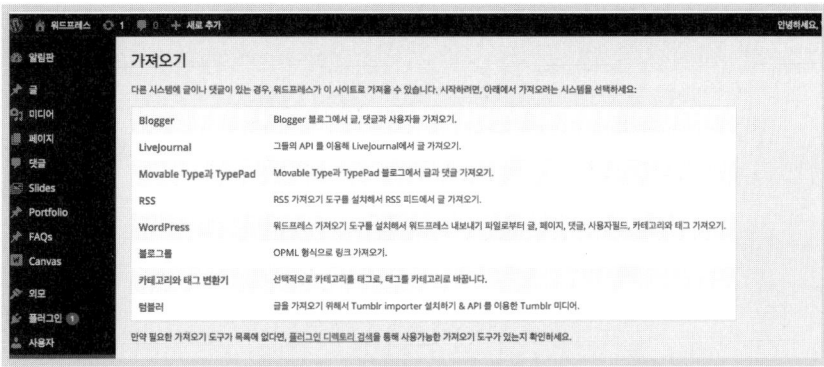

● 워드프레스의 가져오기 도구

워드프레스 테마 중에는 XML 형식의 더미 데이터 파일을 제공하기도 한다. 이 더미 데이터 파일을 '워드프레스 가져오기'에서 사용하면 텍스트, 이미지, 링크 등의 정보가 담긴 샘플용 더미 데이터를 활용할 수 있다.

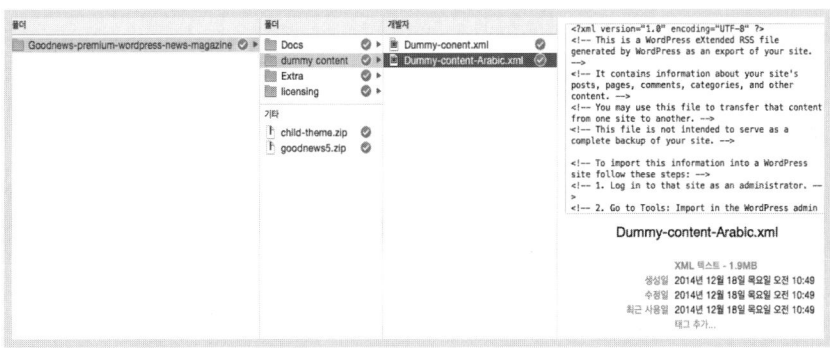

● Goodnews의 테마 더미 데이터

더미 데이터를 사용하면 글이나 페이지를 처음부터 만들지 않고 이미 만들어진 글이나 페이지를 수정해서 사용하기 때문에 좀 더 효율적으로 제작할 수 있다. 유료 테마도 마찬가지로 더미 데이터 파일을 제공하는 경우가 많다. 만약 이런 폴더와 파일이 없다면 테마의 설정 기능에 더미 데이터를 설치하는 기능을 지원하거나 테마 제공 업체 웹사이트를 통해 내려받을 수 있도록 한 테마도 있으므로 테마를 구입하기 전에 더미 데이터를 미리 확인하는 것이 좋다.

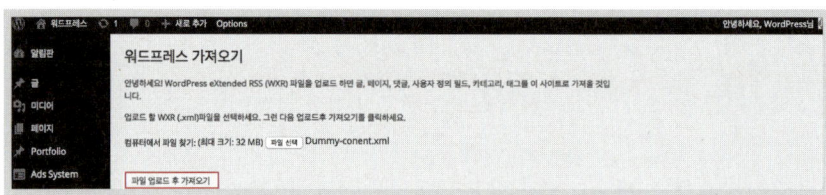

● 가져오기 도구 실행-파일 선택

워드프레스의 '도구 > 가져오기'에서 'WordPress'를 선택하고 테마 파일의 더미 데이터를 선택하면 그림과 같이 파일명이 나타난다. [파일 업로드 후 가져오기]를 클릭하면 '글쓴이 배정'과 '첨부 가져오기'가 나타난다.

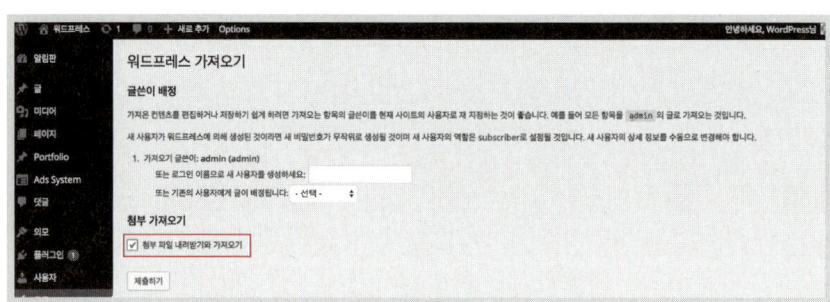

● 가져오기 도구 실행-계정 선택

여기서 '첨부 파일 내려받기와 가져오기'에 반드시 체크해야 한다. 이는 테마의 데모로부터 이미지 등의 미디어 파일을 내려받아 내 사이트에 미디어를 등록하는 과정을 실행하는 옵션이다. 만약 이 옵션을 선택하지 않으면 더미 데이터를 가져오더라도 미디어가 없이 등록되기 때문에 테마의 데모처럼 모양이 나타나지 않는다.

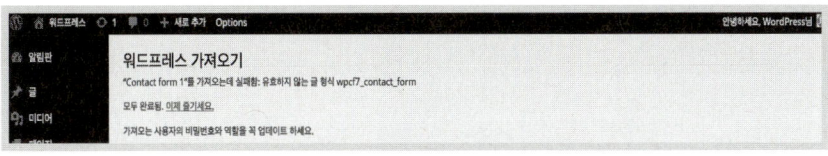

● 가져오기 도구 실행 – 완료

　모든 더미 콘텐츠를 가져오면 '이제 즐기세요Have a Fun'라는 메시지가 나타나고, 메뉴와 일부 설정을 적용하면 완료된다. 테마에 포함된 플러그인이 설치되지 않았을 경우 테마의 더미를 가져오지 못했다는 메시지가 나타날 수 있으므로 테마에서 제공하는 기본 플러그인은 모두 설치하고 활성화하는 것이 좋다. 완료 후 웹사이트 보기를 하면 테마의 데모 사이트처럼 콘텐츠가 입력된 것을 확인할 수 있다.

2. 페이지와 포스트의 차이

워드프레스의 기본 콘텐츠 타입인 페이지와 포스트(글)의 차이는 해당 콘텐츠의 메뉴와 입력 화면이 어떻게 다른지를 살펴보면 쉽게 이해할 수 있다. 포스트는 메뉴상에 카테고리와 태그가 있고, 페이지는 메뉴에 카테고리와 태그가 없는 것이 가장 큰 차이이다.

1 페이지

페이지는 우리가 흔히 보는 웹사이트의 내용을 담고 있는 웹페이지와 같다. 워드프레스의 페이지는 다른 문서와 상위·하위 구조로만 연결되는 콘텐츠 타입이다.

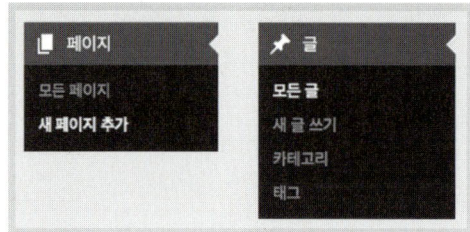

● 페이지와 글 메뉴

쉽게 말해 '회사소개'라는 페이지 또는 메뉴 아래 '회사개요', '비전', '연혁' 등의 페이지가 위치한다는 것으로 URL의 형태가 다음과 같이 된다.

- 도메인.com/회사소개/회사개요
- 도메인.com/회사소개/비전
- 도메인.com/회사소개/연혁

● 페이지 속성

페이지는 시간 순으로 나열되고, 카테고리와 태그로 연결되는 포스트와 달리 단독으로 존재하는 콘텐츠이므로 페이지 등록(수정) 화면에서 상위 페이지를 연결하면 사이드바의 페이지 위젯 등에서 상하 구조를 반영하여 보여준다.

2 포스트

워드프레스의 포스트는 블로그 포스트를 의미한다. 포스트는 카테고리로 분류 체계를 정의할 수 있고 태그를 통해 재분류할 수 있다.

● 포스트 속성

포스트는 카테고리별 목록, 태그별 목록을 제공하는데 목록에는 최신 글이 가장 먼저 전시된다. 카테고리는 상하위 카테고리로 확장 가능하며 중복 카테고리를 설정할 수 있지만, 태그는 상하위의 개념이 없고 중복으로 적용할 수 없다.

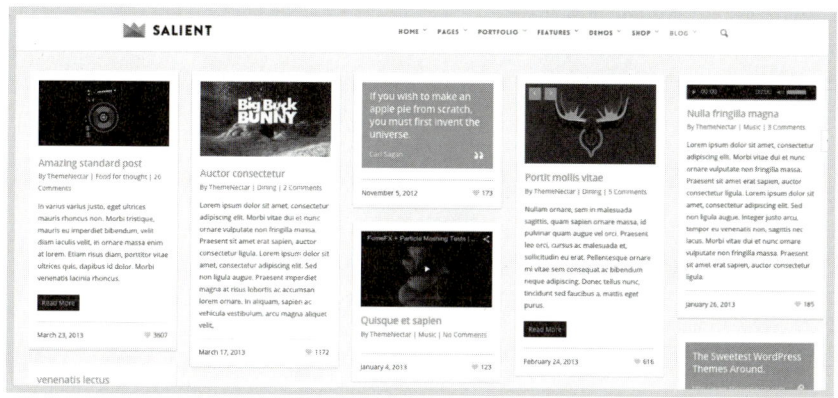

● 포스트 형식의 예

워드프레스 포스트의 가장 큰 특징은 글 형식을 지원한다는 것이다. 글 형식이란 포스트의 콘텐츠 형식을 지정하면 필요할 경우 형식에 따라 목록의 스타일을 다르게 정의할 수 있다. 표준 형식의 포스트는 목록에서 특성 이미지의 섬네일을 전시하지 않아도 상관없지만 갤러리, 이미지, 비디오와 같은 미디어를 포함하는 포스트는 목록에서 미디어의 섬네일을 전시하는 것이 정보를 전달하는 데 유용하다. 위의 그림을 보면 글 형식에 따라 목록에 보이는 섬네일이 조금씩 다르게 나타나는 것을 확인할 수 있다.

3. 미디어(미디어 라이브러리)

워드프레스는 이미지, 영상, 음성, 문서 등 다양한 파일을 미디어로 관리할 수 있다. 이러한 미디어를 통해 미디어 파일을 등록하고, 삭제하고, 편집할 수 있다.

● 미디어-첨부 상세

미디어의 대체 텍스트, 캡션 등 미디어를 정의하는 메타 데이터를 입력하고 편집할 수 있다.

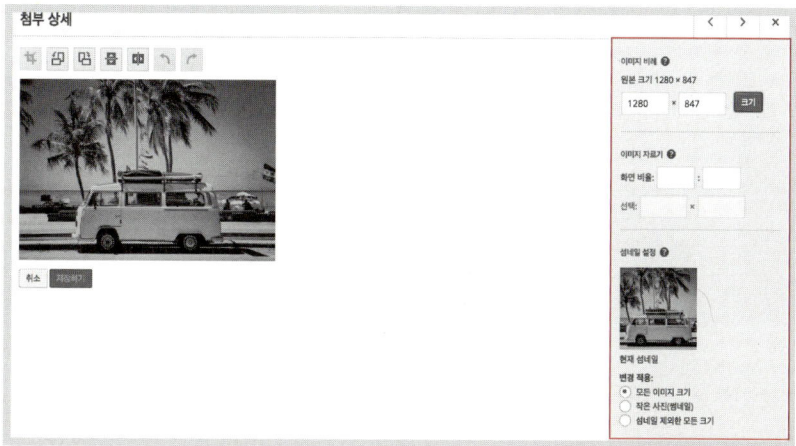

● 미디어 - 이미지 편집

이미지 파일의 크기를 조정하고 자르고 화면을 반전하는 등의 편집도 가능하다.

1 파일 형식 추가

워드프레스의 미디어는 워드프레스의 기본 에디터인 TinyMCE 에디터와 함께 제공되며, 에디터 상단의 [미디어 추가]를 클릭하면 미디어 파일을 등록할 수 있다. 미디어는 이미지뿐만 아니라 문서 파일도 등록이 가능한데 워드프레스에서 업로드를 허용하는 기본적인 파일 형식은 다음과 같다.

이미지	• .jpg • .jpeg • .png • .gif
문서	• .pdf(Portable Document Format, Adobe Acrobat) • .doc, .docx(Microsoft Word Document) • .ppt, .pptx, .pps, .ppsx(Microsoft PowerPoint Presentation)
문서	• .odt(OpenDocument Text Document) • .xls, .xlsx(Microsoft Excel Document)
오디오	• .mp3 • .m4a • .ogg • .wav
비디오	• .mp4, .m4v(MPEG-4) • .mpg • .mov(QuickTime) • .ogv(Ogg) • .wmv(Windows Media Video) • .3gp(3GPP) • .avi • .3g2(3GPP2)

(출처 : WordPress Codex)

관공서는 한글오피스를 사용하여 문서를 관리하는 경우가 대부분이기 때문에 .hwp 파일이나 업무에 필요한 파일 형식을 추가해야 한다. 이때 자식 테마의 functions.php에서 해당 파일 형식을 추가하거나 해당 기능을 지원하는 플러그인을 통해 파일 타입을 추가할 수 있다.

• functions.php 삽입 소스

```
add_filter('upload_mimes', 'custom_upload_mimes');
function custom_upload_mimes ( $existing_mimes=array() ) {
    $existing_mimes['hwp'] = 'application/hangul';
return $existing_mimes;
}
```

2 파일 용량 변경

워드프레스의 미디어는 업로드 시 파일 용량을 제한하는데, php.ini라는 파일을 수정하여 업로드 용량의 제한을 제어할 수 있다. 웹호스팅을 이용할 경우 php.ini에 접근할 수 없으므로 .htaccess 파일에서 파일 용량을 제어할 수 있다. 이런 경우 다른 호스팅 계정에 영향을 줄 수 있으므로 가급적 사용을 자제하는 것이 좋다.

- **php.ini 수정**
  ```
  file_uploads=On
  upload_max_filesize=32M // 파일 업로드 용량
  memory_limit=128M
  post_max_size=32M
  max_execution_time=30
  ```
- **.htaccess에 추가**
  ```
  php_value upload_max_filesize 32M
  php_value post_max_size 32M
  ```

Part 06
워드프레스로 구현할 수 있는 웹사이트

워드프레스는 콘텐츠 관리 기능이 탁월하며 웹사이트 빌더의 기능 또한 강력하다. 이는 오픈 소스의 환경이 다양한 콘텐츠를 제작하는 사람들이 워드프레스에 관심을 갖고 활용하는 계기가 되었고, 사용자들은 워드프레스를 이용하여 블로그나 일반적인 웹사이트를 제작하는 데 그치지 않고 다양한 콘텐츠를 관리할 수 있도록 테마와 플러그인을 제작하여 활용하게 되었다. 워드프레스처럼 개발자 커뮤니티가 운영되고 있는 대표적인 플러그인은 다양한 주제와 관심사에 따라 커뮤니티를 구성할 수 있는 게시판 플러그인인 bbPress, 워드프레스를 통해 소셜 네트워크 서비스를 구성할 수 있는 커뮤니티 플러그인 BuddyPress 등이다.

워드프레스에 관심을 가진 기업들도 워드프레스를 다양한 형태의 콘텐츠 관리 도구로 확장하고 있다. 가장 빠르게 성장세를 보이는 분야는 전자상거래로, WooTheme.com에서 무료로 제공하는 WooCommerce는 전 세계의 전자상거래에 활발하게 활용되고 일반 상품 거래를 넘어서 콘텐츠 비즈니스의 다양한 가능성을 현실화하고 있다.

워드프레스는 다양한 본연의 기능으로 다중 사이트(networks)를 생성하고 관리하는 기능을 지원한다. 기업이나 관공서는 다수의 사이트를 제작하여 관리하는 경우가 많기 때문에, 워드프레스를 도입할 경우 콘텐츠 관리 도구를 중복해서 설치할 필요 없이 서브도메인 또는 서브디렉터리로 사이트를 확장해나갈 수 있다.

CHAPTER **01**
멀티사이트

기업이나 관공서에서 웹사이트를 만들 때마다 워드프레스를 설치한다면 하드디스크의 물리적인 공간을 차지할 뿐만 아니라 각 워드프레스의 버전 관리나 계정 관리 등 관리자의 업무 부담이 증가할 수 있다. 워드프레스는 WPMU_{WordPress Multi User}라는 이름으로 멀티사이트를 지원하다 2010년부터 기본 기능에 Network라는 이름으로 포함했다. 설정_{config}을 수정하는 것만으로도 손쉽게 멀티사이트를 구현하는 환경으로 만들 수 있도록 지원하고 있다.

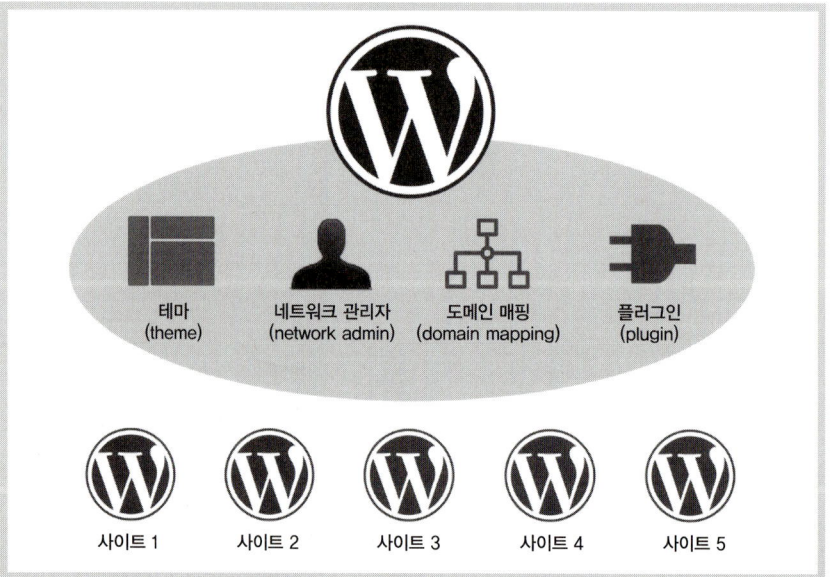

● 멀티사이트

워드프레스의 멀티사이트를 확장하는 것은 URL을 부여하는 방식에 따라 구분할 수 있는데, 서브도메인과 서브디렉터리로 도메인의 방식을 설정해야 한다. 서브도메인은 'site1.site.com'과 같이 독립적인 URL을 부여할 수 있고, 서브디렉터리는 'site.com/site1'과 같이 도메인의 하위에 위치하는 폴더 개념으로 이해하면 된다. 서브도메인은 'www.site.com'을 제외하고는 제한 없이 서브디렉터리를 생성할 수 있으며, 서브디렉터리는 'site.com/wp-admin'과 같이 워드프레스에서 기본으로 사용하는 디렉터리명, 루트사이트에서 사용하는 디렉터리명과 중복되지 않는 사이트명을 설정해야 한다.

● 멀티사이트 설치

추가 플러그인을 설치함으로써 워드프레스 멀티사이트별로 독립 도메인을 부여할 수 있다. 하지만 이를 관리하는 데는 도메인 및 호스팅의 전문적인 이해가 필요하므로 이에 대한 부분은 전문가와 상의할 것을 추천한다.

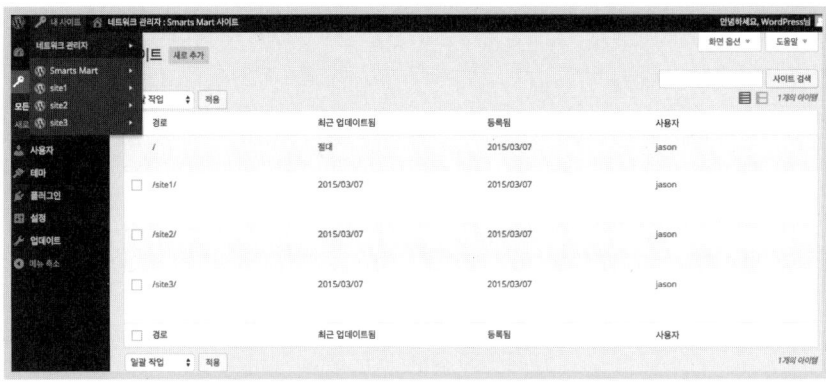

● 멀티사이트의 사이트 관리

　워드프레스 멀티사이트의 장점은 다음과 같이 네 가지를 들 수 있다.

　첫째, 사이트의 확장이 편리하다. 워드프레스 네트워크 관리자에서 손쉽게 사이트를 생성할 수 있다.

　둘째, 관리가 편리하다. 네트워크 관리자에서 테마와 플러그인을 설치하고 관리하기 때문에 사이트에서 별도로 테마와 플러그인을 설치하고 관리하는 번거로움이 없다. 워드프레스는 네트워크 관리자에 플러그인과 테마가 등록 및 공유되어 있으면 서브사이트마다 각기 다른 플러그인과 테마를 적용할 수 있으므로 사이트의 성격을 적용하고 유지할 수 있다.

　셋째, 회원 DB를 공유할 수 있다. 루트사이트와 서브사이트가 회원 정보를 공유할 수도 있고 공유하지 않을 수도 있기 때문에 사이트별로 회원 DB를 생성해서 관리하는 불편함이 없다.

　넷째, 멀티사이트를 위한 플러그인이 지원된다. 워드프레스의 멀티사이트는 통합 사이트이기는 하지만 기능의 취지가 개인별 사이트를 제공하는 다중 사용자multi-user의 개념으로 시작했기 때문에 사이트를 통합하는 기능이 부족하다. 하지만 멀티사이트 지원 플러그인을 사용하면 전체 사이트의 콘텐츠를 검색할 수 있는 기능, 관리자 간의 메시지 기능, 사이트 콘텐츠를 복제하여 다른 사이트에 적용하는 기능 등을 이용하여 통합 사이트 관리 기능을 구현할 수 있다.

회사 사이트, 블로그, 전자상거래 등 다양한 사이트를 제작하고 운영해야 하는 경우 지금까지는 상황에 따라 사이트를 개별 제작하는 것이 일반적이었지만, 워드프레스를 이용하여 웹사이트를 통합한다면 제작 비용을 절감하고 운영 및 관리에 소요되는 자원을 집중하는 효과를 얻을 수 있다. 워드프레스는 콘텐츠 관리뿐만 아니라 기업의 온라인 자원을 효율적으로 관리할 수 있도록 해준다.

CHAPTER 02 전자상거래

WooCommerce, JigoShop, WP e-Commerce를 비롯해 워드프레스에는 10여 종의 전자상거래 플러그인이 존재하며, 각 플러그인을 토대로 다양한 확장 플러그인 시장이 자리를 잡고 빠르게 성장하는 추세이다. 한편으로는 전자상거래를 위한 Magento, OpenCart, Prestashop 등 훌륭한 오픈 소스 CMS가 많은데 왜 워드프레스인지 궁금증이 생긴다.

'재화와 상품의 거래가 전자 문서를 통해 이뤄지는 것'이 전자상거래의 정의인데, 일반적으로 전자상거래라면 인터넷 쇼핑몰을 먼저 떠올릴 것이다. 이는 가장 많이 이용하는 전자상거래의 모델이기 때문에 전자상거래 CMS도 인터넷 쇼핑몰을 기준으로 발전해왔다고 할 수 있다. 전 세계적으로 전자상거래 오픈 소스 CMS의 점유율이 상당히 높은데, Magento의 전 세계 웹사이트 점유율은 무려 1.1%나 된다. 이는 웹사이트 100개 가운데 하나가 Magento로 운영되고 있다는 것과 마찬가지이다. 다른 전자상거래 오픈 소스 CMS도 비슷한 점유율을 유지하거나 꾸준히 성장하고 있다. 전자상거래 오픈 소스 CMS가 인터넷 쇼핑몰 운영에 강력한 기능을 지원하기 때문에 많이 사용된다고 예측해볼 수 있다.

다시 워드프레스로 돌아가서, 전자상거래 분야에 강력한 기능을 지원하는 경쟁적인 오픈 소스 CMS가 많은데도 불구하고 워드프레스를 이용한 전자상거래가 이슈로 떠오르는 이유는 다음과 같다.

첫째, 워드프레스는 콘텐츠 관리와 전자상거래가 가능한 다목적 CMS이다. 전자상거래 오픈 소스 CMS는 인터넷 쇼핑몰이라는 영역에 특화되어 있기 때문에 전자상거래 본연의 기능을 확장하는 데는 매우 탁월하지만, 콘텐츠 관리 도구로서의 역할은 워드프레스보다 불편하거나 부족하거나 적합하지 않다.

한편 대부분의 브랜드 사이트는 시작부터 과감한 투자를 하기가 쉽지 않은 것이 현실인데, 워드프레스를 이용하여 브랜드 사이트나 블로그를 운영한다면 워드프레스에서 확장하여 전자상거래를 구축하면 되기 때문에 부담이 줄어든다. 그런 면에서 워드프레스가 전자상거래 도구로 발전하게 된 것은 필연적이라고 할 수 있다.

둘째, 워드프레스는 콘텐츠를 상품화하는 도구이다. 워드프레스를 이용하여 콘텐츠를 판매할 수도 있는데 가장 대표적인 예가 테마와 플러그인이다. 유료 테마와 플러그인을 판매하는 사이트는 대부분 워드프레스로 제작되어 있다. 워드프레스의 전자상거래 플러그인은 대부분 가상 상품이라는 상품 타입을 지원한다. 가상 상품이란 배송이 필요 없는 상품으로서 이를 결제하면 콘텐츠를 내려받도록 설정할 수 있다.

워드프레스를 이용하여 테마나 플러그인처럼 내려받을 수 있는 파일을 판매하는 것도 가능하고 워드프레스의 글을 유료 기사로 판매PayPerPost하는 것도 가능하다. 포스트나 페이지, 이미지, 동영상, 문서와 같이 다운로드가 가능한 상품의 판매뿐만 아니라 지도에 표시되는 상점 정보locations, 온라인 교육e-learning, 호텔, 항공권, 영화, 연극과 같은 예약booking, 공연 및 전시회와 같은 이벤트 등의 콘텐츠를 관리할 수 있도록 확장이 가능하고 이를 전자상거래로 구현할 수 있는 것이 워드프레스가 가진 막강한 힘인 것이다.

셋째, 워드프레스의 전자상거래 생태계가 존재한다. 워드프레스의 대표적인 전자상거래 플러그인 WooCommerce를 지원하는 테마가 Theme forest에서

만 1400여 개가 판매되고 있으며, WooCommerce를 제작한 WooThemes에서 만든 테마도 50여 개나 된다. 그 밖에 다른 테마 사이트에서도 WooCommerce를 지원하는 테마를 제작하여 유료 또는 무료로 제공하고 있다. 또한 다양한 기능의 플러그인도 1000여 개 이상 제공되고 있다.

그러므로 워드프레스를 이용한 전자상거래를 구현하기 위한 인력을 따로 확보하지 않더라도 플러그인과 테마를 활용하여 상당한 수준의 전자상거래 사이트를 완성할 수 있다. 물론 워드프레스의 단점인 언어의 장벽이 존재하지만, 자세히 설명한 책이 출간되고 다양한 사례를 담은 포스트도 많아져서 쉽게 학습할 수 있는 환경이 조성되고 있다. 또한 워드프레스 전자상거래 플러그인에 맞춰 국내 PG(결제 대행사) 결제를 위한 확장 플러그인을 개발하는 기업이 증가하고 있어 콘텐츠 비즈니스 또는 중소규모의 브랜드 사이트, 스타트업 등에 활용하기 좋은 상황으로 나아가고 있다.

넷째, 워드프레스 플러그인을 사용하면 전자상거래에 필요한 기능의 확장을 쉽고 빠르게 할 수 있다. 전자상거래 사이트를 운영하다 보면 일반 배송 상품 외에도 콘텐츠 상품이나 이벤트 상품, 예약 상품 등으로 거래 품목이 다변화할 수 있고, 시스템도 이에 따른 기능을 제공해야 하는 경우가 발생한다. 이때 전자상거래 호스팅(e-commerce hosting)이나 독립형 소프트웨어를 활용하고 있다면 신속하게 대응하기가 어렵다. 기능을 구현하기 위해 요구 사항을 분석하고, 기능을 정의하고, 설계 및 개발하는 과정을 거쳐야 하기 때문이다.

반면에 워드프레스를 활용한다면 이런 부분을 의외로 쉽게 해결할 수 있다. 워드프레스 생태계가 만들어놓은 플러그인을 통해 전자상거래의 모형을 빠르게 확장할 수 있는 것이다. 워드프레스의 막강한 확장성은 기간을 단축할 수 있음은 물론이거니와 검증된 플러그인이 솔루션이 되고 안정적으로 운영이 가능하다는 의미이기도 하다.

위의 네 가지 이유만으로도 워드프레스가 전자상거래로 영역을 확장하는 것은 당연한 수순으로 보인다. 하지만 우리나라의 경우, 시장에서 높은 점유율을 차지하고 있는 전자상거래 호스팅 업체들이 전자상거래를 위한 기능을 저렴하게 또는 무료로 제공하기 때문에 전자상거래만을 이용하고자 한다면 워드프레스보다는 전자상거래 호스팅을 추천한다. 배송 관리와 고객 관리, SMS 등 세부적인 관리 기능이 아직은 부족하기 때문이기도 하다. 따라서 워드프레스를 활용한 전자상거래의 확장을 위해서는 전문가와 충분히 논의하는 과정을 거침으로써 도입 시의 가치를 명확히 점검해야 한다.

CHAPTER 03 전자상거래 및 콘텐츠 비즈니스

워드프레스는 콘텐츠를 이용한 전자상거래가 가능하다고 했는데, 그렇다면 어떤 모델이 가능한지 살펴보자. 이 장에서는 편의상 WooCommerce를 기반으로 하는 모델을 주로 선정했다.

1. 일반 쇼핑몰

WooCommerce를 이용한 인터넷 쇼핑몰은 쉽게 접할 수 있다. 워드프레스를 이용하여 웹사이트를 제작하는 에이전시뿐만 아니라 워드프레스를 학습한 사용자들도 워드프레스를 이용한 전자상거래에 관심이 많다. 워드프레스의 특징 중 하나인 검색엔진 최적화, 그리고 다양한 테마를 이용하여 세련된 스타일의 쇼핑몰 제작이 용이하다는 점 때문이다.

● 워드프레스 쇼핑몰 이원(EONE)

최근 들어 워드프레스 사용자가 증가하는 추세이며, 이는 국내 PG 확장 플러그인이 다수 지원되고 전문 플러그인 판매 사이트인 단비스토어가 등장함으로써 가속화되고 있다.

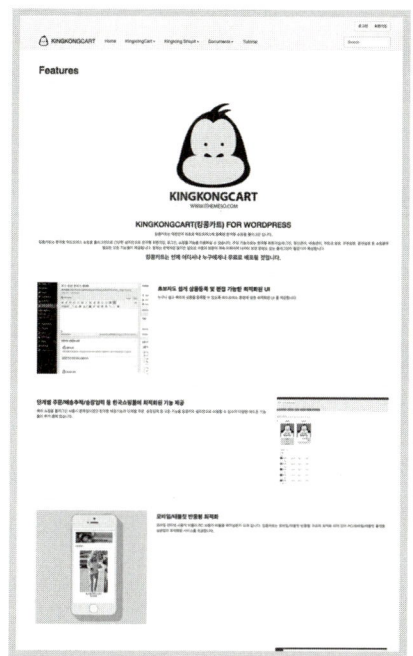 

● Kingkong Cart(왼쪽)와 보부상 e-Commerce(오른쪽)

워드프레스를 이용하여 일반 쇼핑몰을 구축하는 플러그인이 국내에서도 출시되고 있다. 온세통신에서 제작한 종합 쇼핑몰 플러그인 '보부상 e-Commerce', 워드프레스로 가장 빠르고 신속하게 쇼핑몰을 제작할 수 있는 슈퍼로켓의 'Kingkong Cart'를 예로 들 수 있으며, 서비스형 워드프레스 쇼핑몰 'CodeMShop'도 있다.

2. 온라인 서점

온라인 서점은 현재 대기업이나 온라인 쇼핑몰이 장악한 시장이지만 워드프레스를 이용하여 온라인 서점도 쉽게 제작할 수 있다. 온라인 서점은 광범위한 분류 체계를 지원할 수 있어야 하는데 워드프레스의 카테고리와 태그로 이를 해결할 수 있다.

● 온라인 서점 테마 Papirus

　북로그를 운영하는 출판사의 경우 워드프레스를 활용하여 브랜드 사이트, 블로그, 쇼핑몰을 제작하면 효과적이다. 워드프레스 테마 가운데 온라인 서점을 구축할 수 있도록 서지 정보를 입력하는 기능을 제공하는 것도 있다.

3. 오픈마켓

워드프레스로 오픈마켓을 만들 수 있을까 궁금해서 검색해보니 워드프레스로 오픈마켓을 구현한 테마를 찾을 수 있었다.

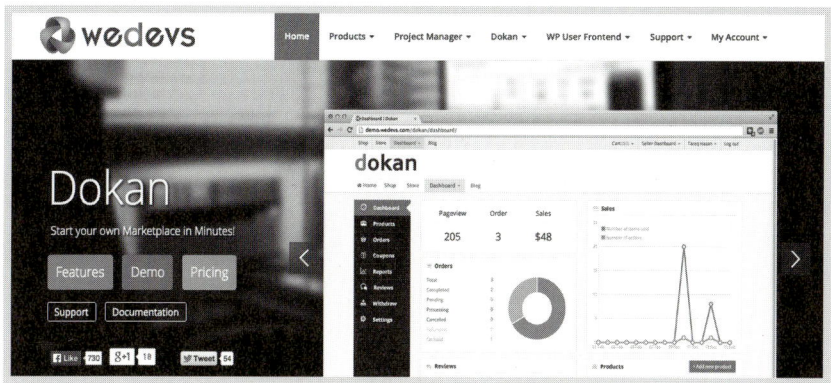

● 오픈마켓 테마 Dokan

Dokan이라는 오픈마켓 테마는 WooCommerce의 기능을 활용하여 판매자별로 상품 관리 및 판매가 가능하도록 기능을 지원하고 있다. 국내의 오픈마켓처럼 상세한 기능을 지원하지는 않지만 사용하기 간편하다는 장점이 있다. 최근 국내에 협동조합 설립이 활성화되고 있는데, 다수의 사업 주체가 판매 활동을 하는 데 무리가 없는 기능을 지원한다.

4. 온라인 교육 서비스

WooThemes.com은 WooCommerce에 특화된 확장 플러그인을 제작하여 제공하는데, 온라인 교육 사이트를 구성할 수 있는 플러그인인 'Sensei'도 그중 하나이다.

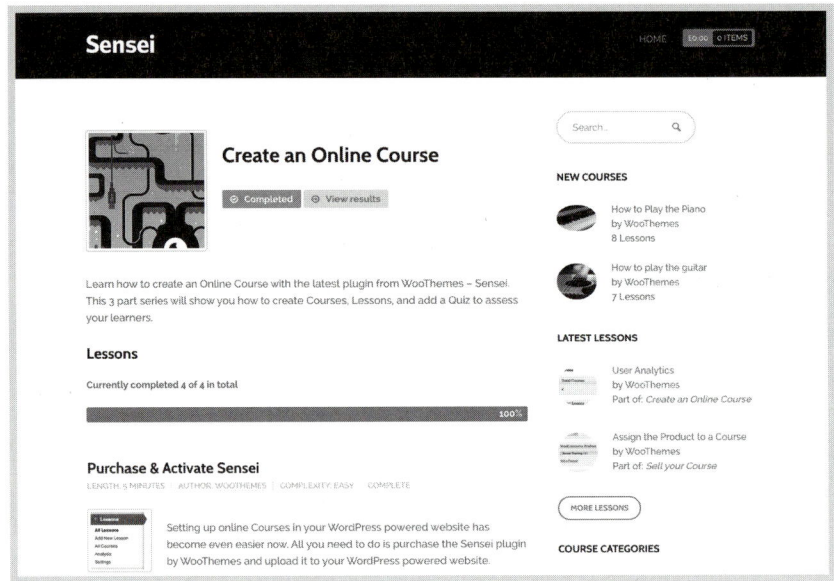

● 온라인 교육 서비스 플러그인 Sensei

Sensei에서는 과정Course과 수업Lessons이라는 콘텐츠를 관리할 수 있는데, 수업을 모아 과정을 만들며 과정에서 수업을 이동할 때는 퀴즈를 통해 학습 성취도를 확인할 수 있다. 학습 성취도가 낮을 경우 다음 수업으로 넘어가지 못하도록 설정할 수도 있다. Sensei를 지원하는 테마도 20개가 넘어 온라인 교육 서비스를 제공하고자 하는 사업자들의 진입 문턱이 낮아질 것으로 기대된다.

5. 숙박 등의 예약 서비스

WooThemes.com은 2014년 5월, 예약 기능 플러그인 'WooCommerce Bookings'를 제작하여 제공하기 시작했다.

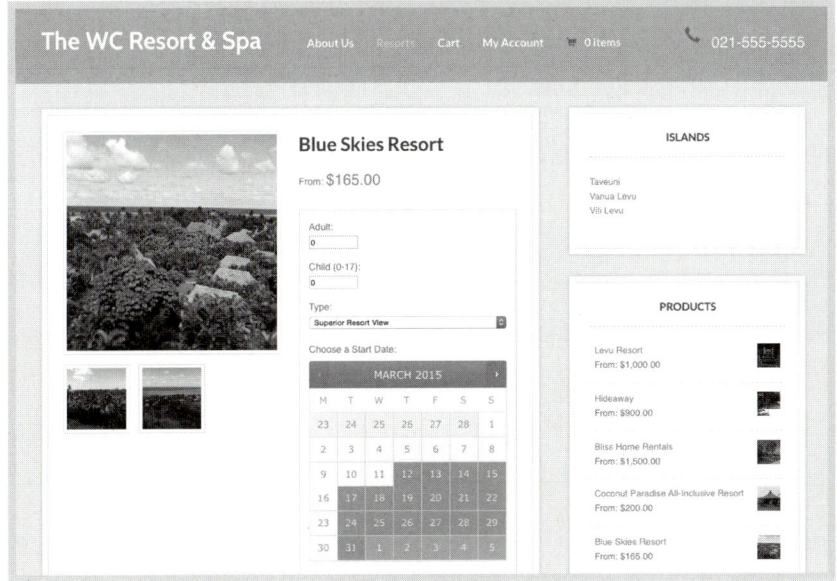

● 온라인 예약 서비스 플러그인 WooCommerce Bookings

　예약 서비스를 제공할 수 있도록 다양한 옵션의 추가 및 설정 기능을 지원하는데, 이를 활용하면 호텔뿐만 음식점, 미용실, 개인 수업 등과 같은 서비스의 예약이 가능하므로 다양한 사업에 활용할 수 있다. 또한 달력으로 예약 일정을 쉽게 파악할 수도 있으며, WooCommerce를 통해 결제 서비스로 연결된다는 것이 장점이다.

6. 지역 광고 판매

　워드프레스의 콘텐츠 목록을 지도 위에 표시할 수 있으면 워드프레스의 콘텐츠 타입에 상점store을 추가하여 지역 정보 서비스를 제작할 수 있다. 상점 정보를 지도에 표시하려면 주소 또는 POI Point Of Interest, 관심 지점의 좌표 정보를 입력할 수 있어야 한다. 워드프레스의 경우 구글 지도를 활용하여 지역 정보 서비스를 제공하는 테마가 늘어나는 추세이다.

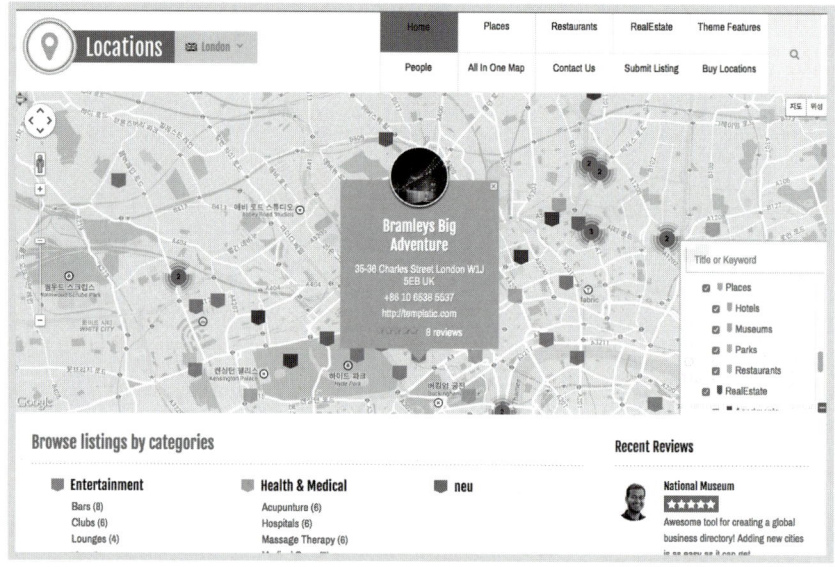

● 지역 정보 서비스 테마 Locations

지역 정보 테마와 WooCommerce를 결합하여 상점 정보를 입력할 때 일정 비용을 요청할 수 있기 때문에 지역 광고 판매 서비스도 쉽게 구현할 수 있다. 여기에 인터넷 쇼핑몰, 숙박 예약과 같은 서비스를 접목하면 수익 모델을 다변화할 수 있을 것이다.

7. 콘텐츠 쇼핑몰

워드프레스를 사용하면서 가장 자주 접하는 콘텐츠 쇼핑몰은 플러그인과 테마를 판매하는 사이트이다. 이러한 쇼핑몰은 대부분 워드프레스를 이용하여 제작되었으며 워드프레스의 전자상거래 플러그인을 이용하고 있다. 국내의 워드프레스 메타플러그인 쇼핑몰 단비스토어와 결제 플러그인 개발사 Planet8도 워드프레스와 WooCommerce를 활용하여 제작했다.

● 콘텐츠 쇼핑몰 Planet8

워드프레스 관련 콘텐츠뿐만 아니라 매뉴얼, 이미지 소스 등의 다운로드 콘텐츠를 판매하는 사이트도 제작할 수 있는데, 다운로드 서비스를 비롯해 DRM 서비스를 지원하는 CDN을 이용하여 무단 복제를 방지할 수 있다.

8. 유료 기사 판매

우리나라에서는 흔치 않지만 해외, 특히 미국의 경우 유료 뉴스 시장이 활성화되어 있다. 이처럼 소규모 전문 미디어가 일반 기사 외에 유료로 기사를 제공하는 경우가 있다. 예를 들면 증권 정보 등의 전문 지식을 판매하는 것으로, 이를 PPV Pay Per View 또는 PPP PayPerPost라고 한다. 워드프레스는 PPP를 구현할 수 있는 유료·무료 플러그인을 다양하게 제공하고 있다. 전문 콘텐츠를 다루는 전문 필진이 워드프레스를 운영하는 경우, 구글 GDN과 같은 광고 수익 외에 고급 정보를 판매하는 비즈니스를 제공할 수도 있다.

9. 이벤트 티켓 쇼핑몰

Part 5에서 살펴본 Event Manager, Event Calendar와 같은 일정 관리 플러그인을 이용하여 컨퍼런스, 전시회, 패션쇼, 콘서트, 스터디와 같은 이벤트 티켓 쇼핑몰을 제작할 수 있다. 이벤트는 정해진 시간과 장소에서 진행하는 활동을 의미하는데, 워드프레스로 온오프믹스Onoffmix.com와 같이 다양한 형태의 이벤트를 판매하는 쇼핑몰을 제작할 수 있다.

10. 소셜커머스

소셜커머스는 소셜미디어를 통해 일정 기간 동안 일정 수량의 상품을 판매하는 것을 의미하며, WooCommerce를 활용하여 소셜커머스 쇼핑몰 제작도 가능하다.

    WooCommerce의 확장 플러그인을 통해 이런 조건의 일반 배송 상품 외에 쿠폰 상품gift card도 판매할 수 있다.

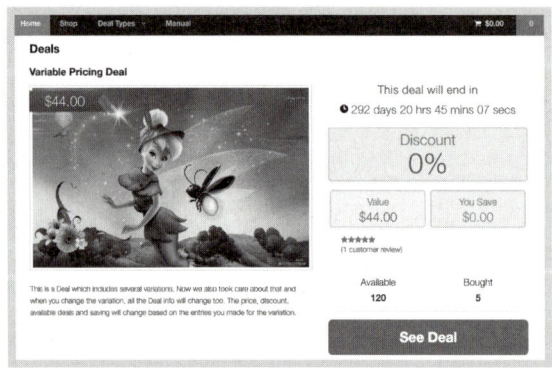

● 소셜커머스 Social Deals Engine WooCommerce Edition

Part **07**

워드프레스 사이트의 콘텐츠 및 시스템 운영

지금까지 사이트의 제작에 대해 살펴보았으니 이제 운영 부분으로 넘어가보자. 웹사이트 및 웹사이트의 운영에 대해 쉽게 설명하기 위해 자동차와 운전 실력에 비유해볼 수 있다. 고성능 스포츠카를 가지고 있다면 고속 주행을 할 수 있는 운전 실력을 갖춰야만 스포츠카의 성능을 제대로 활용할 수 있다. 워드프레스는 바로 고성능 스포츠카와 같은 CMS이다. 운영자의 실력에 따라 다양한 목적에 맞는 콘텐츠를 운영할 수 있는 간편한 기능과 뛰어난 확장성은 워드프레스만의 장점이다. 이러한 워드프레스의 콘텐츠 운영에 대해 자세히 살펴보자.

CHAPTER 01
워드프레스 사이트의 콘텐츠 운영

1. 블로그 운영

워드프레스로 구축한 사이트와 연결하여 가장 먼저 떠올릴 수 있는 콘텐츠 운영은 블로그일 것이다. 워드프레스 사이트에서 기존의 게시판을 블로그로 대체하고, 공지 사항 외에도 포트폴리오, 갤러리 등의 콘텐츠를 다양하게 운영할 수 있다. 이를 위해 포트폴리오와 갤러리를 지원하는 유료 테마를 찾는 것도 방법이지만, Part 5에서 설명한 포스트의 글 형식을 이용하여 포트폴리오와 갤러리, 동영상 등을 운영할 수 있다. 이렇게 하려면 어떻게 해야 하는지 알아보자.

    일반적으로 기업이나 기관은 콘텐츠를 제공하기 위해 다양한 게시판을 운영한다. 게시판은 기업이나 기관의 공적인 정보를 제공하는 창구이자 동시에 방문자들과 소통하는 공간이다. 기업이나 기관에서 운영하는 게시판은 일반적으로 다음과 같은 형태이다.

- 공지 사항
- 구인 공고
- 입찰 공고
- 보도 자료
- IR 뉴스
- 홍보 영상
- 브로슈어
- 대표자 동정
- 업계 동향

    워드프레스로 사이트를 제작한다면 게시판을 이용하여 제공했던 다양한 콘텐츠를 블로그를 통해 제공할 수 있다. 이럴 경우 필요한 콘텐츠를 게시판처럼 운영하기 위해 각각의 카테고리로 만들면 운영이 용이할뿐더러 사이트의 메뉴에 넣기 편리하고, 위젯이나 페이지 빌더의 요소를 이용하여 메인페이지나 사이드바에 콘텐츠를 전시하기가 수월하다. 또한 콘텐츠의 규모가 큰 블로그는 효율적인 운영을 위해 카테고리별로 담당 운영자를 지정할 수 있다.

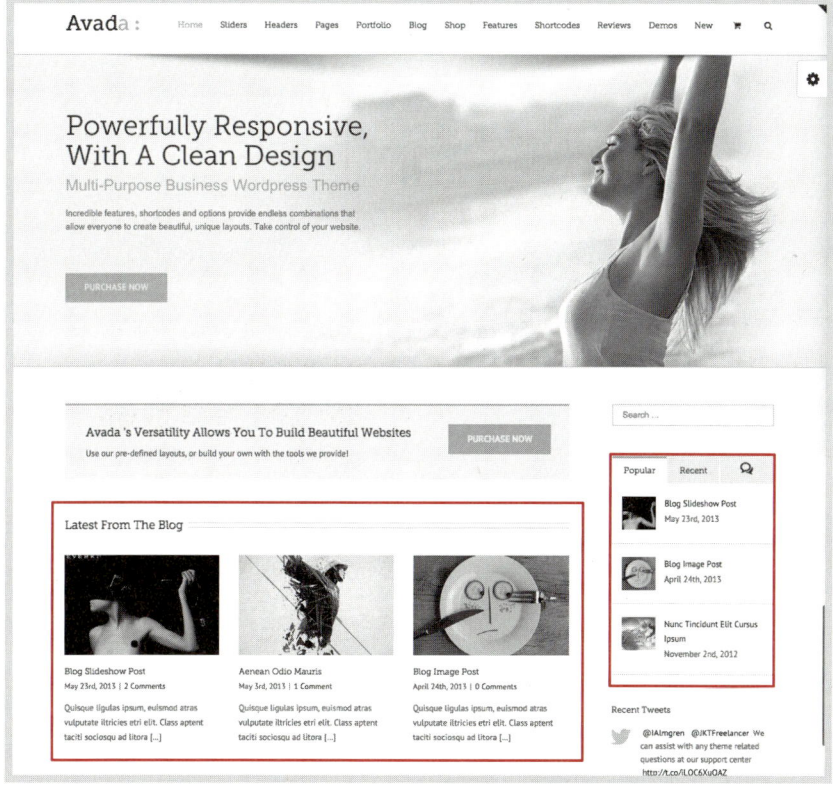

● 페이지 빌더와 위젯을 이용한 목록 전시

대부분의 게시판은 권한과 승인 체계를 적용하지 않고 사용하는데, 워드프레스의 블로그 시스템을 이용하면 발행 권한을 최고 운영자에게만 부여할 수 있다. 또한 워드프레스는 예약 발행 기능을 지원하기 때문에 공지 사항, 구인 공고, 입찰 공고, 보도 자료, IR 뉴스와 같은 공문서적인 성격의 콘텐츠를 운영자가 제작하고 최고 운영자가 발행 시간을 결정하여 예약 발행을 할 수 있다.

게시판을 워드프레스의 블로그로 대체할 경우의 장점은 다음과 같다.

첫째, 검색엔진 최적화와 소셜미디어 연동을 통해 다양한 매체로의 링크 공유가 수월하므로 웹사이트의 콘텐츠를 다양한 경로로 전파할 수 있다.

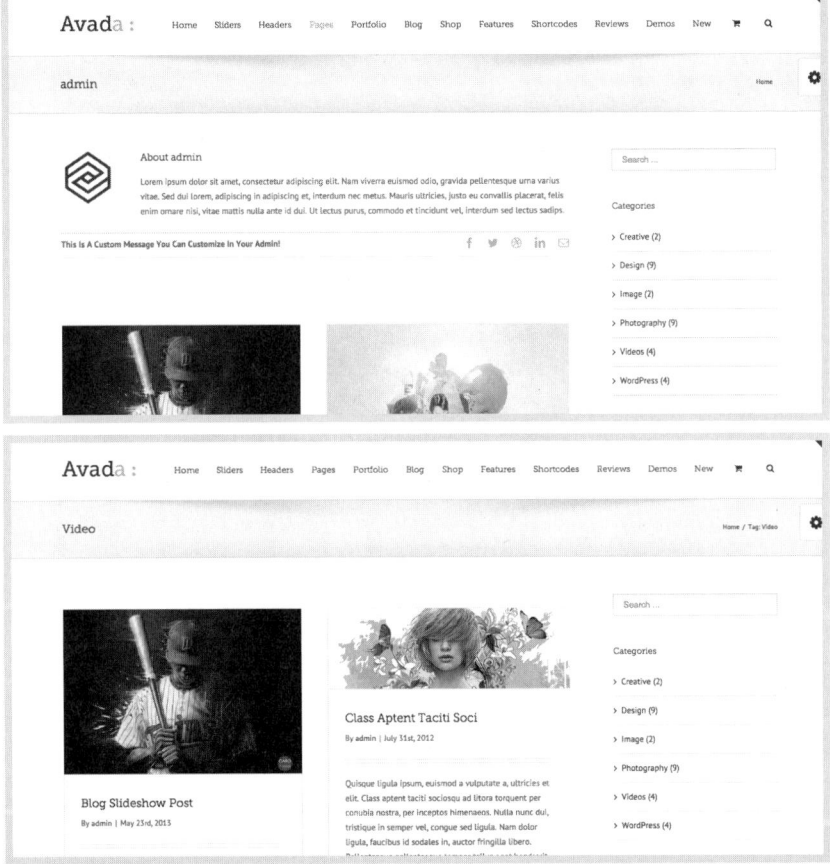

● 작성자 글 목록(위)과 태그 글 목록(아래)

둘째, 워드프레스의 카테고리와 태그를 사용하여 게시 글을 분류할 수 있을 뿐만 아니라 사용자가 지정한 태그의 목록을 통해 콘텐츠를 제공할 수도 있다. 이때 특정 제품에 대한 공지 사항, 새 소식, 매뉴얼, 리뷰 등의 정보를 각각의 카테고리에서 불러올 수 있다. 태그는 검색과 달리 작성자가 직접 정의하는 것으로서 정확한 정보를 제공하는 데 도움이 된다. 또한 작성자별 목록을 제공하는 템플릿을 지원하므로 담당 부서별 또는 담당자별 콘텐츠 목록도 제공할 수 있다.

● 글 관리

셋째, 각각의 게시판에 들어가서 관리하는 업무 부담을 덜 수 있다. 워드프레스의 글 관리는 백엔드back-end의 관리자 화면에서 가능한데, 이때 게시판별 메뉴로 접근하는 것이 아니라 카테고리로 필터링하여 관리할 수 있어 편리하다. 워드프레스 관리자 화면에서는 선택한 콘텐츠를 다른 카테고리로 변경 가능하고 태그 수정 등의 일괄 편집 기능이 있어 관리하기가 편리하며 작성자 변경 등의 작업을 쉽게 처리할 수 있다.

● 부산대학교 도서관 웹사이트

넷째, 워드프레스를 이용하여 제작한 웹사이트는 서로 콘텐츠를 쉽게 공유할 수 있기 때문에 기업, 관공서의 관련 웹사이트나 유관 기관에 중복되는 콘텐츠를 다시 제작하거나 저장하는 불필요한 업무를 줄일 수 있다.

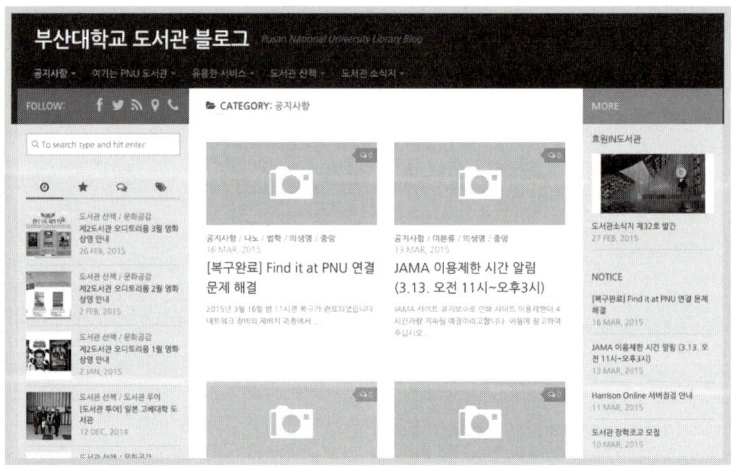

● 부산대학교 도서관 블로그

국내 최초로 워드프레스를 이용하여 전자도서관 웹사이트를 구축한 부산대학교 도서관의 경우 블로그를 콘텐츠 허브로 활용하고 있다. 공지 사항, 뉴스, 이벤트 등 블로그 콘텐츠를 중앙도서관, 법학도서관, 나노생명도서관, 의생명과학도서관 사이트에 공유함으로써 각 도서관마다 콘텐츠를 작성하고 등록하던 비효율적인 업무를 블로그로 통합 관리하게 되었으며, 인력 활용 및 콘텐츠 관리에도 매우 큰 효과를 거두고 있다.

워드프레스의 멀티사이트 기능을 이용하여 기업과 관공서의 웹사이트 및 유관 사이트를 제작할 경우, 사이트마다 특성에 맞게 운영할 수 있을 뿐 아니라 플러그인 설치 및 설정을 통해 콘텐츠의 공유를 간단히 구현할 수 있다.

2. 소셜미디어 운영

많은 기업 및 기관에서 블로그를 비롯해 페이스북, 트위터와 같은 소셜미디어를 이용하여 콘텐츠를 공유하는 사례가 점점 늘어나고 있다. 네이버, 다음, 티스토리와 같은 서비스형 블로그에 콘텐츠를 등록하고 이 링크를 소셜미디어로 나르는 업무는 기본이고, 각 소셜미디어에 따라 차별화된 콘텐츠를 제작하기도 한다. 현재 많은 기업 및 기관은 이러한 소셜미디어 마케팅에 인력을 투입하고 상당한 비용을 쏟고 있다.

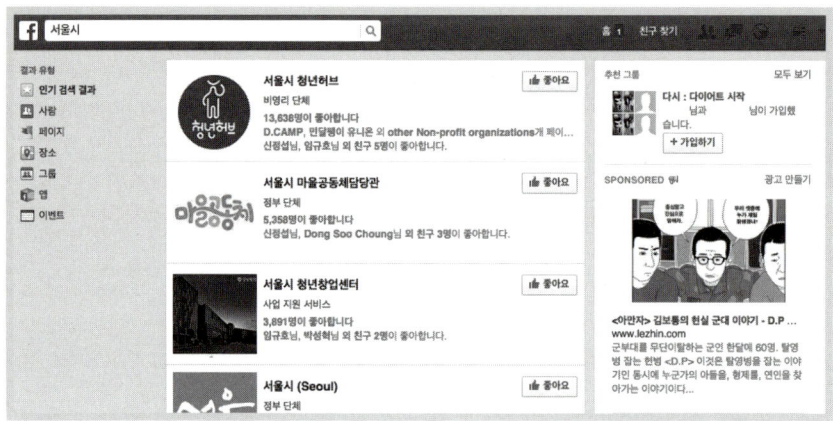

● 서울시 관련 기관 페이스북 페이지

워드프레스에서 생산되는 방대한 콘텐츠를 자사의 서비스에 활용하기 위해 페이스북, 트위터, 구글과 같은 소셜미디어 서비스 기업들은 워드프레스와의 연동 플러그인을 직접 제작하여 제공하고 있다. 워드프레스닷컴을 운영하는 오토매틱에서 제공하는 Jetpack 플러그인을 이용하면 워드프레스에서 생산된 콘텐츠를 아주 쉽게 소셜미디어에 공유할 수 있다.

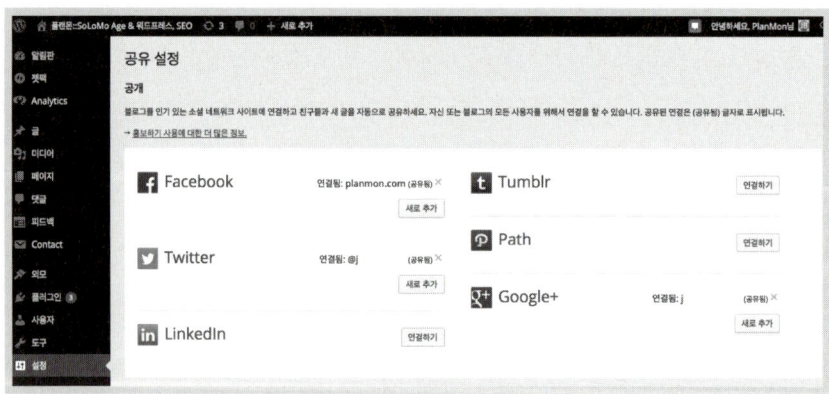

● Jetpack 공유

하나의 콘텐츠를 다양한 매체에 공유하면 원 소스 멀티유즈one source multiuse[1]와 유사한 효과를 가져오는데, 워드프레스는 이런 환경이 상당히 발달되어 있는 CMS이다. 우리나라에서 많이 사용되는 카카오톡, 라인과 같은 소셜미디어와의 연동이 아직 활성화되지는 않았지만, 최근 들어 우리나라의 워드프레스 개발자들이 소셜 관련 플러그인을 잇따라 출시하고 있어 빠르게 환경이 조성될 것으로 기대된다.

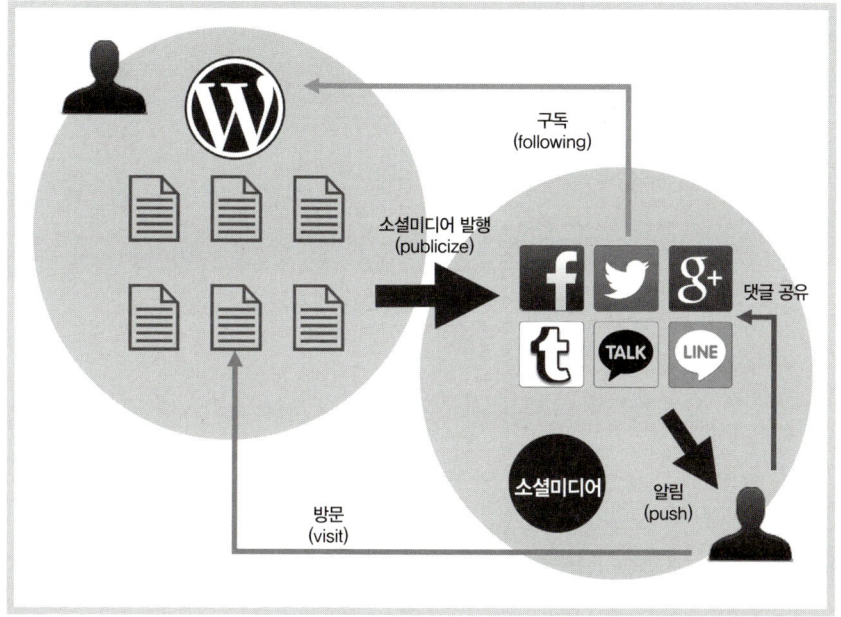

● 워드프레스 소셜웹

워드프레스는 CMS이면서 동시에 콘텐츠 허브라고 할 수 있다. 워드프레스를 중심으로 블로그, 사이트, 소셜미디어에 콘텐츠를 공유할 수 있다는 것은 매우 놀라운 일이다. 그 전에는 콘텐츠를 축적하는 것이 웹사이트의 목적

---

1 하나의 콘텐츠를 여러 가지 상품 형태로 확장한다는 한국식 영어 조어로, 일본에서는 media mix, 미국에서는 media franchise가 유사한 의미로 쓰인다.

이었지만 지금은 공유를 통해 다양한 대상에게 콘텐츠를 전달하는 것이 더욱 중요해졌다. 워드프레스는 소셜미디어와의 연동을 통해 콘텐츠를 공유함으로써 소셜웹social web[2]의 역할을 수행할 수 있다.

기본적인 전략은 워드프레스로의 유입을 위한 관문gateway을 소셜미디어에 만들고, 워드프레스로 연결되는 링크와 콘텐츠의 요약 정보를 제공하여 콘텐츠에 접근할 수 있도록 하는 것이다. 이때 콘텐츠에 대한 만족도가 높거나 기대감이 클 경우 소셜미디어에서 관계가 형성되고, 이렇게 형성된 관계를 통해 꾸준히 콘텐츠를 제공한다. 모바일과 소셜미디어가 등장하기 이전에는 풀pull[3] 방식의 검색이 콘텐츠와 사람을 연결해주는 관문이었다면 이제는 소셜미디어가 그 역할을 나눠 하는 상황으로, 소셜미디어의 활용성이 극대화된 워드프레스의 가치가 더욱 높아지고 있다.

3. 웹로그 분석

물건을 파는 매장에서 판매 장부를 기록하는 것은 수익을 분석하기 위함이다. 웹사이트의 경우도 방문자가 웹사이트에 접근하여 활동한 정보를 취합 및 분석할 필요가 있는데, 이때 방문자가 남기는 데이터가 '웹로그'이다.

---

[2] 사회적 관계를 통해 사람들을 연결하는 월드와이드웹을 말한다.
[3] 당기는 것과 같이 사용자의 필요에 의한 행동을 말한다.

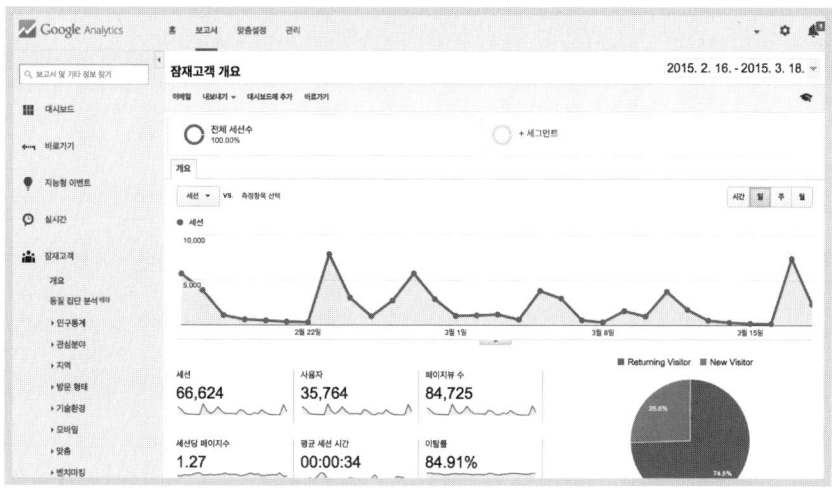

● 웹로그 분석

　웹사이트 제작, 콘텐츠 제작 외에도 웹사이트의 방문자를 끌어오는 데 비용이 발생하고, 콘텐츠 제작 및 광고 등 웹사이트 운영에는 제작비보다 더 많은 비용이 들어간다. 예를 들어 공지 사항을 작성하는 데 1시간의 노동력이 투입되었다면 최저 임금으로 계산해도 5600원이 쓰인 것이고, 이것을 10명이 봤다면 방문자 1인당 560원을 들인 셈이다. 웹사이트를 운영할 때, 홍보를 위한 콘텐츠를 만들고 이를 광고하거나 소셜미디어에 공유하는 모든 행위에는 비용이 발생한다는 것을 항상 염두에 두어야 한다.

　기존에 운영 중인 웹사이트가 있다면 워드프레스로 웹사이트를 제작하기 이전에 현재 웹사이트의 웹로그를 축적해야 한다. 이를 통해 워드프레스의 도입 효과를 분석하고, 현재 웹사이트의 문제점을 파악하여 웹사이트 제작 시 참고하는 것이 좋다.

　일상의 생활 패턴은 1일, 1주, 1개월, 1분기, 1반기, 1년 단위로 구분할 수 있다. 웹사이트는 24시간 접속이 가능하기 때문에 데이터를 축적하고 분석할 때 생활 패턴에 따라서 방문자의 방문 형태와 방문 시의 활동을 분석할 필요가 있다. 은행이나 쇼핑몰 같은 사이트는 월말에 사용자가 증가하고, 일반 기업은 주초와 금요일에 방문자가 많다. 또 주말보다는 평일에 웹사이트 방문율이 높고, 특정 이슈가 발생했을 때 방문자가 급격히 증가하는 경우도 있다. 웹사이트 제작 계획이 최소 1개월 이전에 결정된다면 웹사이트의 웹로그 데이터를 확보하여 워드프레스 웹사이트 제작 이후의 웹로그와 비교할 수 있도록 준비할 것을 추천한다.

1 웹로그 분석의 관점

웹로그 분석은 다양한 관점에서 바라볼 수 있다. 콘텐츠를 제작하는 담당자의 경우 콘텐츠 페이지뷰에 관심이 있을 것이고, 마케터는 어떤 매체나 경로를 통해 어떤 키워드로 웹사이트에 접근했는지 궁금해할 것이다. 또한 개발자는 데스크톱 PC인지, 태블릿 PC인지, 스마트폰인지, 어떤 브라우저를 이용하는지 등 방문자의 이용 환경에 관심이 많을 것이고, 최고 운영자는 전체 방문자와 신규 방문자, 전체 페이지뷰에, 영업 관련 담당자라면 회원 가입, 주문 등의 전환율에 관심을 둘 것이다. 웹사이트를 함께 운영하는 담당자일지라도 담당 업무에 따라 원하는 정보가 다르다.

 웹로그 분석에서 일반적으로 데이터 가치로 측정하는 것은 방문자, 순 방문자, 신규 방문자, 전환율 등의 방문자 데이터와 방문 매체 및 경로, 검색 키워드 등 접근 수단에 대한 정보이다. 이 정도의 데이터를 분석하는 것도 쉽게 생각하고 덤빌 일이 아니다. 웹로그 데이터는 대체적으로 명확한 정보이지만 이벤트나 특정 이슈가 없다면 변화가 크지 않기 때문에 데이터 분석에 나태해지기 쉽다. 이는 짧은 기간의 데이터를 살펴보기 때문인데 하루, 1주일 단위의 데이터 분석으로 개선 사항을 도출하기란 전문가에게도 쉽지 않은 일이다. 그러므로 적어도 2~3개월의 데이터를 중첩해서 분석할 필요가 있다. 예를 들어 1~3월의 검색 유입률과 2~4월의 검색 유입률을 비교·분석하면 검색어의 추이와 웹사이트의 방문 경로가 되는 포털사이트, 검색엔진 등을 파악할 수 있다. 웹로그 분석에는 가급적 넓게 바라보는 관점이 필요하다.

웹로그 분석을 효율적으로 하려면 데이터를 비교하여 분석하는 것이 좋다. 방문자 대 순 방문자, 페이지뷰 대 전환 수와 같이 전체 데이터와 포함 데이터를 비교하여 분석 데이터를 도출해야 한다. 일반적으로 방문자가 많고 순 방문자가 적다면 웹사이트의 재방문율이 높다고 분석할 수 있지만, 방문자가 월등히 많고 순 방문자가 예상외로 적다면 웹로봇이나 데이터 수집을 위한 소프트웨어가 방문하는 경우일 가능성이 높기 때문에 서버 관리자에게 해당 IP 또는 트래픽의 차단을 요청하면 된다. 또한 페이지뷰가 많고 전환 수가 적은 것은 콘텐츠에서 회원 가입이나 제품 구매로의 연결 구조 개선이 필요하다고 판단할 수 있는 근거가 된다.

이와 같이 웹로그 분석은 웹사이트와 콘텐츠의 이용 현황뿐만 아니라 웹사이트의 사용자 경험을 개선하기 위한 것이다. 따라서 이를 위한 계획적인 데이터 축적과 활용을 학습하고 준비해야 한다.

2 웹로그 분석의 비용

웹로그 분석을 위한 서비스나 소프트웨어는 대부분 보고서를 설정할 수 있는 기능을 지원한다. 분석 항목과 보고 주기를 입력하면 이메일로 해당 정보에 대한 보고서 또는 파일을 보내준다.

● 웹로그 분석 보고서 설정

    보고서는 형태와 기간을 다양하게 정의하여 활용할 수 있는데, 주간 보고·월간 보고·분기 보고와 같이 기간 형태로 나눌 수도 있고 방문자 분석·검색어 분석과 같이 세분화된 보고서로 나눌 수도 있다. 또한 맞춤 보고서 설정을 통해 웹로그 분석 사이트를 직접 방문하지 않아도 필요한 웹로그 분석 정보를 확인할 수 있다.

    웹로그 분석을 시작하면 방문자 수나 페이지뷰 등 특정 데이터에 몰입하는 경우가 흔히 발생한다. 웹사이트에서의 활동에 비해 방문자의 웹로그가 만족할 수준이 아닐 때 운영자는 더 많은 데이터를 요구할 수도 있다. 이때 주의해야 할 것은 데이터 분석 시 발생하는 비용이다. 일 방문자가 100명 정도인 사이트는 웹로그 분석을 통해 개선 사항을 도출하는 비용이 개선 효과보다 월등히 높을 것이다. 운영자가 데이터 분석 및 개선에 업무일 기준으로 5일을 소요했는데 일 방문자가 10명 늘었다면 결과적으로 큰 손해를 본 것이다. 일 방문자 10명은 5000원 안팎의 비용으로 검색 광고를 통해 충분히 유입할 수 있는 수치이기 때문이다. 데이터에만 집중하다 보면 이런 상황 판단을 잘 못하는 경우가 많은데, 특히 기업의 이벤트 사이트나 쇼핑몰 운영자가 이와 같은 실수를 하기 쉽다.

웹로그 분석에 우선적으로 필요한 것은 충분한 방문자 유입이다. 적은 양의 데이터로는 효과적인 분석과 개선 사항 도출이 어렵고, 만약 할 수 있다 하더라도 투입 대비 효과가 낮을 수밖에 없다. 따라서 웹로그 분석 이전의 필수 과제는 방문자의 유입을 늘리는 것임을 명심하기 바란다.

3 구글 애널리틱스 활용

워드프레스는 웹로그 분석을 위한 기능을 제공하지 않는다. 방문자나 페이지뷰와 같은 기본 정보조차 확인할 수 있는 기능이 없다. 하지만 워드프레스에서 활용할 수 있는 구글 애널리틱스 플러그인이 다양하게 있기 때문에 손쉽게 추적 스크립트를 활용하거나 보고서 화면을 확인할 수 있다.

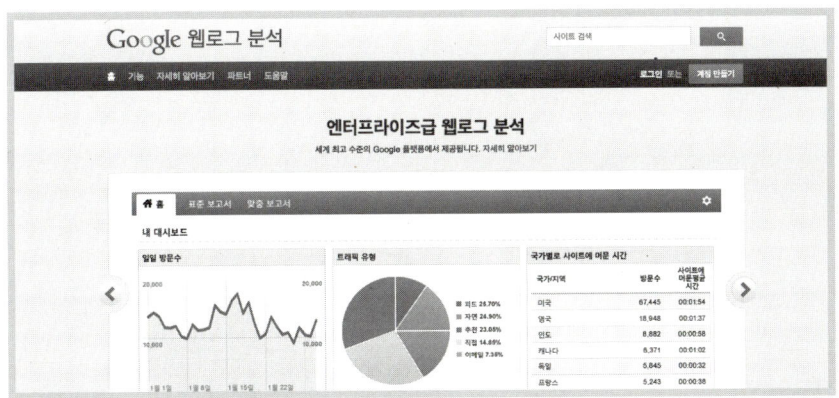

● 구글 애널리틱스

구글 애널리틱스는 구글에서 제공하는 웹로그 분석 도구로 일반 사용자는 물론 기업도 활용할 수 있는 서비스형 웹로그 분석 도구이다. 구글 계정만 있으면 누구나 약관 동의 후 무료로 사용할 수 있다. 구글 웹로그 분석 도구를 사용하기 위해 워드프레스 사이트에 추적 자바스크립트 코드를 삽입하면 바로 웹로그 데이터의 수집이 가능하다. 그리고 워드프레스 플러그인을 이용하면 추적 코드가 아닌 사용자 아이디를 입력하여 구글 애널리틱스의 웹로그 분석을 활성화할 수 있으며, 워드프레스에서 간단한 웹로그 데이터를 확인할 수 있는 기능을 지원한다. 가장 많이 사용하는 플러그인은 Google Analytics by Yoast이다.

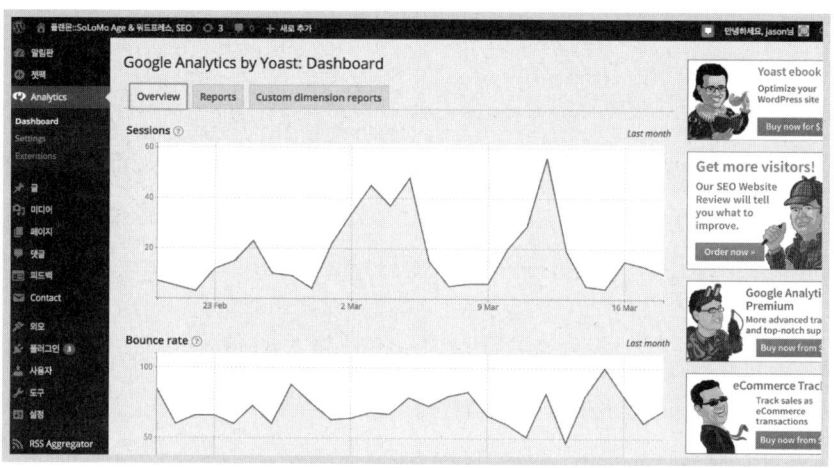

● Google Analytics by Yoast

워드프레스는 검색엔진, 소셜미디어, RSS 등의 다양한 경로를 통해 방문자가 유입되기 때문에 어떤 매체나 경로를 통해 웹사이트를 방문했는지 파악하고 방문 경로나 매체별로 상세한 분석을 해야 한다. 페이스북 페이지를 통해 방문한 경우는 어떤 포스트의 링크를 타고 왔는지 분석하고, 네이버 검색으로 방문한 경우는 어떤 키워드로 방문했는지 확인해야 한다. 구글 애널리틱스는 이러한 매체별 분석 기능이 매우 잘 구성되어 있으므로 워드프레스 운영자라면 사용법을 숙지해둘 필요가 있다.

CHAPTER 02
워드프레스 사이트의 시스템 운영

워드프레스는 서버 또는 호스팅에서 운영되는 웹 애플리케이션이다. 웹 애플리케이션을 구동하려면 운영 환경을 파악하고 워드프레스의 변화에 신속하게 대응해야 한다. 워드프레스는 오픈 소스라는 특성상 기여자들의 참여가 활발하여 업데이트가 꾸준히 이뤄지고 있다. 워드프레스가 업데이트되면 대부분의 테마와 플러그인도 신속하게 업데이트되기 때문에 이를 파악하고 조치하는 것도 운영에 매우 중요한 일이다. 또한 데이터를 관리하는 방법과 스팸, 보안에 대해서도 상세히 파악하고 대처할 필요가 있다. 특히 보안은 기업이나 기관 및 관공서에서 가장 관심을 두는 민감한 사항이므로 철저히 대비해야 한다.

1. 업데이트 관리

워드프레스 사이트를 운영할 때 업데이트에 대한 고민이 상당히 많을 것이다. 업데이트를 해야 할지 판단하기도 어렵거니와, 큰마음 먹고 업데이트를 했는데 웹사이트의 운영이 정지되거나, 화면을 불러오지 못하는 상태가 되거나, 수정한 사항이 모두 초기화되는 경우가 발생할 수 있다. 업데이트는 보안에 대한 이슈가 포함되는 경우가 많이 때문에, 가능하다면 업데이트 알림이 떴을 때 빠른 시일 내에 업데이트할 것을 권장한다.

워드프레스는 보안 등의 이슈로 인해 업데이트가 빈번한데, 이때마다 업데이트를 실행하면 그 전에 수정한 내용을 업데이트 시 새로운 파일로 덮어쓰면서 사라지게 된다. 따라서 워드프레스는 업데이트를 원활하게 지원하기 위해 구조적으로 업데이트에 영향을 받지 않도록 설계되어 있다. 이는 워드프레스의 전체 기능을 담은 코어, 디자인과 레이아웃을 담당하는 테마, 기능을 담당하는 플러그인이 서로 연결은 되지만 간섭하지 않는 구조로 되어 있기 때문에 가능하다.

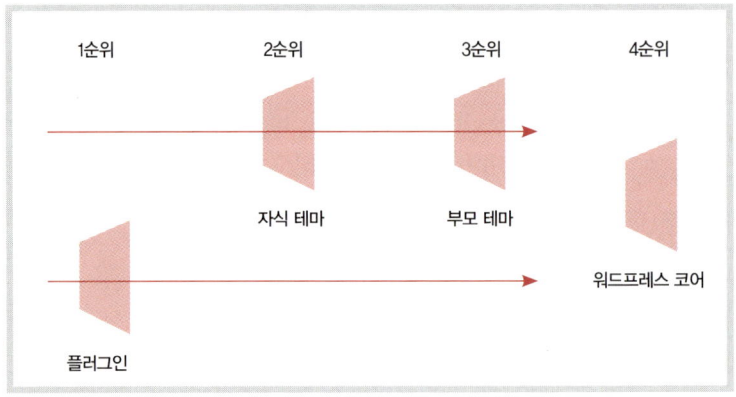

● 작동 우선순위

워드프레스는 이를 위해 후킹hooking[4]을 제공하는데, 기능이나 화면에 전시된 내용을 후킹을 통해 기존 기능이나 화면 요소를 의도하는 것으로 대체할 수 있기 때문에 워드프레스 코어나 테마, 플러그인의 소스코드를 건드리지 않고도 기능과 화면을 구성할 수 있다. 예를 들어 회원 가입 시 수집하는 개인 정보가 이메일 주소와 아이디, 비밀번호밖에 없는 경우, 이 기능은 워드프

---

[4] 운영체제나 응용 소프트웨어 등의 각종 컴퓨터 프로그램에서 소프트웨어 구성 요소 간에 발생하는 함수 호출, 메시지, 이벤트 등을 중간에서 바꾸거나 가로채는 명령, 방법, 기술이나 행위를 말한다. (출처 : 위키백과)

레스 코어의 기능이라 항목을 추가하려면 코어의 wp_login.php라는 파일을 수정해야 하지만 후킹을 통해 해당 화면에 나이, 성별, 연락처 등의 정보를 추가할 수 있다. 그리고 이를 테마의 functions.php에 삽입하거나 플러그인으로 만들면 워드프레스 코어가 업데이트되더라도 이 부분이 그대로 유지된다.

1 테마

그렇다면 테마는 어떨까? 테마의 디자인을 수정하기 위해 색상을 바꾸거나, 구성을 바꾸기 위해 템플릿을 수정할 경우, 테마가 업데이트되면 수정 사항이 원래대로 돌아간다. 이런 일을 방지하려면 자식 테마를 활용해야 한다.

● 버전의 호환성

    자식 테마는 부모 테마의 전체적인 구성과 디자인, 기능을 상속받아 사용하지만, 테마의 변경 사항을 가지고 있어서 화면을 호출할 때 자식 테마의 것을 우선순위에 따라 보여준다. 이때 테마의 기본적인 기능과 디자인을 그대로 유지하면서 변경 사항을 적용할 수 있으며, 자식 테마는 업데이트에 해당 되지 않아서 부모 테마를 업데이트해도 변화 없이 그 상태가 유지된다.

2 플러그인

업데이트 시 워드프레스의 코어 버전을 테마나 플러그인이 지원하는지, 또한 플러그인의 확장 플러그인extension plugin의 경우 서로 버전을 지원하는지 반드시 확인해야 한다. 워드프레스는 플러그인뿐만 아니라 플러그인의 기능을 확장해주거나 연결하여 작동하는 확장 플러그인을 사용하는 경우가 많기 때문에 플러그인 간의 버전에 따라 작동에 영향을 줄 수 있다.

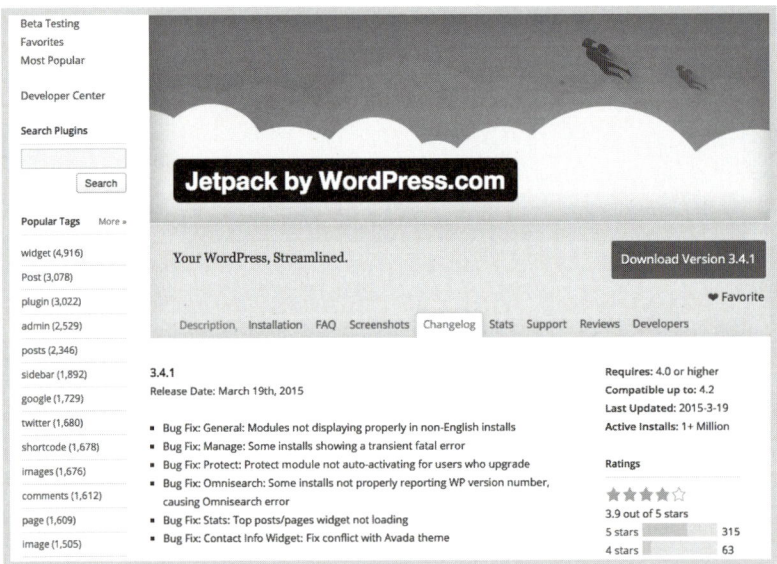

● 플러그인 변경 내역

워드프레스 공식 사이트의 플러그인 페이지 우측 하단에서 워드프레스 버전과 플러그인 버전의 호환성을 확인할 수 있으니 참고하여 플러그인을 설치할 것을 추천한다.

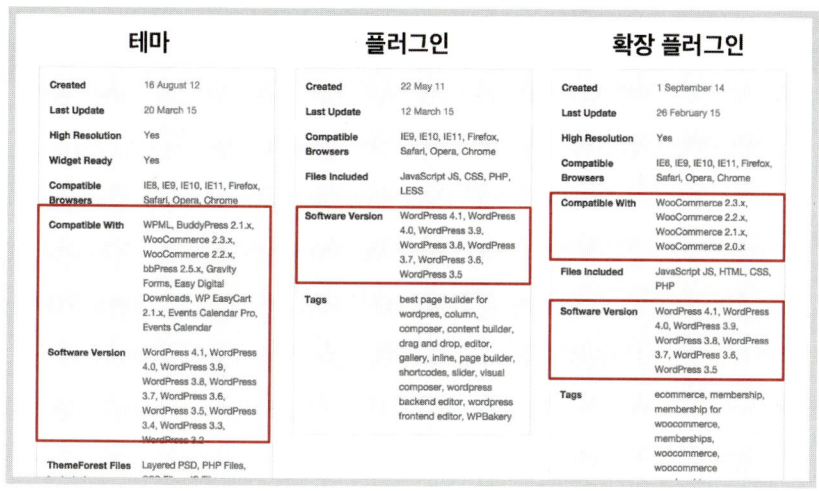

● 테마, 플러그인, 확장 플러그인 지원 정보

　유료 테마나 플러그인의 경우도 워드프레스 버전 또는 연결 플러그인의 버전에 따른 지원 정보를 확인할 수 있다. 테마의 경우는 워드프레스 버전에 대한 지원 사항과 테마에서 지원하는 플러그인의 버전을 표시한다. 또한 플러그인의 경우는 워드프레스 버전에 대한 지원 사항을 확인할 수 있다. WooCommerce, bbPress, BuddyPress와 같은 플러그인의 확장 플러그인에서 지원하는 메인 플러그인의 버전을 반드시 확인해야 한다.

　워드프레스의 업데이트는 기능 개선뿐만 아니라 보안 업데이트도 포함하기 때문에 지속적으로 업데이트해야 한다. 이를 위해서는 플러그인과 자식 테마를 활용해야 하며, 테스트를 위한 환경을 구성하고 미리 테스트해본 다음 업데이트를 하는 것이 실서비스에 영향을 주지 않고 업데이트할 수 있는 방법이다. 업데이트 시 문제가 발생하면 바로 복구해야 하므로 업데이트 전에 데이터를 백업해두는 것을 잊으면 안 된다.

2. 백업 관리

1 웹호스팅에서의 백업 관리

워드프레스로 웹사이트를 제작하고 운영하면 백업에 대한 계획도 수립해야 한다. 국내 워드프레스 사용자들이 가장 많이 이용하는 웹호스팅 서비스는 카페24로, 여기의 웹호스팅은 백업 지원이 매우 강력하다. 카페24의 웹호스팅은 1일 1회(오전 5시 기준) 데이터(파일)와 DB의 백업을 지원하고 1주일간 보관한다.

● 카페24의 웹호스팅 데이터, DB 복원 및 백업

백업된 데이터와 DB는 데스크톱 PC나 노트북으로 내려받을 수 있으며, 언제든지 클릭만으로도 쉽게 데이터와 DB를 복원할 수 있도록 지원한다. 또한 워드프레스의 업데이트나 재설치 백업 파일을 내려받지 않더라도 오전 5시 기준의 데이터로 복원이 가능하기 때문에 업데이트 후 이상이 발생하더라도 웹사이트를 정상화할 수 있다.

2 서버호스팅 및 독립 서버에서의 백업 관리

웹호스팅을 이용하지 않는 경우에는 어떻게 해야 할까? 자체 서버호스팅이나 전산실이 있다면 대개 백업 서버를 운영하거나 백업 소프트웨어를 이용하여 데이터와 DB를 스토리지에 저장 및 보관할 것이다. 다만 워드프레스 사이트를 위해 독립적인 서버를 운영하면 백업에 대한 비용과 관리에 부담이 따르는데 이는 플러그인을 통해 해결할 수 있다.

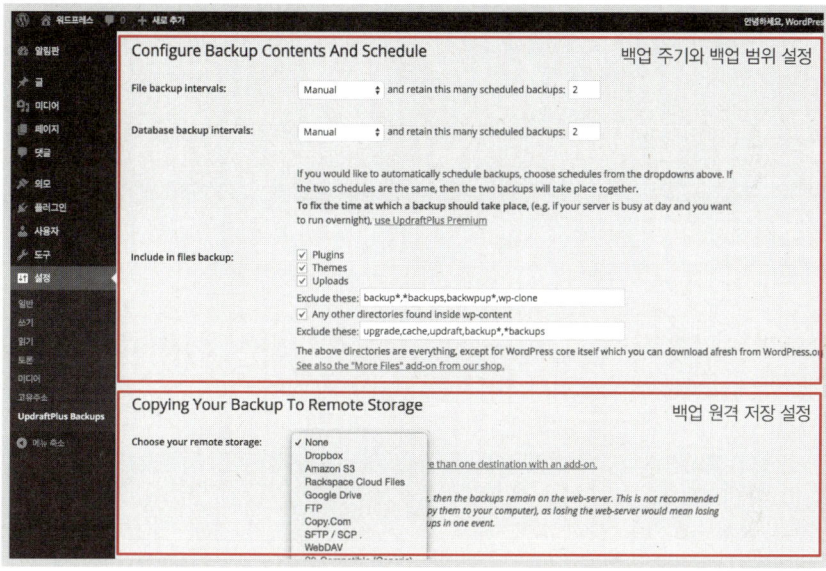

● UpdraftPlus Backup and Restoration 플러그인 설정 화면

워드프레스의 백업을 지원하는 다양한 플러그인이 있는데, 그 가운데 백업 서버나 백업 전용 호스팅을 유지하기 어려운 경우를 위해 클라우드 서비스에 데이터와 파일을 백업할 수 있는 플러그인이 있다. UpdraftPlus Back up and Restoration, Back WP up Free-WordPress Backup Plugin, Word Press Backup to Dropbox 등의 플러그인은 외부 원격 백업을 지원하고 즉시 백업, 백업 실행 일정 및 주기 설정, 복원 등의 기능이 있으므로, 서버 백

업을 지원하더라도 필요에 따라 워드프레스 백업 플러그인을 설치하여 추가로 활용할 수 있다.

　백업은 독립 서비스에서 매우 중요한 관리 요소이다. 그러므로 데이터와 DB를 서버나 디스크의 이상으로 유실할 수 있는 상황에 대비하여 안전한 백업 정책을 수립하고, 백업이 정상적으로 수행되는지 주기적으로 확인해야 한다.

3. 스팸 관리

워드프레스는 공개되어 있는 오픈 소스이므로 클로즈드 소스 CMS에 비해 상대적으로 스팸에 노출되어 있다. 워드프레스닷컴을 운영하는 오토매틱은 댓글과 트랙백의 스팸으로부터 워드프레스를 보호할 수 있도록 Akismet 스팸 필터링 서비스의 플러그인을 제공하고 있다.

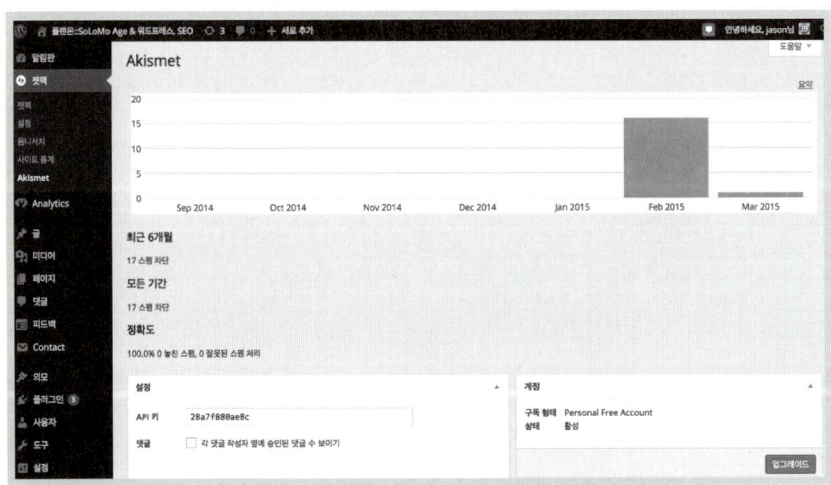

● Akismet 플러그인

Akismet은 워드프레스닷컴의 계정으로 이용하는 필터링 서비스로 전 세계의 댓글, 스팸 정보를 모아 워드프레스 웹사이트에 달리는 댓글과 트랙백 중 스팸을 판별하여 분리해준다. 다음에서 서비스하는 티스토리도 Akismet을 스팸 필터로 제공하고 있다. 워드프레스 계정이 있으면 API 키를 발급받아 사용할 수 있다.

워드프레스로 블로그를 운영하는 경우 글에 댓글과 트랙백을 허용하는데 이는 스팸이 들어오는 경로가 된다. 워드프레스 관리자에서 '설정 > 토론'을 보면 댓글을 쓰는 권한을 설정할 수 있는데, 로그인을 하거나 이메일 주소을 입력해야 댓글을 입력할 수 있도록 제한하고 트랙백의 허용 여부도 설정할 수 있다.

이 밖에도 댓글의 경우는 CAPCHA_{Completely Automated Public Turing test to tell Computers and Humans Apart}[5]를 활용하여 스패머가 기계적인 스팸 댓글을 등록할 수 없도록 설정할 수 있다. CAPTCHA를 지원하는 플러그인으로는 Captcha, SI CAPTCHA Anti-Spam, Really Simple CAPTCHA 등 다운로드 수가 100만 건 이상인 플러그인이 있고, 구글 CAPTCAH를 제공하는 Google Captcha_{reCAPTCHA} by BestWebSoft도 있다.

4. 워드프레스의 보안

워드프레스에 대해 가장 많이 언급되는 논의 주제는 아마도 보안일 것이다.

---

[5] 사용자가 실제 사람인지 컴퓨터 프로그램인지를 구별하기 위해 사용하는 방법이다. 사람은 구별할 수 있지만 컴퓨터는 구별하기 힘들게 의도적으로 비틀거나 덧칠한 그림을 제시하고 그 그림에 쓰여 있는 것을 물어보는 방법이 흔히 사용된다.

이는 워드프레스뿐만 아니라 오픈 소스라면 문제가 되는 부분이다. 소스가 오픈되어 있어 위험하다는 것은 뒤집어서 생각해보면, 소스가 오픈되어 있기 때문에 악의적인 코드를 삽입했을 때 문제 발견 및 해결이 쉽다는 장점으로 볼 수도 있다.

워드프레스 공식 사이트 codex.wordpress.org/Hardening_WordPress에서는 취약점과 안전하게 유지할 수 있는 방법을 밝히고 있다. 그 내용 중에서 간단한 설정으로 대응할 수 있는 취약점을 살펴보자.

◼ 워드프레스의 취약점

최근 워드프레스를 비롯한 소프트웨어는 새로운 보안 문제가 발생하면 정기적으로 업데이트를 하고 있다. 보안 개선은 항상 진행 중인 현안이므로 최신 버전으로 업데이트해야 한다. 워드프레스는 일정 기간이 지난 버전에 대해서는 보안 패치가 이뤄지지 않을 수 있으므로 사용하고 있는 버전과 보안 리포트를 반드시 확인할 필요가 있다.

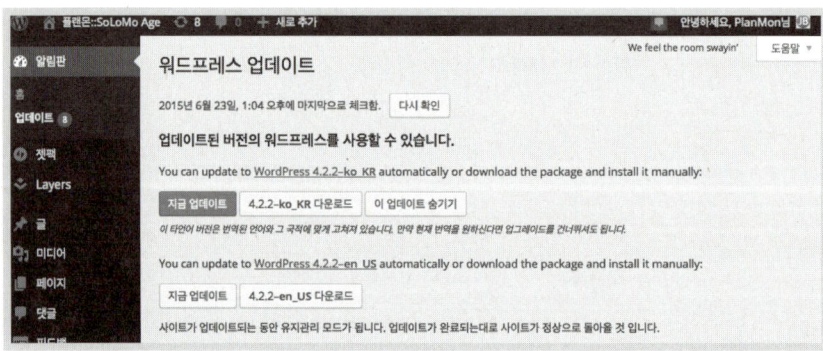

● 워드프레스 보안 업데이트

워드프레스의 보안 업데이트 알림이 있을 때는 워드프레스 업데이트 메뉴에서 업데이트하거나 워드프레스 공식 사이트에서 내려받아 업데이트해야 한다. 개인 블로그 등의 비공식 사이트에서 내려받아 설치하면 절대 안 된다.

워드프레스 3.7 버전부터 자동 업데이트 기능을 이용하여 최신 버전을 유지할 수 있으나 워드프레스 버전에 따라 테마나 플러그인이 오동작하는 경우가 있으므로 충분히 검토한 후 자동 업데이트를 해야 한다.

2 암호

보안 향상을 위한 습관 중 암호 설정 또한 중요한 부분이다. 워드프레스에는 암호 강도를 측정하는 기능이 포함되어 있으므로 암호를 설정할 때 강도가 충분한지 확인할 수 있다. 암호를 설정할 때는 다음과 같은 것을 피해야 한다.

- 자신의 본명, 사용자 이름, 회사 이름, 웹사이트 이름 등
- 사전에 있는 단어
- 짧은 암호
- 숫자 또는 알파벳만으로 구성된 암호(알파벳과 숫자를 혼용하는 것이 좋다)

강력한 암호는 콘텐츠를 보호해주는데, 관리자 계정이 해킹당하는 경우 서버 전체에 영향을 미치는 악성 코드에 감염되거나 정보가 유출될 수 있으므로 필수적으로 설정해야 한다.

3 파일 권한

접근 권한은 소유자Owner, 그룹Group, 기타Other로 나눠서 읽기, 쓰기, 실행을 개별적으로 설정한다.

- **소유자** 파일의 소유권을 가진 사용자
- **그룹** 소유자가 속한 그룹에 속해 있는 사용자
- **기타** 그룹에 속하지 않은 사용자

권한의 종류는 읽기Read, 4, 쓰기Write, 2, 실행eXecute, 1으로 구분된다.

- **읽기** 파일 읽기가 가능하며 디렉터리의 경우 리스트를 볼 수 있다.
- **쓰기** 파일 쓰기와 수정 및 삭제가 가능하다.
- **실행** 실행 파일의 경우 실행을 할 수 있다.

권한은 숫자로 표시되는데 읽기는 4, 쓰기는 2, 실행은 1의 값이며, 권한의 값을 더하여 파일이나 폴더의 권한 범위를 나타낸다. 컴퓨터 시스템에서 이런 접근 권한을 파일과 디렉터리별로 각각 부여한다. 예를 들어 읽기, 쓰기, 실행이 가능한 파일이면 7, 읽기 전용 파일의 경우 4의 값을 갖게 된다. 파일 권한이 754라면 소유자는 읽기·쓰기·실행, 그룹은 읽기·실행, 기타는 읽기 권한을 갖는다.

접근 권한은 워드프레스의 보안과 직접적인 연관이 있다. 워드프레스의 경우 웹서버를 통해 실행되므로 외부에서의 접근이 빈번하게 일어난다. 따라서 권한 설정에 신중을 기해야 한다. 워드프레스 설치 시 설정 정보를 입력하는 wp-config.php 파일을 누구나 읽을 수 있다면 DB 정보와 비밀번호 등 시스템에 중요한 정보가 그대로 노출될 수 있다.

파일 업로드와 같은 워드프레스의 일부 기능은 웹서버에서 파일 쓰기 권한을 허용해야 한다. 그러나 응용 프로그램이 파일 쓰기 권한을 가지게 되면 위험하다. 응용 프로그램을 통해 악성 코드 파일을 업로드하면 문제가 발생하므로 보안 측면에서 파일 권한(쓰기 권한)을 최대한 제한할 필요가 있다. 필

요한 경우에만 제한적으로 허용하거나 이미지 업로드 등의 목적을 위해서는 별도의 디렉터리를 생성하여 사용하도록 한다.

시스템마다 특성이 있으므로 정답이 하나만 있는 것은 아니지만 일반적인 설정 방법은 다음과 같다.

- 모든 폴더의 권한을 755나 750으로 설정한다. 플러그인에 따라서 /wp-content/에 쓰기 권한이 필요할 수 있다. /wp-content/cache나 /wp-content/uploads도 마찬가지일 수 있다.
- 모든 파일의 권한을 644나 640으로 설정한다. wp-config.php 파일은 서버의 다른 사용자가 읽을 수 없도록 반드시 600으로 설정해야 한다.

4 wp-config.php 파일 보호

wp-config.php는 워드프레스 설치와 DB 정보를 담고 있는 중요한 파일이므로 노출되면 매우 위험하다. wp-config.php는 워드프레스가 설치된 디렉터리에 기본적으로 위치하지만 웹서버의 루트디렉터리로 이동이 가능하다. 워드프레스는 정해진 위치에 파일이 존재하지 않으면 계층 구조에 따라서 해당 파일이 어디에 있는지 찾는다. wp-config.php 파일의 경우 워드프레스가 설치된 디렉터리에 파일이 없으면 상위 디렉터리에 있는지 검색하도록 되어 있다. 그러므로 기본 위치 정보를 변경함으로써 해킹의 위험으로부터 보호할 수 있다.

또 다른 방법은 .htaccess_{Hypertext Access} 파일을 이용하는 것이다. 이 파일은 디렉터리당 접근 제어를 설정할 수 있는 파일로, 다음과 같이 설정하면 wp-config.php에 대한 접근을 제한할 수 있다.

```
<files wp-config.php>
order allow,deny
deny from all
</files>
```

.htaccess 파일을 이용할 수 있다면 wp-config.php뿐만 아니라 디렉터리 구조를 볼 수 없게 하거나 접근 권한에 대한 설정을 다양하게 적용할 수 있으므로 서버 설정 시 반드시 고려해야 한다.

5 백업

백업은 보안의 기본으로 정기적으로 백업을 하는 것이 바람직하다. 만약 서비스 운영 중 해킹을 당해 데이터가 삭제된다면 더 이상 서비스를 운영할 수 없기 때문에 이럴 경우에 대비하여 백업이 반드시 필요하다. 하지만 백업을 동일한 시스템에 보관하고 있다면 문제가 발생했을 때 백업 데이터에도 똑같은 문제가 발생한다. 따라서 백업 데이터는 별도의 공간이나 다른 미디어를 통해 저장하는 것이 좋다. 극히 드물게 백업 데이터를 조작하는 경우도 있으므로 암호화하여 저장하거나 백업 당시와 현재가 변경 여부를 체크할 수 있는 값을 생성하는 방법도 도움이 될 것이다.

6 로깅

웹사이트에 접근하면 접속 이력이 남게 되는데 이것을 로그라고 한다. 로그는 사이트에 대한 접속 정보를 파악하는 데 유용하다. 특정 사용자인지 판단할 수는 없지만 누가 언제 무엇을 했는지 파악할 수 있다. 또한 IP와 접속 시간 등의 추가적인 정보를 알 수 있으며, 크로스 사이트 스크립트(XSS) 등의 공격에 대한 정보를 파악할 수도 있다.

7 모니터링

예방 조치를 하더라도 웹사이트에 대한 공격이 일어날 수 있기 때문에 침입 감지 및 모니터링이 매우 중요하다. 그럼으로써 공격 발생 시 즉각적인 조치를 취하고, 무슨 일이 일어났는지 파악하여 사이트를 복구할 수 있다. 복구 시 로그를 이용하면 효과적인 추적이 가능하다.

공격이 발생하면 반드시 흔적이 남는다. 파일 권한을 변경하거나 새로운 파일을 삽입하기 때문에 파일 변경에 대한 모니터링을 하면 웹사이트의 문제 발생을 예방하고 문제 발생 시 빠르게 인지할 수 있다. 만일 문제가 발생하여 웹사이트를 복구해야 한다면 웹사이트 복구에 필요한 정보를 찾을 수 있을 것이다.

8 서버 보안

웹사이트는 사용자 정보를 비롯해 다양한 정보를 저장하고 있기 때문에 웹 서버의 다양한 보안 이슈에 대한 조치가 필요하다. 기본적인 보안 조치 사항은 다음과 같다.

방화벽

방화벽은 외부에서 서버에 접근하는 것을 차단하는 장치이다. 단, 서버 운영자에 의해 접근이 허용된 사용자는 서버에 접근할 수 있다. 서버호스팅에서는 방화벽 장비를 설치해야 하고, 일반적인 웹호스팅에서는 FTP와 DB에 특정 지역, 특정 IP만 외부에서 접속할 수 있도록 설정하는 기능을 제공한다.

웹 방화벽

방화벽이 서버에 대한 접근을 제어하는 장치라면 웹 방화벽은 웹서버에 설치된 애플리케이션 보안을 관리하는 솔루션이다. 웹 방화벽은 SQL Injection, Cross-Site Scripting(XSS)과 같은 웹 애플리케이션에 대한 공격을 탐지하고 차단하는 기능이 있다. 워드프레스를 비롯한 웹 애플리케이션은 웹에서 발생하는 보안 공격에 취약할 수 있으므로 웹 방화벽을 적용해야 한다. 일반적인 웹호스팅의 경우 웹 방화벽 서비스를 무료로 제공하기 때문에 간단한 설정으로도 적용할 수 있다. 최근에 발생하는 보안 이슈는 웹 공격에 집중되고 있어 각별히 유념해야 한다.

서버 백신

서버 백신은 서버에 침입하는 바이러스와 애드웨어, 스파이웨어 등의 악성 코드를 감시하고 차단하는 기능을 한다. 워드프레스의 파일뿐만 아니라 워드프레스에 등록되는 첨부 파일 등에도 바이러스나 악성 코드가 존재할 수 있다. 이럴 경우 웹을 통해 접속하면 개인 PC에 영향을 줄 수도 있으므로 바이러스와 악성 코드에 대한 보안 관리가 필요한데, 다양한 서버 백신 플러그인이 제공되고 있으니 이를 설치하면 된다.

사용자 PC 보안

서버 관리자의 PC가 보안에 취약하면 서버의 접근 정보를 해킹당할 수 있을 뿐만 아니라 서버 관리자의 PC를 통해 서버에 악성 코드를 전송하는 경우도 있으므로 서버 관리자의 PC를 철저히 보안해야 한다. 무료로 제공되는 백신 프로그램을 설치하고 항상 업데이트가 가능하도록 하며, PC의 보안에 악영향을 미칠 수 있는 불법 파일 등의 다운로드를 삼가는 것이 좋다.

개인 식별 정보의 수집 금지

보안에 대한 이슈는 정보를 저장하고 있기 때문에 발생하는 것이다. 개인 정보보호법에서는 개인을 식별할 수 있는 정보, 즉 주민등록번호, 바이오 정보(유전자 등) 수집 시 암호화하여 저장하도록 하고 있으며, 2014년 8월 7일부터 시행된 개인 정보보호법 개정안은 법령 근거가 없는 주민등록번호 수집을 금지하고 있다. 워드프레스는 개인 정보의 수집을 최소화하는 정책을 적용하고 있는데, 만약 필요에 의해 추가 정보를 수집할 경우에는 보안 정책을 우선 검토해야 한다.

웹 서비스를 위해 서버를 직접 운영하거나 호스팅 서비스를 이용할 때 운영자의 참여가 필요한 부분이 보안 관리이다. 상황 및 환경에 맞게 적용할 수 있는 보안 조치를 적극적으로 실행하면 서비스를 안정적으로 운영하는 데 도움이 될 것이다.

9 워드프레스 보안 가이드

첫째, 워드프레스나 테마, 플러그인을 최신 버전으로 업데이트하지 않고 이전 버전을 계속 사용하면 보안이 취약해지기 때문에 가능하면 최신 버전으로 업데이트하여 유지하는 것이 좋다.

둘째, 공식 테마와 플러그인을 사용해야 한다. 오래되었거나 개인이 만들어서 배포한 테마와 플러그인은 보안이 취약할 수 있으므로 워드프레스에서 제공하는 공식 테마와 플러그인을 사용하거나 Envanto와 같은 대형 테마, 플러그인 마켓에서 구입하는 것이 좋다.

셋째, 웹호스팅보다 단독 형태의 서버호스팅을 이용한다. 대부분의 웹호스팅은 하나의 서버를 공유하여 사용하므로 다른 계정을 통한 접근 등의 문제가 발생할 수 있다. 호스팅 및 운영 예산이 충분하다면 호스팅 전문 업체에서 단독 호스팅을 받는 방법도 있다.

넷째, admin 계정을 삭제한다. admin 계정은 항상 공격 대상이 되기 때문에 최고 관리자용 계정을 별도로 만든 후 새 관리자 계정에서 admin 계정을 삭제하는 것이 좋다.

다섯째, DB 접두어인 wp를 변경한다. 워드프레스는 DB 생성 시 wp로 시작하는 접두어를 기본적으로 사용하는데 설치 과정에서 이 접두어를 변경할 수 있다. 설치 후에도 phpMyAdmin이란 DB 관리 프로그램을 통해 변경이 가능하지만, 이미 설치된 플러그인 등이 있는 경우 DB 접두어 변경 시 기존 기능이 정상적으로 작동하는지 확인하기 바란다.

여섯째, 최신 버전의 플러그인과 테마를 사용해야 하며, 사용하지 않는 플러그인이나 테마를 삭제하는 것이 좋다. 사용 중인 플러그인이나 테마의 경우 오랫동안 업데이트를 하지 않았다면 보안 패치를 위한 업데이트가 있었는지 확인한 후 업데이트를 한다. 보안 취약점이 알려져 있지만 수정되지 않는 플러그인을 사용 중이라면 최신 업데이트 버전의 다른 플러그인으로 대체하는 것이 좋다.

일곱째, 로그인 횟수를 제한할 수 있는 플러그인을 사용한다. 쉽게 유추할 수 있는 아이디와 비밀번호를 피하고, 특정 횟수 이상 비밀번호가 틀리면 로그인을 중지시키는 플러그인을 사용하여 아이디와 비밀번호 해킹에 대비한다.

여덟째, SSL 로그인을 사용한다. 웹사이트에 SSL 인증서가 있는 경우 SSL 로그인을 사용하도록 설정한다. SSL을 사용하려면 호스팅 업체에서 SSL을 지원하는지 알아보고 서버 담당 전문가에게 신청해야 한다. SSL 로그인을 적용하면 네트워크상에서 정보를 도청하거나 조작하는 man-in-the-middle

공격을 저지하는 데 도움이 된다. (wpsecure.net/secure-wordpress/ 참조)

SSL 로그인을 적용하려면 워드프레스 설정 파일인 wp-config.php에서 다음과 같이 두 가지 상수만 정의하면 된다.

define('FORCE_SSL_ADMIN', true);

define('FORCE_SSL_LOGIN', true);

이 외 다른 페이지도 SSL을 적용하려면 플러그인을 이용하거나 웹서버 설정을 변경하는 작업이 필요하므로 서버 담당자와 조율해야 한다.

아홉째, 일부 폴더는 검색 로봇의 접근 금지로 설정한다. 다음과 같이 설정된 robots.txt 파일을 루트폴더에 저장하여 일부 폴더는 접근할 수 없도록 한다.

```
User-agent: *
Disallow: /feed/
Disallow: /trackback/
Disallow: /wp-admin/
Disallow: /wp-content/
Disallow: /wp-includes/
Disallow: /xmlrpc.php
Disallow:/wp-
```

열째, 사용자 아이디 등록 및 회원 가입을 제한한다. 오픈된 회원제 커뮤니티 사이트가 아니라면 관리자용 아이디 외에는 회원 가입을 하지 못하도록 함으로써 해킹에 의한 아이디 생성을 막을 수 있다. '설정 > 일반 > 멤버십' 항목에서 '누구나 가입할 수 있습니다'의 체크를 해제하면 회원 가입을 막을 수 있다.

마지막으로 보안 관련 플러그인을 설치한다. 보안 전문가가 있다면 좋겠지만 워드프레스 플러그인에도 보안 설정을 담당하는 플러그인이 많은 편이다. 보안 관련 플러그인을 설치할 때 가장 최근에 업데이트된 워드프레스에 대응하는지 미리 확인해보고, 중복 설치 시 플러그인 간의 충돌이 발생할 수 있으므로 신중하게 골라야 한다.

Part 08
CMS

콘텐츠 관리 시스템(Content Management System, CMS)은 콘텐츠, 즉 저작물을 관리할 수 있는 소프트웨어를 의미한다. 콘텐츠를 관리하려면 저작 콘텐츠 관리뿐만 아니라 콘텐츠를 열람하는 주체인 회원의 정보를 포함하는 인적 자원 관리, 웹사이트 및 관련 사이트 등에 콘텐츠를 공개하는 배포 관리, 이용자와 관리자 권한 관리 등의 전반적인 기능이 필요하다.

CHAPTER 01
CMS의 개요

콘텐츠의 다양화와 더불어 콘텐츠양의 급격한 증가로 인해 2000년대부터 기업 규모의 콘텐츠 자원을 관리하기 위한 개념으로서 CMS를 도입하여 사용하기 시작했다. 이는 단순히 웹 콘텐츠를 관리하는 개념을 뛰어넘어 전사적 기업 콘텐츠 관리Enterprise Content Management, ECM라는 개념으로서 확장되었다. 기업의 전사적 콘텐츠란 전자 문서, 지식 정보, 이메일 등 기업 활동에 필요한 정보를 의미한다.

종이 문서를 전자 문서가, 우편을 이메일이 대체하면서 정보의 양이 급격히 증가하여 이를 통합적으로 관리할 필요성이 대두되었다. 그래서 ECM은 그룹웨어, 전자 문서, 지식 관리 등 기업에서 활용되는 전사적 콘텐츠 자원을 관리하는 개념으로 확장되었으며, 이 가운데 웹사이트의 콘텐츠를 관리하는 분야를 웹 콘텐츠 관리Web Content Management, WCM로 구분했다. 흔히 CMS라고 하는 것은 바로 웹 콘텐츠를 관리하는 WCM이다.

시중에는 CMS에서 WCM까지 다양한 소프트웨어가 있으며, 기능 및 규모에 따라 유료·무료 CMS를 쉽게 구할 수 있다. 블로그도 CMS의 형태 중 하나이고 게시판도 CMS에 포함할 수 있다.

개인 또는 소규모 기업에서 활용할 수 있는 CMS로는 네이버에서 제로보드를 인수하여 지원하는 XE XpressEngine, www.xpressengine.com, 꾸준히 성장하고 있는 킴스큐KimsQ, www.kimsq.co.kr, 게시판형 오픈 소스 CMS인 그누보드GNUBoard, sir.co.kr 등의 한국형 CMS를 비롯해 전 세계에서 가장 많이 이용되는 오픈 소스 CMS인 워드프레스WordPress, www.wordpress.org, 엔터프라이즈급 기능을 자랑하는 오픈 소스 CMS인 드루팔Drupal, www.drupal.org, 워드프레스와 드루팔 사이 중간 지점의 기능을 지원하는 줌라Joomla, www.joomla.org 등이 있으며, 전자상거래 기업 이베이에서 인수한 전자상거래 CMS인 마젠토와 같이 특정 분야에 특화된 CMS도 많이 사용되고 있다. 드루팔을 제외하고 대부분의 CMS는 개발자 없이도 기본적인 웹사이트 기능을 손쉽게 구현할 수 있도록 사용자 친화적인 관리 도구를 지원한다.

최근 들어 우리나라도 커스터마이징 위주의 사이트 제작 방식에서 탈피하여 CMS를 활용한 웹사이트 개발이 증가하고 있으며, 더불어 오픈 소스 CMS를 도입하는 사례도 증가하고 있다. 서울시의 12개 분야 정책 포털, 서울시 공보 사이트인 '내 손안에 서울' 등도 워드프레스를 이용한 사례이고, 아산군은 드루팔로 웹사이트를 제작하여 운영하고 있다.

CHAPTER 02
CMS의 개념

Part 8에서 다루는 CMS는 웹 콘텐츠를 관리하기 위한 WCM을 기준으로 한다. 웹 콘텐츠를 관리하기 위한 CMS를 구성하는 기본 개념은 다음과 같다.

첫째, CMS 본연의 기능인 콘텐츠 관리를 위한 콘텐츠 생성, 수정, 삭제, 검토, 배포 등의 단계별 기능을 지원해야 한다. 웹에서 콘텐츠를 제작하고 관리하는 과정은 출판 업계의 개념을 차용했는데, 콘텐츠를 작성하고 관리하는 것을 편집으로, 이를 인쇄하는 개념을 발행으로, 이것을 전달하는 개념을 배포로 보고 전체 과정을 인터넷이라는 환경에 맞게 적용하고 있다.

둘째, 콘텐츠와 디자인 템플릿을 분리하여 관리하는 기능을 지원해야 한다. 콘텐츠와 디자인을 분리함으로써 필요에 따라 언제든지 콘텐츠와 디자인을 수정했을 때 서로 영향을 주지 않도록 하기 위함이다.

셋째, 업무 프로세스의 관리를 위한 워크플로workflow를 지원해야 한다. CMS는 업무 할당이 가능해야 하며, 콘텐츠에 따라 혹은 업무 단계에 따라 담당자를 지정할 수 있어야 한다. CMS는 기본적인 업무에 따라 콘텐츠를 작성하는 담당자와 콘텐츠에 포함되는 디자인을 하는 담당자, 그리고 작성된 콘텐츠를 검토하는 담당자, 콘텐츠를 발행·배포하는 담당자로 구분된다. 이런 단계별 담당자의 업무가 종료되면 다음 단계의 담당자가 이를 확인하고 작업을 게시할 수 있어야 하며 작업 중에는 다른 작업자가 동시에 작업을 진행할 수 없도록 차단해야 한다. 또한 콘텐츠의 내용을 충분히 검토하고 발행 및 배포할 수 있는 최종 관리자의 권한도 독립적으로 부여되어야 한다. 이와 같은 일련의 과정은 일정한 프로세스를 거쳐 진행된다.

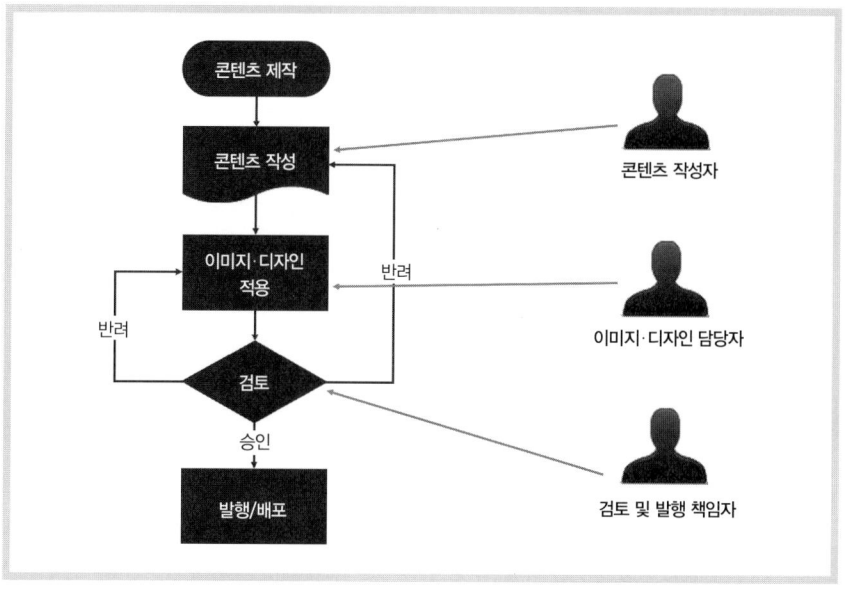

• CMS 워크플로의 예

위 그림에 나타낸 것은 CMS의 기본 개념이지만 운영 환경에 따라 개념과 기능을 확장할 수 있다.

CHAPTER 03 CMS의 구성 요소

CMS는 웹사이트를 구성하는 요소를 분리하여 관리할 수 있도록 이뤄져 있다. 우선 콘텐츠와 레이아웃, 템플릿을 분리하여 관리하며, 콘텐츠는 제목, 본문, 첨부 파일의 위치 등을 저장하고, 이것을 표현하는 서체, 크기, 색상 등은 디자인 템플릿으로 분리하여 저장한다. 이런 형식은 대체로 웹 표준에서 요구하는 조건이다. 또한 웹사이트를 구성하는 틀인 레이아웃, 레이아웃에서 콘텐츠별로 보이는 형식인 템플릿도 분리하여 관리한다.

1. 레이아웃

CMS에서 레이아웃은 웹사이트의 골격을 의미한다. 웹사이트의 모양은 다양하게 구성될 수 있는데, 사이드바라고 부르는 좌우의 메뉴 영역이 없는 경우도 있고, 헤더라는 주메뉴 영역이 없는 형태의 웹사이트도 있다.

웹사이트의 골격은 속성상 변화하지 않고 유지되기 때문에 각각의 웹페이지가 모두 레이아웃을 저장하고 있으면 용량만 차지하고 수정이 불편할 것이다. 예를 들어 로고를 바꾸는 경우 각 페이지에 들어가서 수정하는 것은 매우 비효율적이다. 따라서 레이아웃은 웹페이지를 구성하는 프로그램에서 호출하여 사용하는 방식을 적용한다.

2. 템플릿

템플릿은 웹사이트의 레이아웃 안에서 콘텐츠에 따라 표시되는 화면의 형식으로, 우리가 흔히 사용하는 파워포인트의 템플릿과 유사하다. 파워포인트에 표지, 본문, 이미지 등의 템플릿이 존재하듯이 웹사이트는 회원 가입, 게시판, 블로그, 갤러리, 오시는 길, 상품 카탈로그 등 다양한 콘텐츠를 잘 보여주기 위해 콘텐츠에 적합한 UI를 적용한 템플릿을 제공해야 한다. CMS에서는 이러한 템플릿을 콘텐츠에 쉽게 적용할 수 있도록 각각의 템플릿을 파일로 관리하고, 콘텐츠별로 적용하기 쉽게 기능을 지원한다.

3. 콘텐츠

콘텐츠는 DB에 저장되는 데이터와 파일로 구분할 수 있다. DB에 저장되는 데이터는 제목, 작성자, 시간, 이미지 파일 URL 등 웹페이지를 구성하는 자원이고, 파일은 일정 공간에 저장하여 불러올 수 있는 이미지, 멀티미디어, 첨부 파일 등이다.

콘텐츠를 데이터와 파일로 분리함으로써 용량이 큰 파일의 중복 저장으로 인한 서버의 공간 낭비를 방지하고, 재활용 및 다자간 협업이 쉽게 이뤄질 수 있도록 관리가 가능하다. 기업 또는 기관은 콘텐츠 관리 본연의 기능이 필요하여 CMS 도입을 결정하는 경우가 대부분이다. 사이트 개편(리뉴얼)을 하더라도 콘텐츠를 유지하고 지속적으로 관리해야 하기 때문에 콘텐츠 관리는 CMS의 핵심 기능이다.

4. 사용자 및 역할

넓게 보면 사용자도 콘텐츠에 포함된다. 사용자 정보도 일반 콘텐츠와 동일하게 관리할 수 있으나 사용자 정보는 권한과 등급이라는 특수한 개념을 적용하기 때문에 따로 분리하는 것이 바람직하다. 웹사이트 사용자는 일반적으로 방문자, 이용자, 관리자로 구분된다. 방문자는 로그인을 하지 않고 웹사이트의 콘텐츠를 열람할 수 있는 사람, 이용자는 로그인을 하고 정해진 권한에 따라 웹사이트에 글을 남기는 등의 활동을 할 수 있는 사람, 관리자는 이용자 및 이용자의 콘텐츠를 관리할 수 있는 사람이다. 그리고 이용자는 콘텐츠를 작성하는 작성자와 콘텐츠를 편집 및 발행할 수 있는 편집자로 세분할 수 있다.

기업 및 기관에서 웹사이트를 통해 발행하는 모든 콘텐츠는 공적인 문서, 즉 공문서로 분류할 수 있는데, 공문서는 책임의 소지를 명확히 해야 하므로 책임자를 지정하여 관리하는 것이 바람직하다. 그러므로 사용자 관리에서 사용자별 권한과 등급을 설정할 수 있어야 한다.

5. 기능

기능은 프로그램이라고 하는 특정 동작을 수행하는 요소를 의미한다. 게시판, 캘린더, 블로그, 상품 카탈로그 등은 콘텐츠를 특정한 형식에 따라 입력, 수정, 삭제할 수 있는 것이다. 인기 글, 최신 글 등의 목록을 제공하는 위젯도 기능 요소에 포함된다.

기능을 분리하는 것은 웹사이트가 성장하는 성향이 있기 때문이다. 웹사이트는 새로운 형식의 콘텐츠가 추가될 수도 있고 기존의 서비스가 제외될 수도 있는데, 이때 콘텐츠나 서비스를 쉽게 확장하고 제외할 수 있어야 한다.

최근 인기를 끌고 있는 오픈 소스 CMS들은 스마트폰의 앱처럼 기능을 쉽게 설치하여 사용할 수 있도록 플러그인 형태로 제공한다. 또한 이렇게 설치한 플러그인도 설정을 통해 쉽게 활성화, 비활성화할 수 있도록 구현되어 있다.

CHAPTER 04
CMS의 필요성 및 도입 효과

CMS의 필요성과 도입 효과는 다음과 같이 정리할 수 있다.

첫째, CMS를 도입하는 가장 중요한 이유는 콘텐츠를 효율적으로 관리하기 위해서이다. 웹을 통해 기업에 관련된 정보를 고객 및 대중에게 제공하는데 그 콘텐츠의 종류와 수가 많기 때문에 누구나 문서를 작성하고 수정할 수 있어야 하고, 공동 활용이 가능하도록 쉬운 문서 작성을 지원해야 한다. 이를 위해 웹 표준 에디터와 분류 체계를 지원할 뿐 아니라 작성하는 각 콘텐츠의 버전 관리도 지원하며, 이를 통해 수정, 개정 등의 작업 시 오류가 발생했을 때 원상 복구도 가능하다.

둘째, 기업이 제공하는 콘텐츠는 공문서이므로 작성자와 발행자를 분리하여 책임의 권한을 부여하고 협업이 가능해야 한다. CMS의 콘텐츠 관리 체계는 매우 많은 사례를 통해 발전해왔기 때문에, 내부적으로 콘텐츠 관리를 위한 정책이 마련되어 있지 않다면 CMS를 활용함으로써 콘텐츠 관리에 대한 정책과 협업 정책을 학습하고 정의할 수 있을 것이다.

셋째, CMS는 개인보다는 기업에 더욱 필요한 도구이다. 기업의 사이트는 하나일 수도 있지만 여러 사이트를 운영하는 경우도 있다. 기업에서 회사 홈페이지, 제품 쇼핑몰, 블로그 등의 사이트를 별도로 운영하여 회원 가입을 받는다면 사용자에게는 큰 불편이 따른다. 사이트를 운영하는 입장에서도 관리해야 하는 요소가 늘어나 향후 관리가 힘들어질 수도 있고, 또한 공지 사항이 생겼을 때 각 사이트마다 등록해야 하는 번거로움이 있다. 이런 불편함을 해결하기 위해 기업에서는 고객의 회원 정보와 콘텐츠를 통합적으로 관리하여 재활용하고자 할 것이다. 현실적으로 운영자 한 사람이 여러 사이트를 관리하기가 쉽지는 않지만, CMS는 다수의 사이트를 관리할 수 있는 기능을 지원함으로써 소수의 운영 인력이 다수의 사이트를 관리하는 것을 가능하게 해주고, 회원 DB를 통합하여 하나의 아이디로 기업의 다양한 사이트에 로그인할 수 있도록 지원한다. 또한 개별 사이트의 도메인을 대표 도메인의 서브도메인 또는 서브디렉터리로 운영할 수도 있지만 개별 도메인을 부여하여 운영할 수도 있다.

넷째, 확장성을 고려하여 CMS를 도입해야 한다. HTML로 된 웹 문서, PDF·동영상·오디오와 같은 멀티미디어 파일 등 웹 콘텐츠는 다양하다. 기업의 활동에 따라 이 종류가 다양해지고 파일의 수도 증가할 수 있으므로 콘텐츠에 따른 기능을 손쉽게 추가할 수 있어야 한다. CMS는 모든 기능을 포함하여 제작되어 있지 않고 필요한 기능을 제작하여 추가하도록 구성되어 있다. 웹사이트 구축 시 직접 필요한 기능을 제작할 수도 있지만, 이미 개발되어 유료나 무료로 공개된 기능을 활용하여 쉽게 적용할 수 있다. CMS를 도입할 때 이런 기능 추가 과정이 쉬운지, CMS 사용자들의 커뮤니티가 활성화되어 있는지 확인이 필요하다.

다섯째, CMS를 통해 콘텐츠 배포의 효율성 관리가 필요하다. 배포는 정해진 시간에 하나 이상의 콘텐츠를 다양한 서비스에 전달하는 것을 말한다. 기업이 공식 웹사이트, 블로그, 쇼핑몰을 운영 중이라면, 블로그에 콘텐츠를 등록했을 때 공식 웹사이트와 쇼핑몰에도 이를 동일하게 전달할 수 있다. 그러면 각 사이트별로 콘텐츠를 작성하지 않아도 되고, 각 사이트에 배포하는 시간을 설정할 수 있다면 운영자의 업무가 상당히 줄어들 것이다. 이를 웹2.0에서는 콘텐츠 신디케이션으로 정의한다. 기업의 서버가 서비스별로 분산된 구조라면 이러한 배포 관리로 중복 콘텐츠를 줄일 수 있어 더욱 빛을 발하게 된다. 최근 들어 소셜미디어에서의 채널 운영이 증가함으로써 배포가 중요한 개념으로 떠오르고 검색엔진도 배포 대상에 포함되고 있다.

여섯째, 지속 가능한 웹사이트가 필요하다. 기업 웹사이트의 평균 리뉴얼 주기는 2~3년이고, 이벤트나 프로모션 사이트의 경우 한정된 기간만 사용되고 삭제되거나 또는 다른 이벤트나 프로모션 사이트로 리뉴얼되기도 한다. 이벤트나 프로모션 사이트의 경우 일반적인 웹사이트와 달리 수시로 발생하기도 하고 시간이 촉박하게 진행되는 경우가 빈번하다. 이때마다 콘텐츠를 재정비하거나 다시 제작하는 업무가 발생하는데 이는 웹 기술이 꾸준히 발전하고 있기 때문이다. 예를 들어 UI를 구성하는 기술인 플래시가 이제는 브라우저에서 퇴출되고 있으며 모바일 브라우저에서는 거의 지원되지 않는다. 결국 웹사이트에서 플래시를 걷어내야 하는 상황이 발생하는 것이다. 주메뉴와 부메뉴, 페이지에 들어 있는 콘텐츠의 일부가 플래시로 제작되었다면 콘텐츠도 다시 HTML로 만들어야 한다.

앞서 CMS의 개념에서 콘텐츠와 디자인 템플릿의 분리를 언급했듯이 콘텐츠와 디자인, 템플릿 등 UI를 분리하여 제작한 콘텐츠는 지속 가능한 형태로 유지될 수 있으며, 대부분의 CMS는 이를 수용하고 있다. 결국 외형적인 것에 치중한 사이트는 지속 가능한 사이트가 되기 어렵다.

CMS는 웹이 성장하면서 웹사이트의 자원을 효율적으로 관리하기 위한 노력의 결과물이며, 지금도 웹의 변화에 따라 함께 발전하고 있다. CMS라는 공용 플랫폼을 활용함으로써 웹사이트의 개발과 운영을 쉽게 할 수 있고, 업무 프로세스를 표준화하여 웹사이트의 품질을 높일 수 있을 것으로 기대된다.

Part 09
사이트 최적화

웹사이트 제작의 목적은 온라인 홍보와 마케팅이므로 방문자를 늘릴 수 있는 조치를 취해야 한다. 웹사이트를 검색엔진에 등록하고 광고를 하는 방법도 있지만, 현재는 콘텐츠를 기반으로 검색엔진에 최적화하고 소셜웹을 구성하는 것이 온라인 홍보 및 마케팅에 더 효과적인 상황이다. 그러므로 워드프레스를 이용한 사이트 최적화에 대해 살펴보고자 한다.

웹사이트 방문을 유도하는 가장 효율적인 방법으로 검색엔진 최적화(SEO)가 주목을 받고 있다. 데스크톱에서의 검색량은 줄어드는 반면 모바일에서의 검색량이 가파르게 성장하고 있기 때문에 전반적인 검색량이 증가하고 있다. 이런 가운데 검색엔진의 검색 결과에 웹사이트의 콘텐츠가 노출될 경우 방문자 수의 빠른 성장이 가능해진다.

구글이나 네이버 등의 웹 검색에 노출되려면 내가 제작한 웹사이트 주소(URL)를 검색엔진의 크롤러(crawler, 웹 문서 수집기)가 알고 있어야 한다. 웹사이트 주소는 크롤러가 자동으로 인식하기도 하지만 검색 서비스 업체에서 제공하는 사이트 등록 페이지나 웹마스터 도구(webmaster tools, search console)를 통해 등록할 수도 있다. 크롤러는 웹사이트 주소를 통해 웹사이트를 방문하여 웹사이트 내의 모든 페이지 정보를 수집, 분석하고 검색 서비스에 반영한다. 만일 수집, 분석이 정상적으로 처리되지 않으면 검색 결과에 노출되지 않기 때문에 웹사이트를 구축할 때 검색엔진 최적화를 위한 웹 표준 등의 지침에 따라 설계, 제작해야 한다.

워드프레스의 특징에서도 설명했듯이 워드프레스는 크롤러가 접근하여 정보를 수집하기 쉬운 구조로 설계되어 있으므로 특별한 작업 없이도 적용이 가능하다. 즉 워드프레스는 검색엔진 최적화의 사항을 기본적으로 제공하고 있다. 웹 표준을 준수하는 HTML로 제작된 워드프레스의 테마는 사람이 읽기 좋을 뿐만 아니라 검색엔진의 크롤러와 같은 기계적인 관점에서도 읽기 좋은 형태로 제작되어 있다.

검색엔진 최적화가 검색엔진과의 연계성을 높이는 방법이라면, 소셜웹은 소셜미디어와의 연계성을 높여 방문자를 증가시킬 수 있는 또 다른 방법이다. 페이스북이나 트위터, 인스타그램과 같은 소셜미디어에 웹사이트의 콘텐츠를 공유함으로써 각 소셜미디어의 타임라인에 노출되어 쉽게 웹사이트에 방문할 수 있으므로 소셜미디어 마케팅의 효과를 높일 수 있다.

CHAPTER 01 검색엔진

검색엔진은 사용자가 찾고자 하는 정보를 찾아주는 프로그램을 말한다. 네이버나 구글에서 검색창에 검색어를 입력하면 해당 검색어와 관련된 문서를 찾아주는 기술의 핵심이 검색엔진이다. 검색엔진의 기본적인 기능은 수집(크롤링), 색인(인덱싱), 랭킹(순위 결정)이다.

- **수집** 웹사이트에 존재하는 각 웹페이지의 링크 구조를 분석·추출하여 해당 링크를 방문하고 웹페이지의 데이터를 저장하는 과정을 말하며, 크롤러·스파이더 등의 프로그램으로 작업을 수행한다.
- **색인** 크롤러를 통해 수집된 웹페이지의 데이터에서 검색엔진이 사용할 수 있는 의미 있는 정보만을 추출하여 저장하는 과정을 말한다. 데이터의 정보뿐만 아니라 수집된 웹페이지 간의 링크 정보 등 다양한 정보가 처리되어 색인을 생성하게 된다. 예를 들어 책에서 어떤 단어가 몇 페이지에 나오는지 보여주는 찾아보기는 색인의 단순한 형태라 할 수 있다.
- **랭킹** 검색어를 입력했을 때 적합한 검색 결과를 보여주기 위해 내부적인 알고리즘을 통해 데이터의 순위를 결정하는 것이다.

검색엔진 최적화에 대한 설명을 보면 구글이나 빙과 같은 해외 검색 서비스에 초점이 맞춰져 있다. 네이버와 다음 등 국내 검색 서비스는 해외 서비스와 다소 차이가 있기 때문이다. 구글은 크롤러라는 수집 로봇을 이용하지만 국내 검색엔진은 블로그나 카페, 뉴스와 같이 자사의 데이터베이스에 저장된 규격화된 데이터에 의존하는 경향이 크다. 그래서 국내 검색엔진 최적화는 다른 방식을 취하는데, 네이버의 경우 외부 콘텐츠나 웹페이지 수집에 신디케이션syndication API라는 독특한 방식을 적용하고 있다.

1. 크롤러와 신디케이션

크롤러는 웹 문서를 자동으로 수집하는 프로그램으로서, 주기적으로 웹사이트를 방문하여 해당 페이지의 HTML 정보를 분석하고 검색엔진에서 사용하는 형태로 가공하여 저장하기를 반복한다. 그러나 불특정 웹사이트를 방문함으로써 대량 트래픽을 유발할 수 있으므로 크롤러의 접근을 제한하기 위해 robots.txt를 이용한다. robots.txt는 크롤러의 접근 제한뿐만 아니라 수집 허용 정보도 포함할 수 있으며, 크롤러가 웹사이트의 구조를 파악할 수 있는 정보를 담고 있는 sitemap.xml의 URL 정보도 포함할 수 있다.

신디케이션 API는 웹사이트에 새로운 콘텐츠가 업데이트되었을 때 다른 웹사이트에서도 사용할 수 있도록 제공하는 것을 의미한다. 콘텐츠를 보유하고 있는 웹사이트에서 정해진 규약에 따라 파일을 생성하여 다른 웹사이트에 전송하면, 전송받은 웹사이트에서는 해당 문서의 내용을 분석하여 사용한다.

네이버는 신디케이션 API를 통해 웹사이트로부터 웹페이지를 수집하여 검색 서비스에 반영한다. 웹사이트에서 수집 요청을 하면 요청된 문서만을 수집하여 검색에 반영하는 방식을 크롤링 방식과 함께 적용하는 것이다.

크롤러로 수집하는 경우 robots.txt 등의 특별한 설정이 없다면 웹사이트의 모든 URL 정보를 수집하므로 시스템에 상당한 부하를 줄 수 있다. 그러나 신디케이션의 경우 검색 노출을 위한 URL 정보만을 제공하므로 데이터 수집에 대한 부하를 줄일 수 있다. 또한 변경된 내용을 직접 신디케이션 서버에 전달하므로 정확한 정보를 빠르게 검색에 적용할 수 있다. 하지만 네이버 신디케이션을 적용하기 위해서는 반드시 개발자의 도움이 필요하므로 적용하기에 까다로운 점이 있다.

신디케이션의 절차는 다음과 같다.

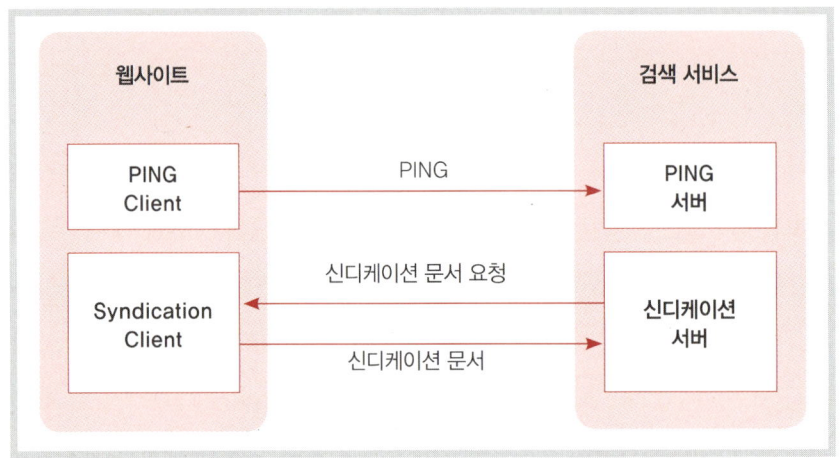

● 네이버 신디케이션 절차(출처 : developer.naver.com/wiki/pages/syndAPIspec)

웹사이트에서 콘텐츠가 등록, 수정, 삭제되면 검색 서비스로 PING[Packet InterNet Grouper][1]을 보낸다. PING을 받으면 검색 서비스는 사전 정의된 형식의 신디케이션 문서를 요청한다. 그리고 신디케이션 문서 요청을 받으면 웹사이트는 등록, 수정, 삭제된 콘텐츠를 명시한 신디케이션 문서를 보낸다.

PING Client(PING을 보내는 프로그램)와 Syndication Client(수집 서버 요청에 응답하는 프로그램)는 웹사이트별로 개발해야 되는 영역이다.

---

[1] 특정한 인터넷 주소가 있고, 또 그 주소가 요청을 받아들일 수 있는지를 확인해주는 기본적인 인터넷 프로그램이다. (출처 : terms.co.kr)

2. 국내외 검색 서비스

검색 서비스는 일반적으로 데이터를 수집하고 색인을 생성한다. 그리고 사용자가 입력한 검색어에 대한 적합한 결과를 색인에서 찾아 사용자에게 보여준다. 하지만 검색 서비스를 제공하는 플랫폼 업체의 특성에 따라 처리 방식에 차이가 있다.

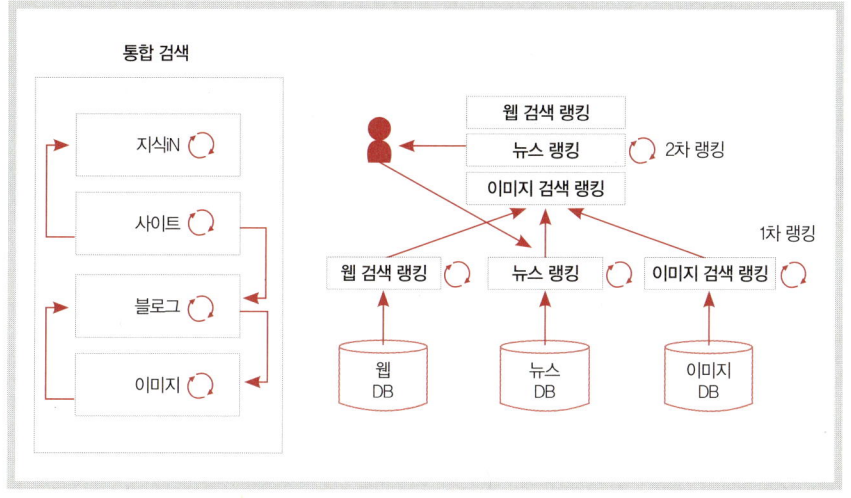

● 네이버 랭킹 모델(출처 : 네이버 고객센터)

먼저 네이버의 검색 서비스는 검색어에 대해 다양한 '컬렉션'을 한 번에 보여주는 통합 검색이다. 통합 검색은 콘텐츠의 특성에 따라 다양한 컬렉션의 검색 결과를 통합하여 보여주는 방식으로서 뉴스, 블로그 등의 컬렉션별로 각기 다른 랭킹 모델을 적용하고 있다. 대표적으로 뉴스 검색은 최신성이 중요하게 반영된 뉴스 랭킹 모델을 적용한다. 통합 검색은 컬렉션별 노출 위치가 미리 정해진 형태가 아니라 사용자의 관심이 높은 컬렉션을 우선적으로 제공한다. 따라서 어떤 검색어에 대해 최상단에 뉴스 컬렉션이 노출되더라도 시간이 흐름에 따라 다른 컬렉션이 최상단에 노출될 수 있다.

반면에 구글은 웹 수집을 통해 수집된 데이터를 뉴스 이외에 별도의 컬렉션 구분 없이 하나의 웹 검색으로 서비스하며, 랭킹을 위해 페이지랭크라는 알고리즘을 적용하고 있다. 페이지랭크는 구글의 창업자 래리 페이지와 세르게이 브린이 고안한 것으로, 웹페이지 간의 링크를 분석하여 중요도에 따라 가중치를 부여하는 방법이다. 중요한 페이지에 링크된 페이지는 검색 결과에서 가산점을 받게 된다.

3. 검색엔진 최적화

검색엔진 최적화란 검색엔진의 랭킹 알고리즘에 맞게 웹사이트(페이지)를 구성하여 검색 결과의 상위에 노출하기 위한 일련의 작업을 의미한다. 웹 표준을 준수하여 크롤러가 수집하기 좋은 환경을 만들어야 하고, 웹사이트의 페이지들을 주제에 맞게 묶어 메뉴를 직관적으로 구성하는 것이 좋다.

4. 플러그인을 이용한 검색엔진 최적화 방법

워드프레스는 플러그인을 설치하는 것만으로 웹사이트에 검색엔진 최적화를 적용할 수 있다. 하지만 검색엔진 최적화 플러그인을 사용한다고 해서 무조건 검색엔진 최적화가 반영되는 것은 아니며, 부수적인 조치를 취해야 효과를 증대할 수 있다는 사실을 명심해야 한다. 여기서는 워드프레스에서 가장 많이 쓰이는 검색엔진 최적화 플러그인 'WordPress SEO by

Yoast'와 네이버 신디케이션 API와의 연동을 지원하는 플러그인 'Naver webmaster syndication v2'의 기본적인 사항을 알아보자.

1 WordPress SEO by Yoast

WordPress SEO by Yoast wordpress.org/plugins/wordpress-seo 는 워드프레스 검색엔진 최적화 플러그인 가운데 가장 많이 사용되는 것이다. 검색엔진 최적화를 위한 다양한 조건을 모두 지원할 수는 없지만 Yoast는 최대한 많은 기능을 제공하고 있다. 모든 기능을 여기서 다루기에는 내용이 방대하여 기본적인 메뉴와 사용법에 대해서만 살펴보자.

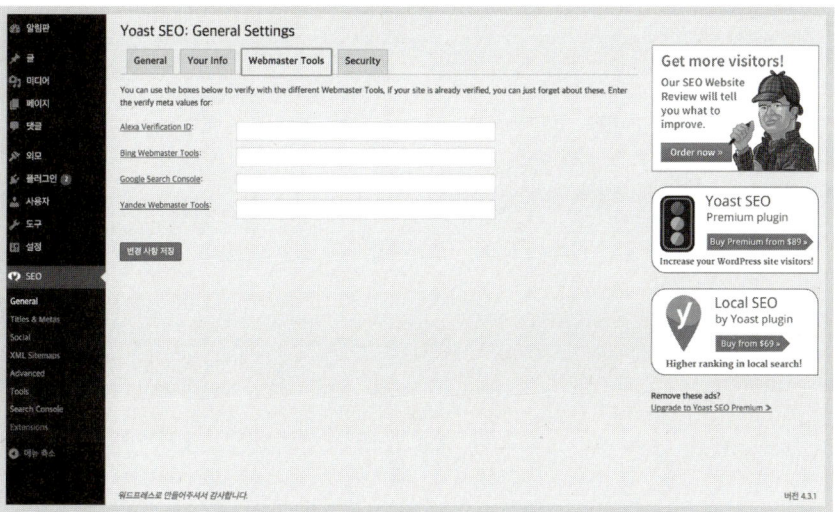

● Yoast의 대시보드

 Yoast SEO 플러그인을 설치하고 일반 General 메뉴를 보면 다음과 같이 설정할 수 있다.

● Yaost-Webmaster Tools

'Webmaster Tools'에 웹마스터 도구에서 제공하는 메타태그 등의 정보를 입력한다.

● Yaost-Security

[Security] 탭은 워드프레스의 사용자가 검색엔진 최적화의 고급 설정을 사용하지 못하도록 하는 옵션이다. 검색엔진에서 링크 정보를 인식하지 못하게 설정할 수 있는 'nofollow' 속성이나 검색엔진에서 해당 문서에 대한 수집을 거부할 수 있는 'noindex' 등의 옵션이 있다.

Yoast 플러그인을 설치하면 글쓰기 하단에 검색엔진 최적화를 위한 옵션이 나타난다.

● Yoast의 에디터

❶ 해당 페이지가 구글의 검색 결과에 노출될 때 나타날 내용을 미리 보여주는 부분이다.

❷ 해당 문서에서 강조하고자 하는 키워드들을 나열하는 부분이다. 단일 단어보다는 문서의 의미를 표현할 수 있는 단어의 조합이 유리할 수 있다.

❸ 웹페이지에서 보일 때 해당 문서의 제목을 설정하는 부분으로 페이지의 제목과 다르게 설정할 수 있다.

❹ 해당 웹페이지의 상세 정보를 설명하는 부분으로 구글의 검색 결과 노출 시 미리 보기의 내용이다. 사용자가 웹페이지를 방문하지 않고도 웹페이지를 파악할 수 있는 중요한 정보이므로 제대로 작성해야 한다.

2 네이버 웹마스터 신디케이션 V2

네이버가 공개한 네이버 신디케이션 API V2 wordpress.org/plugins/naver-webmaster-tool-syndication-v2 와의 연동을 위한 플러그인이다. 포스트가 작성, 수정, 삭제되었을 때 해당 정보를 네이버 검색 서비스에 전달하기 위해 PING을 보내고,

PING을 수신한 네이버 수집기가 해당 주소를 방문하면 포스트의 정보를 제공한다. 이 플러그인을 설정하려면 네이버 웹마스터 도구webmastertool.naver.com/에서 인증키를 발급받아야 한다.

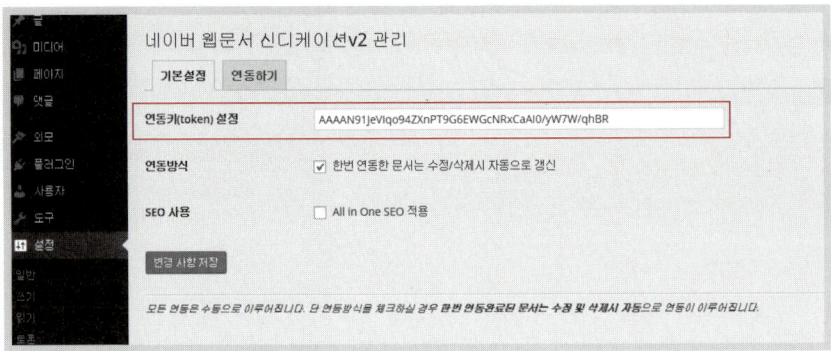

● 네이버 신디케이션의 기본 설정

기본적인 설정은 네이버 웹마스터 도구에서 발급받은 연동키 값을 입력하고 저장하면 된다. 'All in One SEO 적용'은 앞에서 설명한 SEO 플러그인과 유사한 기능을 하는 플러그인을 적용할지 여부를 선택하는 부분이다. 해당 플러그인은 포스트를 작성하면 자동으로 반영되는 것이 아니라 수동으로 적용해야 한다.

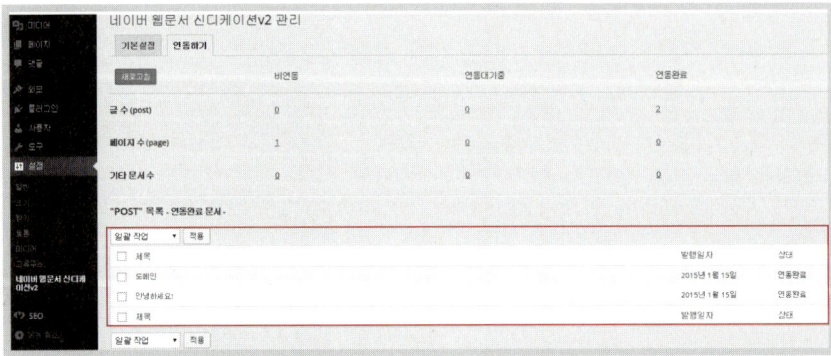

● 네이버 신디케이션의 연동하기

연동되지 않은 포스트를 체크하여 [연동하기]를 선택하면 네이버에 수집을 위한 PING을 보낸다. PING을 보낸 포스트의 경우 연동 대기 중 상태로 바뀌고, 이후 네이버 수집기가 접근하여 정보를 수집하면 연동 완료로 변경된다.

CHAPTER 02
오픈그래프/오픈 API

웹사이트를 제작하거나 운영하는 데는 타 사이트와의 자료 공유가 큰 비중을 차지한다. 예를 들어 웹사이트 안내 페이지에서 회사 위치를 설명할 때 대부분 네이버, 다음, 구글 등의 지도 서비스를 이용하여 구성한다. 이런 형태로 웹사이트를 구축하기 위한 대표적인 기술이 바로 오픈 API(open Application Programming Interface, open API)이다. 오픈 API는 지도, 주가 정보, 날씨, 회원 로그인 등 다양한 형태를 지원한다. 또한 외부 데이터를 적용하기 위한 기술뿐만 아니라 자신의 웹사이트 정보를 타 사이트로 제공하기 위한 기술로도 활용되고 있다.

타 사이트나 다른 시스템에 웹사이트 정보를 제공하기 위해 HTML의 〈meta〉 태그를 활용한다. 〈meta〉 태그는 자신의 웹사이트 페이지에 대한 정보를 담고 있는 필드이다. 페이지의 제목, 저자, 키워드를 비롯해 검색엔진 최적화에 필요한 정보, 시멘틱웹 등 다양한 분야에서 〈meta〉 태그에 정보를 담아 활용하고 있다. 여기서는 페이스북에서 사용되는 오픈그래프(Open Graph)와 인터넷 서비스 업체에서 제공하는 오픈 API에 대해 살펴보자.

1. 오픈그래프의 정의 및 구조

오픈그래프는 페이스북에서 공개했던 소셜그래프(Social Graph) API를 확장하여 공개한 방식이다. 기본 개념은 '누가 무엇을 했다'에 대한 정보를 표현하고 이런 표현 간의 관계를 나타내는 것이다. 오픈그래프 소개 글에는 "어떤 웹페이지든지 소셜그래프에 풍부한 개체object가 될 수 있으며, 예를 들면 페이스북에서는 모든 웹페이지가 페이스북의 페이지와 동일한 기능을 할 수 있도록 사용된다"라고 쓰여 있다. 즉 기존 웹사이트를 SNS와 연동하기 쉽게 하여 자료 확산이 잘될 수 있다는 의미로, 이를 통해 마케팅이나 웹사이트 트래픽 증대 등에 활용할 수 있다는 것이다.

오픈그래프를 적용하려면 웹페이지에 기본 메타 정보를 추가해야 한다. 추가되는 정보는 ⟨head⟩ 안의 ⟨meta⟩ 태그로 들어간다. 구조는 ⟨meta property ="og:xxxxxxx" contents="yyyyyyyy"⟩이며, property와 contents는 애트리뷰트attribute라고 부른다. 애트리뷰트는 이름과 값의 쌍으로 이뤄지는데 property에 속성을, contents에 속성 값을 표시한다. 오픈그래프를 적용하려면 다음과 같이 기본적인 네 가지 속성이 필요하다(ogp.me/ 참조).

- og:title 그래프 안에 표시되는 객체의 제목
- og:type 객체의 종류를 의미하며 타입에 따라서 필수적으로 요구되는 속성이 다를 수 있다.
- og:image 그래프 안에서 객체를 표현할 이미지
- og:url 그래프 안에서 영구적인 아이디로 사용되는 표준 URL

그 외에도 콘텐츠의 성격에 따라 속성을 추가할 수 있는데, 예를 들어 네이버 뉴스에 적용된 오픈그래프를 보면 위의 네 가지 속성 외에 다른 속성이 있다. 선택적으로 사용되는 속성은 og:type에 따라 다를 수 있으며, og:type에 영향을 받는 속성의 경우 'og:type:속성' 형태로 구성된다.

네이버 뉴스에 적용된 선택적인 속성은 다음과 같다.

- og:description 객체를 설명하기 위한 한두 줄 정도의 설명
- og:article:author 기사의 작성자에 대한 설명

이 외에도 기사의 발행일og:article:published_time, 수정일og:article:modified_time, 섹션og:article:section, 태그og:article:tag 등을 사용 목적에 추가할 수 있다. 이 중에서 섹션은 해당 기사를 기술, 예술, 연예 분야 등으로 구분할 수 있다.

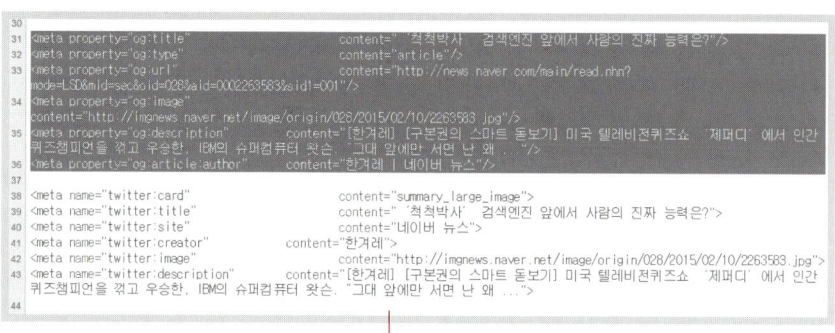

- 네이버 뉴스의 오픈그래프 적용

- 페이스북의 미리 보기

오픈그래프가 정상적으로 적용된 페이지를 페이스북을 통해 공유하려고 URL을 입력하면 앞의 그림과 같이 직접 입력하지 않더라도 미리 보기 이미지, 제목, 설명 부분이 자동적으로 보인다.

트위터에서도 Twitter Card라는 이름으로 오픈그래프와 유사한 형태의 메타태그를 지원하고 있다. Twitter Card는 다음과 같이 일곱 종류인데 목적에 따라 사용하면 된다.

- Summary Card 제목, 설명, 섬네일, 트위터 계정 정보를 포함하는 기본 카드
- Summary Card with Large Images Summary Card와 비슷하지만 섬네일을 강조
- Photo Card 사진을 가진 카드
- Gallery Card 4장의 사진을 강조하는 카드
- App Card 트위터에 공유된 콘텐츠에서 특정 앱으로 이동하거나 해당 앱을 설치할 수 있는 정보를 위한 카드
- Player Card 비디오, 오디오, 미디어 제공을 위한 카드
- Product Card 제품 정보에 최적화된 카드

2. 오픈 API

오픈 API는 '누구나' 사용할 수 있도록 공개된 API를 말한다. API를 공개했다는 것은 특정 업체에서 가지고 있는 정보를 외부에서 쉽게 접근하여 사용할 수 있도록 만든 것이라고 생각하면 될 것이다. API의 정의는 너무 광범위하여 특징을 짓기 애매하지만, 좁은 의미로는 특정 작업을 위한 요청 시 실행 결과를 전달하는 기능이라고 볼 수 있다. 여기서 '누구나'는 조건 없이

사용할 수 있다는 것이 아니라 사전 승인을 받아 사용할 수 있다는 의미이다. 일정 수준 이상의 트래픽이 생기면 비용이 발생하는 경우가 있으므로 사용하기 전에 약관을 파악해야 한다.

웹2.0 패러다임의 등장 이후 많은 서비스 업체에서 오픈 API를 제공하고 있으며, 최근 웹사이트 제작에의 활용 빈도가 크게 증가하고 있다. 여기서는 오픈 API를 사용하기 위한 사전 인증 작업과 SNS로 보내기 위한 URL 형식을 살펴보자.

1 SNS와의 연동

SNS 계정을 이용한 소셜 로그인 플러그인을 사용하려면 서비스별 인증을 위한 키를 발급받아야 하는데, 이는 프로그램에 대한 특별한 지식 없이 간단히 발급받을 수 있다.

페이스북의 경우를 보자. 페이스북의 기능을 연동하려면 개발자로 등록을 해야 한다. 등록을 위한 인증 방식은 휴대전화를 통한 인증과 신용카드를 통한 인증이 있다. 이 중에서 흔히 사용하는 휴대전화를 통한 인증을 살펴보자. developers.facebook.com/apps에 접속한다.

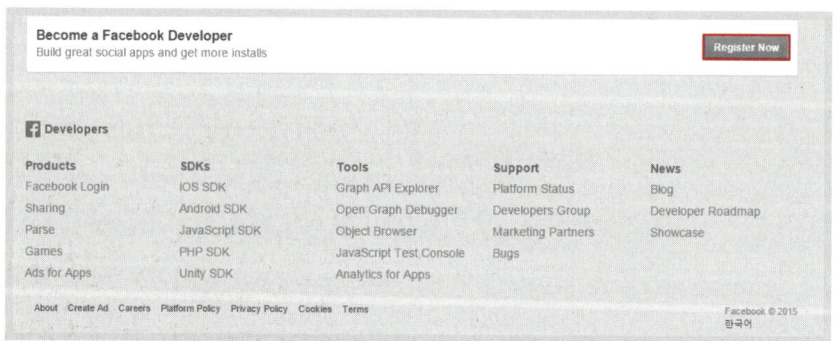

● 페이스북의 개발자 페이지

[Register Now]를 클릭한다. 개인 정보 취급 방침에 대한 안내 메시지가 나오면 '예'를 선택한다.

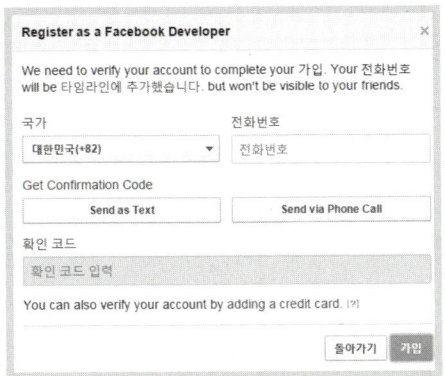

● 페이스북의 개발자 등록

그런 다음 위 그림과 같이 전화번호를 입력하고 인증 코드를 입력할 수 있는 화면을 통해 인증을 하면 개발자로 등록할 수 있다.

다시 developers.facebook.com/apps에 접속한다.

● 페이스북의 개발자 페이지 앱 생성

개발자로 등록하기 위해 접속했을 때 나타났던 [Register Now]가 [Create a New App]으로 바뀌어 있을 것이다. 그 버튼을 클릭한다.

● 페이스북의 App 등록 페이지

'Create a New App ID' 화면에서 앱이나 웹사이트의 이름을 입력하면 새로운 APP 정보를 생성할 수 있다. 'Namespace'에는 대문자 사용이 불가하므로 소문자만 입력해야 한다. 'Namespace'는 오픈그래프와 연동할 때 사용되는 정보이므로 만약 오픈그래프와 연동하지 않는다면 입력하지 않아도 된다. 개설된 페이스북의 활용 용도에 맞는 카테고리를 선택한다.

● APP 생성 보안 확인 – 이미지 선택

앱을 새로 생성하기 위해서는 자동생성을 방지하기 위한 보안 확인을 해야 된다. 기본적으로 확인 방식은 주어진 단어에 해당하는 이미지를 모두 선택하는 방식이 나오게 된다. 이 방법 이외 화면 상단에 있는 '텍스트' 또는 '오디오'로 보안을 확인할 수 있는 방식도 선택할 수 있다.

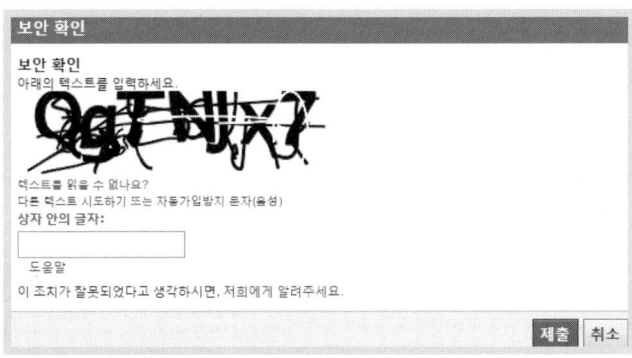

● APP 생성 보안 확인-텍스트

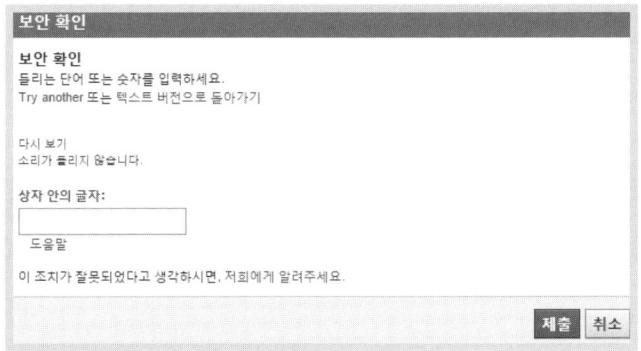

● APP 생성 보안 확인-오디오

보안 확인을 정상적으로 하게 되면 다음과 같이 대시보드에 생성된 정보를 확인할 수 있다.

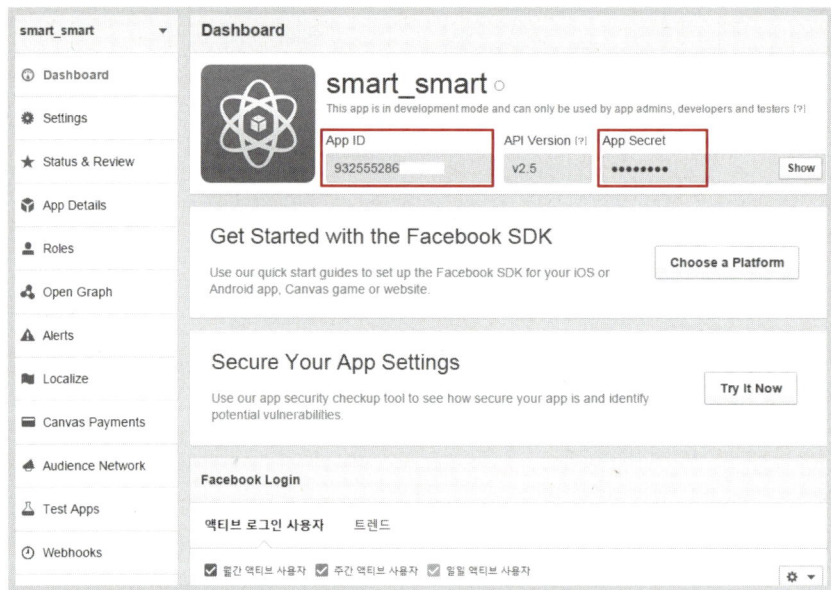

● 앱 생성 완료

정상적으로 등록되면 관리 페이지가 나타나고 App ID와 App Secret이 발급된다. 그 값을 플러그인 설정 화면에 입력하면 플러그인에 대한 설정을 마무리할 수 있다. 예를 들어 워드프레스 관리자의 '플러그인 추가하기'에서 페이스북이 제공하는 플러그인을 설치하면 설정 페이지가 나타나는데, 페이스북 개발자 페이지에서 발급받은 APP ID와 APP Secret을 입력하면 기본 설정을 할 수 있다.

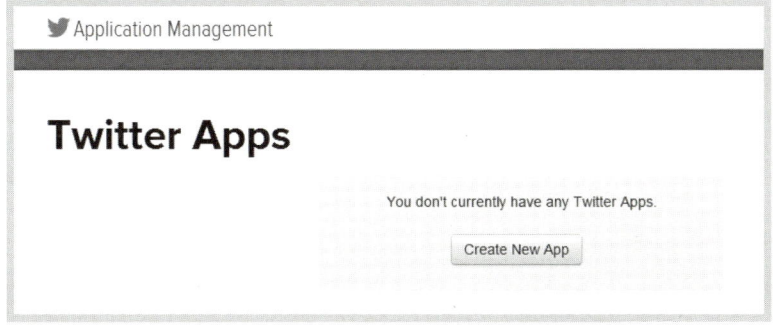

● 워드프레스용 페이스북 플러그인

다음으로 트위터의 경우를 살펴보자. 먼저 apps.twitter.com에 접속한다.

● 트위터의 앱 등록 페이지

[Create New App]을 클릭한다.

트위터의 경우 새로운 앱을 생성하려면 휴대전화 번호를 반드시 등록해야 된다. 휴대전화 번호 등록이 되지 않은 경우 앱 생성 마지막 단계에서 오류가 발생한다.

● 트위터의 앱 정보 입력 페이지

　기본 정보를 입력하고 개발자 동의를 선택한 후 [Create your Twitter application]을 클릭한다.

- Name 애플리케이션 이름
- Description 사용자가 인증하는 화면에서 보이는 애플리케이션에 대한 설명문
- Website 공개적으로 접근 가능한 자신의 사이트 주소
- Callback URL 성공적으로 인증을 마친 후 결과 값을 받을 서버의 페이지 주소

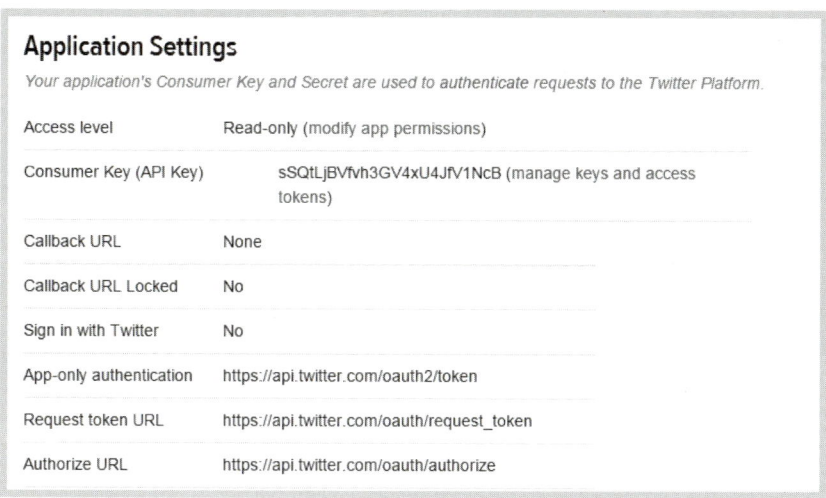

● 트위터 앱 관리 페이지

정상적으로 등록되면 관리 페이지가 나타나고 기본 정보가 보인다.

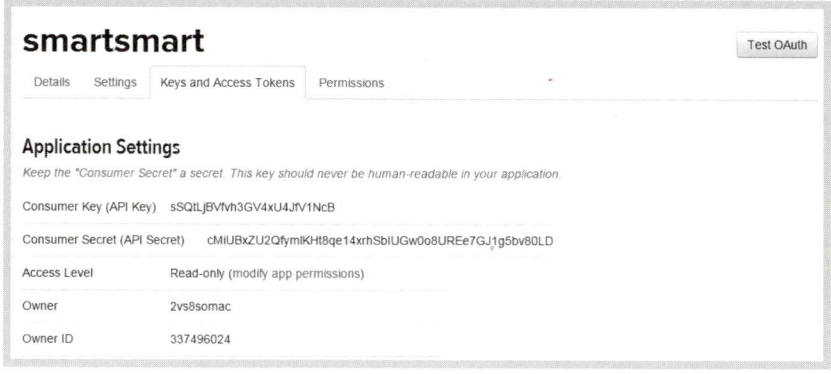

● 트위터의 앱 키와 토큰 정보

09 사이트 최적화　343

'Key and Access Tokens' 탭을 클릭하면 사용할 키 값의 정보를 볼 수 있다.

2 SNS로 보내기

최근에는 웹사이트를 구축할 때 페이스북이나 트위터 등 SNS로 해당 페이지를 퍼갈 수 있는 기능을 대부분 구현한다. 이런 보내기 기능을 지원하기 위해 SNS에서는 대부분 URL 기반으로 된 API를 제공하고 있다. SNS에서 제공하는 URL에 보낼 내용을 추가하여 호출하면 보내기가 적용된다. 이처럼 SNS에서 제공하는 URL 정보와 사용 방법에 대해 알아보자.

페이스북은 www.facebook.com/sharer/sharer.php?u=[URL]을 사용한다. u 파라미터에 공유하고자 하는 웹페이지의 URL 정보를 넣는다. 이때 URL의 특성상 특수문자 등이 있을 수 있으므로 인코딩해서 넣는다. 예를 들어 www.smartsmart.kr 사이트를 공유하려면 www.facebook.com/sharer/sharer.php?u=http://www.smartsmart.kr로 URL을 생성하면 된다.

이렇게 생성한 URL를 웹브라우저에 입력했을 때 다음과 같이 페이스북에 로그인되어 있다면 공유할 수 있는 화면이 나타난다.

● 페이스북으로 보내기 화면

트위터[twitter.com/intent/tweet?text=[message]]의 경우 text 파라미터에 공유하고자 하는 트윗(메시지)을 넣는다. 이때 트위터의 특성상 140자의 제한이 있으므로 URL 정보가 있는 경우 단축 URL을 활용한다.

카카오스토리[story.kakao.com/share?url=[URL]]의 경우 url 파라미터에 공유하고자 하는 웹페이지의 URL 정보를 넣는다. 이때 URL의 특성상 특수문자 등이 있을 수 있으므로 인코딩해서 넣는다.

기업 담당자를 위한
워드프레스 가이드북

초판1쇄 발행 | 2015년 12월 14일

지은이 | 이은창, 이문희
감수 | 김범수
펴낸이 | 이은성
펴낸곳 | e비즈북스
편집 | 황서린
교정 | 박민정
디자인 | 방유선

주소 | 서울시 동작구 상도동 206 가동 1층
전화 | (02) 883-9774
팩스 | (02) 883-3496
이메일 | ebizbooks@hanmail.net
등록번호 | 제379-2006-000010호

ISBN 979-11-5783-031-2 03320

e비즈북스는 푸른커뮤니케이션의 출판브랜드입니다.

이 도서의 국립중앙도서관 출판시도서목록(CIP)은 서지정보유통지원시스템 홈페이지(http://seoji.nl.go.kr)와 국가자료공동목록시스템(http://www.nl.go.kr/kolisnet)에서 이용하실 수 있습니다.(CIP제어번호: CIP2015030082)